W0195859

BEATRICE VON WEIZSÄCKER

JesusMaria

Christentum für Frauen

Piper München Zürich

Mehr über unsere Autoren und Bücher:
www.piper.de

MIX
Papier aus verantwor-
tungsvollen Quellen
FSC® C083411

ISBN 978-3-492-05644-1
© Beatrice von Weizsäcker und Piper Verlag München 2014
Gesetzt aus der Stempel Garamond
Satz: Kösel Media GmbH, Krugzell
Druck und Bindung: CPI books GmbH, Leck
Printed in Germany

Für Margarita

Inhalt

Vorwort

»Denn ihr seid alle durch den Glauben Gottes Kinder in Christus Jesus. [...] Hier ist nicht Jude noch Grieche, hier ist nicht Sklave noch Freier, hier ist nicht Mann noch Frau; denn ihr seid allesamt einer in Christus Jesus.«
(Galater 3, 26, 28)

Als Kind wuchs ich mit einer Bibel auf, die so war, wie sie ist – von männlichen Hauptdarstellern bestimmt: von Gott, Jesus, dem Heiligen Geist, von Engeln, Propheten, Evangelisten und Jüngern. Und Maria als Randfigur. Es störte mich nicht, ich fand nichts seltsam daran, es war eben so. Die Bibel war die Bibel. Mich interessierte der Inhalt.

Ich wuchs in der evangelischen Kirche auf, die ich nie als männlich dominiert empfand, obwohl alle Pfarrer (auch im Konfirmandenunterricht) Männer waren. Es war, wie es war. Zu keiner Zeit fühlte ich mich benachteiligt oder unfrei, im Gegenteil. In der Schule hatte ich einen Religionslehrer und eine Religionslehrerin, beide beeindruckten mich gleichermaßen. Nie führte ich das darauf zurück, dass der eine männlich und die andere weiblich war. Mich interessierten die Religion, in der Frauen natürlich eine Rolle spielten, und die Kirche, in der ich mich ungebunden fühlte. Vielleicht auch, weil ich keine regelmäßige Kirchgängerin war.

Von Kindheit an hatte ich katholische Freunde. Die wuchsen in ihrer Kirche auf, die sichtbar von Männern dominiert war, und das irritierte sie. Mehr noch störte sie die daraus resultierende Unfreiheit für Frauen. Die Dogmen, die diese ausschlossen, die angeblich »absolute Wahrheiten« waren und darum unumstößlich.

Und viele fluchten: »JesusMaria!«

Seit geraumer Zeit engagiere ich mich beim Deutschen Evangelischen Kirchentag, bei dem die Gleichberechtigung schon lange die Regel ist. Auch das war für mich von Anfang an normal, obwohl ich es aus Kindheit und Jugend kirchlicherseits anders kannte. Wenn Frauen oder Frauenthemen einmal nicht genügend berücksichtigt werden, gehöre auch ich zu jenen, die sich dafür einsetzen, dass sich das ändert. Nicht aus feministischen Gründen, sondern weil es nach meiner Überzeugung geboten ist. Um der Gerechtigkeit willen.

Vielleicht liegt es am natürlichen Lauf des Heranwachsens, dass man irgendwann beginnt, das Gewohnte infrage zu stellen. Bei mir entwickelten sie sich nach und nach: Fragen der Gerechtigkeit, Fragen, ob das, was in der Bibel steht, tatsächlich so männlich gemeint ist, wie es scheint, oder ob dies bloß der Zeit geschuldet war, in der sie geschrieben wurde. Und wie es um die Frauen steht, von der die Bibel berichtet. Spannende, lebhafte, nachdenkliche Figuren.

Wie zum Beispiel passt das, was ich lebe und erlebe, glaube und anstrebe, mit dem zusammen, was ich durch die Bibel erfahren habe? Ist die Bibel tatsächlich so männlich gemeint? Gültig bis in die heutige Zeit hinein? Wen oder was verkörpert Jesus – nur die reine Männlichkeit? Was ist mit Maria, die bei den Katholiken eine große Rolle spielt, bei den Protestanten dagegen nicht? Gibt es nicht auch ein weibliches Christentum? Eines, das die Frauen ausdrücklich mit einbezieht, also auch mich? Kann Jesus mir als Frau ein Vorbild sein? Oder Maria, die in meiner Kirche keinen besonderen Stellenwert genießt?

Ich muss weder Theologin noch Feministin sein, um diese Fragen zu stellen. Wäre es anders, wäre der weitaus größte Teil der Frauen von der Debatte ausgeschlossen, über die Konfessionsgrenzen hinweg. Sie dürften weder Fragen stellen noch Stellung beziehen. Mit anderen Worten: Ihnen bliebe ein wesentlicher Teil der »religiösen Selbsterkenntnis«, wie man heute sagt, vorenthalten. Wir Frauen aber sind selbstbestimmt, nicht fremdbestimmt. Wir leben ja nicht im Konjunktiv.

Darum soll es in diesem Buch gehen:

Taugt Jesus als Vorbild? Jesus, durch den Gott eine neue Religion ins Leben brachte? Kann er als Mann auch mir, einer Frau, eine Quelle der Inspiration sein? Was von dem, was Jesus gesagt hat, wie er gelebt hat, ist für uns Frauen bedeutsam? Bedeutsamer vielleicht als für Männer? Der Blick auf sein Leben, auf das, was er verkündete und tat, ist Frauen oft näher als Männern. Leidensfähigkeit, Mitleiden, Nächstenliebe,

Hilfsbereitschaft, Dienst am Menschen: All das ist eher typisch für Frauen als für Männer. Dass Jesus das lebte, macht ihn mir sympathisch.

Ich will wissen, was Jesus mir zu sagen hat, mir, einer Frau. Und ich weiß, dass in die Antwort nicht nur Jesus gehört, sondern auch Frauen wie Maria, seine Mutter. Dazu etliche andere Frauengestalten aus der Bibel, aus dem Alten *und* Neuen Testament. Ohne sie wäre ein weibliches Christentum nicht denkbar.

Wie war das eigentlich damals mit Jesus und den Frauen? Es gab ja nicht nur seine Mutter Maria. Auch Maria Magdalena, seine Jüngerin, spielte eine erhebliche Rolle, und viele andere mehr. Was wäre, wenn Jesus eine Frau gewesen wäre? Was hätte das geändert? Vielleicht alles, weil nur ein männlicher Messias denkbar schien, erwartet wurde und gewollt war – vielleicht aber auch gar nicht so viel.

Was hält die Bibel für uns Frauen bereit? Welche weiblichen Vorbilder gibt es dort, sei es im Alten, sei es im Neuen Testament? »Frauen in der Bibel« ist ein hoch spannendes Thema, das auch in diesem Buch seinen Platz haben wird. Warum aber sind etliche dieser Frauengeschichten so unbekannt? Beispielsweise die der Hebammen Schifra und Pua aus dem Alten Testament? Wollte man sie ignorieren, weil die Frauen so viel (unerwünschte) List, Stärke und Mut bewiesen hatten? War es Absicht? Oder Zufall? Auch wenn die Bibel von Männern geschrieben wurde, ohne die Frauen wäre sie nicht zu verstehen.

Ohne »*Her*-story« keine »*His*-tory«.

Sieben Beispiele aus dem Alten Testament werde ich nennen, die mir wichtig erscheinen. Beispiele energischer und tapferer Frauen – Vorbilder bis zum heutigen Tag. Desgleichen sieben Beispiele aus dem Neuen Testament, es sind Frauen um Jesus. Auch sie haben uns jede Menge zu sagen.

Trotzdem wird vor allem Jesus angebetet, nur Jesus beansprucht, wenn es um die Kirche geht. Um der Kirche willen, der männlichen Macht und der Hierarchie? Dabei ist doch unübersehbar, dass die Kirche von *Frauen* getragen wird, nicht von Männern. Es waren Frauen, die die Kunde von Jesu Auferstehung als Erste erfuhren, aber Männer, und nicht Frauen, die die Geschichte von Jesus überlieferten. Die Gottesdienste werden überwiegend von Frauen besucht, aber die kirchliche Führung ist in der Regel männlich. Bei der katholischen Kirche ist es immer der Fall. Ich frage mich, ob das in Jesu Sinne war. Ich glaube nicht. Jesus war für alle da, nicht nur für Männer, sondern auch für uns Frauen. Mit anderen Worten: Jesus ist auch »unser« Mann. Denn in ihm steckte Männliches *und* Weibliches.

Warum musste die Kirche männlich werden, bei all der biblischen »Frauenpower«? Es ist nicht überliefert, dass Jesus überhaupt eine Kirche im heutigen Sinne hatte gründen wollen. Doch es gibt sie, wie gesagt: in männlicher Form – überdies auch in der evangelischen Kirche, wenn auch aus anderen Gründen.

Meine Kritik bezieht sich vor allem auf die katholische Kirche. Das empfinden manche als anmaßend, schließlich bin ich evangelisch. Gleichwohl nehme ich mir das Recht zum kritischen Wort heraus. Zum einen, weil ich mich der katholischen Kirche von Kindesbeinen an verbunden fühle, vielleicht ist das so, wenn man im Rheinland aufwächst. Zum anderen, weil ich katholische Freunde habe, die unter ihrer Kirche leiden. Und schließlich, weil mir die Ökumene am Herzen liegt. Eine Ökumene, die an der Basis bereits vielfach gelebt wird, wenn auch oft nicht »legal« (Stichwort: gemeinsames Abendmahl), in den offiziellen Kirchen aber nicht gelingen will. Die Strukturen hemmen, die Hierarchien, die Dogmen.

Jesus brachte das Evangelium, die »frohe Botschaft«, für alle. Von Strukturen und Macht hielt er nichts. Wie konnte es der katholischen Kirche gelingen, sich gleichwohl mächtig und männlich zu entwickeln? In dieser Kirche leben Frauen, die Ämter anstreben, jedoch nicht von Gottes Gnaden, sondern von der Gnade der Männer. Priesterinnenweihe? Undenkbar. Frauen als Bischöfinnen? Ebenfalls. Ein falscher Korpsgeist hilft dabei.

Würde die Kirche heute gegründet, wären katholische Strukturen nicht möglich. Zu selbstbewusst sind die Frauen: auf Gleichberechtigung bedacht, an Führungspositionen interessiert. Die Zeiten haben sich geändert. Die Dinge dagegen noch nicht genug. Es sind vor allem Frauen, die das stört, Frauen wie ich. Noch nie ist es einem katholischen Theologen geglückt, mir zu erklären, warum die Strukturen so bleiben müssen, wie sie sind. Wären sie änderbar, spielte die Frage, ob Mann oder Frau, eine viel geringere Rolle.

Natürlich ist auch in der evangelischen Kirche nicht alles gut. Bei der katholischen Kirche ist nur der frauenfeindliche, sexualfeindliche und zum Teil menschenverachtende Skandal größer als bei uns Protestanten. Man denke an die Exkommunikation Wiederverheirateter, weil sie angeblich in ständiger Sünde leben, an die Ächtung von Empfängnisverhütung, das Verbot der Abtreibung (Papst Franziskus bezeichnete sie einst als Teil der »Wegwerfgesellschaft«), an den Umgang der Kirche mit Homosexualität, an die umstrittene Familienmoral, die nur die *eine* kirchliche Ehe zulässt und jede Abweichung verurteilt, und nicht zuletzt die zahlreichen Missbrauchsfälle, die nicht nur, aber vor allem aus katholischen Einrichtungen bekannt geworden sind. Niemals, das steht fest, hätte Jesus die Frauen zu »Gebärmaschinen« degradiert, wie es Bischof Walter Mixa seinerzeit gegenüber der früheren Familienministerin Ursula von der Leyen tat, oder es zugelassen, dass Kinder und Jugendliche sexuell missbraucht werden.

Damit ist nicht gesagt, dass die evangelische Kirche ohne Fehl und Tadel wäre. Es ist keineswegs so, dass es in meiner Kirche keine Skandale gibt, kein latentes Misstrauen gegenüber Frauen in Führungspositionen und anderes mehr. Aber die Kirche ist anders strukturiert. Kritik ist erwünscht. Die Basis kommt zu Wort. Und das sind oft Frauen.

Ohne Frauen gäbe es keine Kirche – und hätte es sie auch früher nicht gegeben. Frauen bestimmen den Alltag. Damals waren sie die Vertrauten Jesu. Und heute?

Es sind Pflegerinnen, Krankenschwestern, Ehrenamtliche, ohne die die Kirche nicht existieren könnte. Frauen, die ein Herz haben, wie Jesus es hatte. Man denke an seine Hilfsbereitschaft, seine Nächstenliebe. Man denke an seine Unterstützung für Schwache. Man denke an seine Gradlinigkeit, seine Unverbrüchlichkeit, sein Kümmern um Benachteiligte. Seine »soziale Seite«, wie es heute heißt, prägte ihn gänzlich. Es sind auch weibliche Tugenden, die Jesus ausmachten, nicht nur männliche. Ihn trugen Glaube, Hoffnung und Liebe. Auch diese drei werden in der Regel nicht mit Männern verbunden, sondern mit Frauen.

Was zählt am Ende? Dies ist kein Buch, das sich nur an Frauen richtet, sondern auch an Männer. Nur beide zusammen können für Fortschritt sorgen. Was nützte es den Frauen, wenn sie auf einer »feministischen« Theologie sitzen blieben und Männer ausschlössen? Nichts. Wichtig ist, dass Frauen und Männer trotz aller Unterschiede zusammenhalten und versuchen, das Trennende zu überwinden. Denn es stimmt, was Paulus an die Galater schrieb:

*»Denn ihr seid alle durch den Glauben Gottes
Kinder in Christus Jesus. [...]
Hier ist [...] nicht Mann noch Frau; denn ihr seid
allesamt einer in Christus Jesus.«*
(Galater 3, 26, 28)

Jesus – ein Vorbild für Frauen?

Die christlichen Kirchen – vor allem die katholische – beanspruchen Jesus als Christus für sich. Auf ihn gründen sie ihre Macht. Das taugt aus zweierlei Gründen nicht.

Erstens hatte Jesus keine Kirche im heutigen Sinne gründen wollen, mit ihren Machtstrukturen und irdischen Schätzen, sondern eine Gemeinschaft von Menschen gleichen Glaubens. Seine Jüngerinnen und Jünger sollten das Wort verbreiten. Dass auch Frauen zu den Jüngern gehörten, ist nach der Bibel verbrieft (Markus 15, 40–41). Jesus verkündete stets die Liebe Gottes, nie die Herrschaft einer Institution. Nirgends findet sich ein Hinweis Jesu, eine Organisation gründen zu wollen. Stattdessen berief er einzelne Menschen in seine Nachfolge, Männer und Frauen. Auch von einer Missionierung im großen Stil hielt Jesus nichts.

Zweitens: Mochte er auch eine Gemeinde »bauen«, gründen wollte er sie aber nicht auf sich, sondern auf Petrus, wenn man der Überlieferung Glauben schenkt, was nicht alle tun. Nach Matthäus (16, 18, Lutherbibel) sagte Jesus zwar: »Du bist Petrus, und auf diesen Felsen will ich bauen meine Gemeinde, und die Pforten der Hölle sollen sie nicht überwältigen.« In der

Einheitsübersetzung ist nicht von Gemeinde, sondern von Kirche die Rede. Aber ob Gemeinde oder Kirche, niemals hätte er eine Kirche mit Machtstrukturen und Prunk gewollt. Jesus schwebte vielmehr eine Gemeinde/Kirche/Gemeinschaft von Jüngerinnen und Jüngern vor, die so glaubten wie er selbst.

Setzt man jedoch eine Gemeinde mit der *Institution* Kirche gleich, ist es nur folgerichtig, dass sich die Päpste als Nachfolger von Petrus sehen. Auf ihn gründen sie ihre Macht. Für ihre Religion aber berufen sie sich auf Jesus, einen, der angeblich Macht ausüben wollte, es aber nicht tat. Ganz im Gegenteil: Weltliche Gewalt lehnte Jesus ausdrücklich ab. Die grauenvollen Dinge, die im Namen des Christentums geschehen sind, waren an keinem Punkt in Jesu Sinne.

1 Hass versus Seligpreisungen

Zahllose Beispiele belegen, wie Kirche und Christen das Christentum missbrauchten. Kreuzzüge, die nicht christlich waren, sondern mörderisch. Inquisition und Glaubensgerichte, mit denen die Kirche gegen »Ketzer« vorging. Hexenverbrennung, und das unter Berufung auf die Bibel (Einheitsübersetzung, Exodus 22, 17): »Eine Hexe sollst du nicht am Leben lassen.« In der Lutherübersetzung heißt es statt Hexen »Zauberinnen« (2. Mose 22, 17). Beiden gemeinsam ist, dass die Anordnung zur Tötung nur weibliche Personen betrifft. Jesus hätte dem gewiss nicht zugestimmt, denn nach seiner Überzeugung zählte nicht brutale Männlichkeit, sondern Nächstenliebe für alle, also auch für Hexen und Zauberinnen. Christen verdammten den Islam und verfolgten Juden, als hätten Christentum, Islam und Judentum nicht dieselbe Wurzel: Abraham. Den Abraham des Alten Testaments, der als Stammvater, als Glaubensvater dieser Religionen gilt. Nicht von ungefähr nennen sich die drei »abrahamitische Religionen«. Die Exzesse im Namen des Christentums waren niemals akzeptabel.

Denn Jesus war ein ganz anderer.

Ein Blick auf die Seligpreisungen zeigt das klar (Matthäus 5, 3 – 20). Jesus sprach von ihnen in seiner Bergpredigt, dem Kernstück seiner »frohen Botschaft«, des Evangeliums. Zu den Armen sprach er, nicht vor den Reichen. An Menschen wandte er sich, nicht an irgendwelche Mächte. Von Männlichkeit keine Spur, von Brutalität erst recht nicht.

»Selig sind, die da geistlich arm sind; denn das Himmelreich ist ihr. Selig sind, die da Leid tragen; denn sie sollen getröstet werden. Selig sind die Sanftmütigen; denn sie werden das Erdreich besitzen. Selig sind, die da hungert und dürstet nach Gerechtigkeit; denn sie sollen satt werden. Selig sind die Barmherzigen; denn sie werden Barmherzigkeit erlangen. Selig sind, die reinen Herzens sind; denn sie werden Gott schauen. Selig sind die Friedfertigen; denn sie werden Gottes Kinder heißen. Selig sind, die um der Gerechtigkeit

willen verfolgt werden; denn das Himmelreich ist ihr.«

Jede dieser Seligpreisungen steht im Widerspruch zu den grauenvollen Taten, die im Namen der Christen geschahen. Die Seligpreisungen zeigen einen ganz anderen Jesus als jenen, den die christlichen Verfolger damals im Blick hatten. Aus den Seligpreisungen spricht einer, der uns Vorbild sein kann; kein Gotteskrieger, sondern ein gütiger Gottessohn. Der gerade uns Frauen ein Vorbild sein kann, denn es wirkt zuweilen, als spräche er in seinen Seligpreisungen besonders zu uns.

2 Weiblicher Jesus

Weltweit sind es vor allem Frauen, die Leid ertragen; im Alltag, der Frauen mehr Gleichheit verspricht, als es sie gibt, in der Gesellschaft, in Kriegen, auf der Flucht, bei Überschwemmungen und großer Dürre. Frauen und Kinder sind es, die in der Regel stärker leiden müssen. Meist, weil sie körperlich schwächer sind, aber auch, weil sie nicht als gleichrangig anerkannt werden. Frauen sind in der Regel sanftmütiger, sei es aus Veranlagung, durch Erziehung oder weil man es von ihnen erwartet; viele müssen auch mehr erdulden als Männer, die Beispiele sind genannt. Frauen hungern und dürsten mehr nach Gerechtigkeit, da sie Ungerechtigkeiten von früh auf kennen.

Schon bei der Geburt zählt in vielen Gegenden bis

heute ein Junge mehr als ein Mädchen – sichtbar nicht nur in China (als Folge der Einkindpolitik), sondern auch in der westlichen, vor allem konservativen Welt. Viele meinen, nur ein Junge könne Stammhalter der Familie sein, nur er könne den Namen der Familie weitergeben. Als wäre das den Töchtern nicht möglich. Als würde eine Tochter durch Eheschließung und Annahme des anderen Namens nicht mehr zur Familie gehören. Familienname soll der des Mannes sein. Dabei ist es längst erlaubt, auch den Mädchennamen als Familiennamen zu nutzen. »Die Ordnung muss doch klar sein«, heißt es dann. Welche Ordnung? Die einzige Folge dieser Tradition ist, dass Mädchen und Frauen immer wieder herabgesetzt werden.

Die Ungleichbehandlung von Söhnen und Töchtern hat ihre Wurzeln schon in der Bibel: Gebar die Frau einen Sohn, war sie »sieben Tage unrein« und sollte 33 Tage zu Hause bleiben. Brachte sie hingegen eine Tochter zur Welt, galt sie zwei Wochen als unrein und durfte den Tempel 66 Tage nicht betreten, also jeweils doppelt so lang (3. Mose 12, 2 – 5).

Frauen sind in der Regel barmherziger als Männer, ihnen ist es ein Bedürfnis, die Dinge geradezurücken, zuzuhören, zu reden und zu vergeben, statt sich zu bekämpfen, obwohl auch das natürlich vorkommt. Eifersucht und Ruhmessucht sind Eigenschaften fast aller Menschen. Doch kommt es zum Schwur, sind es eher die Frauen, die im Streit nachgeben, nicht die Männer. Vielen Frauen ist es ein Anliegen, zu schlichten und zu vergeben, weil sie mit den Folgen leben müssen und sie Zerwürfnisse schlechter aushalten als Männer.

Ob Frauenherzen reiner sind, weiß ich nicht. Ich kenne nur das eigene brennende Unwohlsein, wenn mein Herz nicht rein ist. Frauen sind friedfertiger als Männer, das stimmt. Das liegt auch daran, dass sie nicht so skrupellos sind wie viele Männer. Dazu kommt mangelndes Selbstbewusstsein, das manche von Kindesbeinen an kennen. Und wenn es zu Gerechtigkeitsfragen kommt, hört man eher Frauen als Männer sagen, sie ertrügen keine Ungerechtigkeit. Gerechtigkeit ist ein Anliegen der Frauen, weil sie mehr unter Ungerechtigkeit leiden als Männer. Und: Männer reden eher (man höre sich manche Sonntagsrede an), Frauen dagegen handeln und kümmern sich. Obwohl es oft schwerfällt – auch mir. Denn es erfordert Einsatz und Mut. Mut, den Jesus stets bewies.

Natürlich sind auch viele Männer mutig, keine Frage, meist scheinen sie nach außen mutiger zu sein. Aber nur Männer *und* Frauen zusammen sind in der Lage, Ungerechtigkeiten zu beseitigen. Jeder und jede auf seine/ihre Weise.

In den Seligpreisungen meint Jesus natürlich nicht nur die Frauen, sondern die Männer gleichermaßen. Er spricht aber, sicher absichtslos, überwiegend Frauen an. Er benennt seine eigenen weiblichen Tugenden: Leid tragend, sanftmütig, barmherzig, Gerechtigkeit suchend, um nur die zu nehmen. Weibliche Eigenschaften, die oft als Schwächen ausgelegt werden, in Wahrheit aber Stärken sind.

Ich glaube nicht, dass Jesus die feminine Seite in sich sah. Ganz gewiss dachte er über solche Dinge nicht nach. Gleichwohl: Gerade seine weiblichen Tugenden sprechen mich an. Für mich ist er ein »starker Mann« – mit starken weiblichen Akzenten.

Eines ist sicher: Indem er Frauen in aufmerksamer und heilender Weise wahrgenommen hat, stellte sich Jesus in geradezu ungeheuerlicher Weise gegen die Kultur seiner Zeit, gegen die damals herrschenden Sitten, Gebräuche und Meinungen. Man nehme als Beispiel die Geschichte der Sünderin, die ihm die Füße wäscht und salbt, und der er vergibt (Lukas 7, 36ff.). Was eine allgemeine Entrüstung nach sich zog – vor allem bei den anwesenden Männern. Um die Sünderin und andere Frauengestalten wird es später noch gehen.

Jesus überging Tabus als stiller Gottessohn, nicht als lautstarker Revolutionär. Darum folgten ihm viele Frauen, die in ihm ihr Vorbild sahen.

3 Gott und Gottesbild

In der Zeit, als Jesus von Nazareth geboren wurde, herrschten Not, Hunger und Unruhen im Land. Es gab Reiche, aber viel mehr Arme, ein gesunder Mittelstand fehlte. Unterdrückung war an der Tagesordnung. Das Christentum war nicht die einzige Religion, die sich gründete. Es existierten etliche Religionen und Kulte. Gemein war den Menschen die Suche, ja Sehnsucht nach Erlösung. Gemeinsam waren sie überzeugt, dass die Erlösung nur von außerhalb der Welt kommen konnte, nicht aus dieser Welt. Ein jeder wartete auf Rettung, auf einen Heilsbringer, einen Heiland.

Jesus kam als Jude zur Welt, und er starb auch als Jude. »Christus« nannte er sich nie. Er *erfand* nicht den christlichen Gott, er trug den christlichen Glauben in sich. Er zeigte diesen Gott der Welt, die ihn bis dahin nicht kannte. Etliche folgten ihm, andere nicht.

Das Christentum als Religion fußt auf Jesus, keine Frage; nicht notwendigerweise aber der Glaube an einen christlichen Gott. So bin ich mir sicher, dass es »meinen« Gott zu jener Zeit längst gab. Gottes Wort ist älter als das Neue Testament, wie man im Alten Testament lesen kann. Propheten bekundeten Gottes Wort schon weit vor Jesu Geburt.

Wäre der christliche Gott erst durch Jesus entstanden, könnte er logischerweise auch wieder verschwinden – durch einen neuen Jesus, einen neuen Messias. Denn dann wäre am Ende alles Gerede über den christlichen Glauben nichts als dummes Geschwätz.

Gott ist unabhängig von uns Menschen. Nicht *wir* machen Gott zu Gott. Gott steht über den Menschen, egal, zu welcher Zeit. Der Glaube ist etwas höchst Persönliches, Religionen sind es nicht. Menschen erfinden nicht Gott, Menschen erfinden Religionen. Religionen sind nicht Lehren über Gott, Religion heißt wörtlich Rückbindung. Die Theologie ist die Lehre von Gott.

Schon in frühesten Zeiten hatten die Religionen viel mehr mit Herrschaftsstrukturen und gesellschaftlichen Ordnungen zu tun als mit Gott. Ihr Gottes*bild,* nicht Gott, war mehr mit Geschichte und Kultur der Völker verwoben als mit dem Glauben an Gott. Das schmälert keine Religion, macht keine der anderen überlegen. Darum ist ja der Dialog der Religionen so wichtig. Ziel darf niemals sein, den anderen zum eigenen Glauben zu überreden. Zweck ist das Gespräch von Gleich zu Gleich. Von Achtung und Respekt getragen. Ziel ist eine Gemeinschaft, in der jeder und jede bei seiner, ihrer Religion bleiben kann – um der Menschheit und des Friedens willen.

4 Jesus, der Knabe

Als Jesus geboren wurde, wusste niemand von ihm. Historiker wie Theologen erklären, dass er als normales Kind aufwuchs, mit seinen Eltern und Geschwistern, in einer Nachbarschaft unter Gleichen; in Nazareth, einem abgelegenen Dorf, das bis dahin keiner kannte. Sein Vater war Bauhandwerker. Er lehrte, wie es damals üblich war, seinen Sohn das Handwerk. Die Leute kannten Jesus als Zimmermannssohn aus Nazareth. Maria, seine Mutter, war eine einfache Frau, die den Gedanken und Taten ihres begabten Sohnes zwar bald nicht mehr folgen konnte, gleichwohl aber bei ihm blieb und ihn verteidigte bis zu seinem Ende. Danach gehörte sie zu seiner Gemeinde in Jerusalem. Auch der Name Jesus war zu seiner Zeit nicht ungewöhnlich. Es war ein alter Name, der so viel bedeutet wie »Gott ist Heil«. Dieses Heil sollte sich auch im

Zimmermannssohn zeigen. Als Erstgeborener seiner Eltern gehörte er zugleich Gott – so entsprach es damals Sitte und Glauben. Den Glauben lernte er von seinem Vater, auch das war üblich. »Der irdische Vater zeigte seinem Sohn als Erster den Weg zum Vater im Himmel«, wie der evangelische Theologe Heinz Zahrnt in seinem Buch *Jesus aus Nazareth* schrieb. »Erst aus dem Grund des Ordentlichen wächst das Außerordentliche.«

Als Jesus in die Öffentlichkeit trat und die Menschen von ihm hörten, von ihm und seinen Wundern, von ihm, der predigend und heilend durch das Land zog, da schien es auf einmal unvorstellbar, dass Jesu Geburt und Kindheit »normal« gewesen sein konnten. Wer so außergewöhnlich war, musste schon als Säugling und Knabe anders gewesen sein. Also füllte die Überlieferung die vermeintliche Lücke zwischen Geburt und Heiland auf ihre Weise.

Der Evangelist Lukas befand, dass Nazareth, ein kleines Dorf in den galiläischen Bergen ohne messianische Verheißung, nicht der Geburtsort sein konnte. Vielmehr soll Jesus in Bethlehem, der Stadt Davids im jüdischen Herzland, zur Welt gekommen sein, in einem Stall in der Krippe liegend, dabei die Hirten und der Engel (Lukas 2, 4 ff.). Die anderen Evangelisten stellten die Geburt Jesu anders dar. Markus, der älteste von ihnen, weiß nichts von Bethlehem. Bei ihm ist Nazareth die Heimat Jesu. Auch bei Johannes ist das so. Durchgesetzt aber hat sich die Weihnachtsgeschichte von Lukas, die wir trotz aller unausgesprochenen Zweifel am Wahrheitsgehalt bis heute kennen, glauben und feiern.

Warum auch nicht? Relevant erscheint mir das nicht. Es gibt dem Ganzen einen himmlischen Zauber, der uns Weihnacht um Weihnacht widerfährt; einen Zauber für Kinder, Erwachsene – und nicht zuletzt für Geschäftsleute, die mit dem himmlischen Zauber sehr gut verdienen, ganz irdisch natürlich. Aber das ist ein anderes Thema.

Als Kind jedenfalls konnte und kann Jesus nicht zum Vorbild dienen. Wie sollte es auch anders sein? Erst mit 30 Jahren erfuhr Jesus, dem die Heiligen Schriften des Judentums die wichtigste Quelle seines Glaubens waren, von einem Mann namens Johannes, der am Jordan von einer Gottesherrschaft predigte, die unmittelbar bevorstehe (Lukas 3, 1–20). Da verließ er seine Heimat Nazareth. Er machte sich auf den Weg zu Johannes mit dem Beinamen der Täufer. Erst da begann die Geschichte, die Jesus zum Gottessohn, Heiland und später zu Christus machen sollte.

5 Der Verkündiger

Doch es war nicht die Taufe, die ihn bekehrte, vielmehr war es, wenn man der Überlieferung glaubt, Gott selbst. Ganz klar hörte er die Stimme Gottes (Lukas 3, 21–22). Das war es, was sein Leben verändern sollte. Nicht er, Jesus, sprach fortan, sondern Gott durch ihn. Seine Worte waren Gottes Worte. Sein Bewusstsein war das

Bewusstsein von Gott. Vierzig Tage ging er in die Wüste, um sich zu prüfen, dreimal widerstand er den Versuchungen des Teufels (Lukas 4, 1–13): Hungrig, wie Jesus war, sollte er Steine in Brot verwandeln. Doch Jesus sagte: »Der Mensch lebt nicht vom Brot allein, sondern von einem jeden Wort, das aus dem Munde Gottes kommt.« Um zu beweisen, dass er von Gott stamme, sollte er von einer Zinne des Jerusalemer Tempels springen, die Engel würden ihn schützen. Jesus aber sprach: »Du sollst Gott, deinen Herrn, nicht versuchen.« Er wollte nicht auf sich und seinen Ruhm schauen, sondern Gottes Willen befolgen. Auch der dritten Versuchung widerstand er. Der Teufel wollte ihm alle Länder der Erde geben und die Macht über sie dazu, wenn Jesus ihn im Gegenzug anbeten würde. »Du sollst Gott, deinen Herrn, anbeten und ihm allein dienen«, entgegnete Jesus.

Von weltlicher Macht hielt er nichts. Für ihn gab es nur die gewaltlose Macht der Liebe. Weder sozialer Revolutionär noch Religionsgründer wollte er sein. Eine politische Karriere lehnte er ab. Sein »Beruf« war die Verkündigung. Er lebte von Gott her und zu ihm hin. Aus seiner Sicht stand nichts zwischen ihm und seinem Gott. So kam es, dass die Menschen begannen, ihn Gottes Sohn zu nennen.

6 Das »Märchen von Christus«

Trotz oder vermutlich eher *wegen* dieser und anderer Begebenheiten war schon immer umstritten, ob es Jesus überhaupt je gab. Von ihm selbst ist nichts überliefert, kein Schriftstück, keine Notiz. Die Geschichten wurden erst viele Jahre später schriftlich festgehalten. Die christliche Anhängerschaft war bis weit ins 4. Jahrhundert klein. Wäre Jesus, wie es im Apostolischen Glaubensbekenntnis heißt, wiedergekommen, die Zweifel wären wohl kleiner. Doch die Wiederkunft blieb aus. Bis heute, mehr als 2000 Jahre danach, ist nichts geschehen.

Da ist es kein Wunder, dass nicht nur Wissenschaftler und Atheisten die Existenz Jesu leugnen. Johann Wolfgang von Goethe nannte den Sachverhalt ein »Märchen von Christus« und fügte hinzu: »Die Geschichte des guten Jesus habe ich nun so satt, dass ich sie von keinem, außer von ihm selbst, hören möchte.« Napoleon zweifelte an Jesus, auch Friedrich der Große. Friedrich Nietzsche schließlich schrieb: »Zum Christentum wird man nicht geboren, man muss dazu nur krank genug sein.« – Harte Worte.

Mir geht es anders. Ich glaube, dass es Jesus gegeben hat. Wie der Theologe Hans Küng bin ich sicher, dass Jesus von Nazareth »kein Mythos« war.

Doch bei aller Überzeugung, eines will mir partout nicht gelingen: an Jesus als leibhaftigen Gottessohn zu glauben – »empfangen durch den Heiligen Geist, geboren von der Jungfrau Maria«, wie es im Apostolischen Glaubensbekenntnis heißt. »Hinabgestiegen in das Reich des Todes, am dritten Tage auferstanden von den Toten, aufgefahren in den Himmel; er sitzt zur Rechten Gottes, des allmächtigen Vaters; von dort wird er kommen, zu richten die Lebenden und die Toten.« Das erscheint mir in der Tat wie ein »Märchen von Christus«, wie Goethe einst sagte.

Nimmt man das Apostolische Glaubensbekenntnis wörtlich, scheint mir alles erfunden. Hier soll es nur um Jesus gehen, zu Maria komme ich an anderer Stelle.

Warum wird Jesus im Glaubensbekenntnis so beschrieben? Um aus ihm den Gottessohn, sprich einen »Übermenschen«, zu machen? Einen, der nach dem Tode aufersteht, um zu richten? Einen, der uns Angst einflößen soll?

In »richten« steckt »Recht«, stecken Strafe, Himmel *und* Hölle. Ein solcher Jesus schreckt mich ab, in ihm steckt nicht nur ein liebender, sondern auch ein strafender Gott. Warum sollte er meine Fehler und Schwächen ahnden, Fehler und Schwächen, die doch jeder hat und die auch ihm nicht fremd waren? Warum sollte er meine Zweifel bestrafen, die doch zum Glauben gehören und die auch er kannte? Ich bin doch ein Mensch und keine Maschine. Warum sollte er überhaupt über mein Leben richten? Ich bin doch Mensch vor *Gott* und nicht Mensch vor Jesus Christus. Von *Gottes* Gnaden, nicht von der Gnade Jesu Christi lebe ich.

Müsste ich das Glaubensbekenntnis als Wahrheit

annehmen, könnte ich an Jesus nicht glauben. Halb Mensch, halb Gott: Wie soll das gehen?

Die Bibel zeigt Jesus ganz anders als das Glaubensbekenntnis. Nach der Bibel ist Jesus ganz Mensch. Er litt, er weinte, er kannte den Schmerz und die Angst, wie jeder von uns. Als Mensch und nicht anders offenbarte er den Menschen seinen Gott. Es ging ihm um die Liebe, um Vergebung, um Sanftmut und Hilfe, nie ums Richten oder um Rache. Er sah sich als Vermittler Gottes.

Gott aber richtet die Menschen nicht hin, er richtet sie auf, wie Zahrnt so treffend schrieb. Gott ist überhaupt kein Richter.

Auch darin liegt etwas Weibliches.

7 Störendes Glaubensbekenntnis

Vermutlich steckt hinter dem Glaubensbekenntnis und vielen Geschichten der Bibel eine Bildersprache. Die Auferstehung ist zum Beispiel nicht so, wie beschrieben, geschehen. Wie viele andere glaube ich nicht an eine leibhaftige Auferstehung. Nicht nur, weil es den Naturgesetzen widerspricht, ich kann es mir schlicht nicht vorstellen. Die Auferstehung Jesu steht im christlichen Sinne für Erlösung und das ewige Leben. Doch Erlösung wovon? Ich glaube, dass wir schon jetzt, in unserem täglichen Leben, erlöst sind. Nach Jesaja (43, 1), meinem Konfirmationsspruch, heißt es klar: »Fürchte dich nicht, denn ich habe dich erlöst. Ich habe dich bei deinem Namen gerufen; du bist mein.« Wir *sind* bereits von Gott erlöst, nicht erst nach dem Tod, sondern im täglichen Leben, auch wenn wir Schmerzen und Trauer ertragen müssen.

Ich brauche auch keinen auferstehungsbedingten Glauben an ein ewiges Leben. Denn ich glaube an die Ewigkeit. Ich weiß, dass es keiner Auferstehung bedarf, um dazubleiben, um weiter zu existieren. Die Ewigkeit ist schon da. Sie beginnt nicht mit dem Tod. Das ewige Leben geht in beide Richtungen. Vom Leben über den Tod in die Ewigkeit und von der Ewigkeit über den Tod ins Leben. Der Tod trennt uns nicht, die Ewigkeit verbindet uns jederzeit. Diesen Gedanken hatte ich einmal in einer Predigt gehört. Seither habe ich zwar immer noch Angst vor dem Sterben, aber kaum noch Angst vor dem Tod. Denn ich bin mir gewiss, dass nach dem Tod nicht nichts kommt, sondern alles in Ewigkeit bleibt, diesseits wie jenseits der Todesmauer. Auch im Tode selbst. Dazu braucht es keiner leibhaftigen Auferstehung, die es nach menschlichem Ermessen nie gegeben hat und auch niemals geben wird – es sei denn, durch Computer simuliert. Aber das wäre dann kein Leben mehr.

Schon gar nicht eines von Gott.

Ich bin nun keine Theologin und muss darum auch nicht alles verstehen. Die Theologie interessiert mich, die »Lehre von Gott«, die Lehre vom Glauben. Noch mehr aber interessieren mich Gott und der Glaube selbst. Und Jesus als Vorbild für mein eigenes christliches Leben und Vermittler im Glauben.

Selbst Experten ist theologisches Wissen zuweilen ein Hindernis. Heinz Zahrnt etwa erlebte das so: »Mit wachsender theologischer Reife habe ich mir immer weniger vorstellen können, dass die Sache mit Gott so kompliziert sein soll. Gott ist wohl verborgen, er kann sogar sehr tief verborgen sein – Gott aber ist niemals kompliziert. Die Kompliziertheit der Theologie ist eine Erfindung von uns Theologen.« In seinem im Jahr 2000 erschienenen Buch *Glauben unter leerem Himmel* schrieb er weiter, die Theologie drohe »zu einer Angelegenheit hochgezüchteter Spezialisten zu werden«. Aus der »Rede mit Gott« werde erst die »Rede von Gott«, dann die »Rede über Gott« und schließlich das »Reden über die Möglichkeit des Redens über Gott«. Auf diese Weise entstehe »eine theologische ›Verschlusssprache‹, die die Herzen verschließt, statt sie zu öffnen«.

Ich bin dankbar für diese Sätze, sie nehmen eine Last von mir. Nicht alles für wahr und richtig halten zu müssen, sondern zu glauben, was ich glauben kann. Das ist alles, wozu ich imstande bin, und das ist nicht wenig. Dass ich zwar an Jesus, nicht aber an den auferstandenen Christus glauben kann, macht aus mir keine Nichtchristin. Wie gesagt: Jesus nannte sich selbst nie Christus. Aber wenn das, was Jesus glaubte und verkündete, tat und verkörperte, viele Jahre nach dem Tod Jesu Christentum genannt wurde, bin ich mit fröhlichem Herzen gerne Christin.

8 Fröhliche Christin

Abwerten möchte ich das Glaubensbekenntnis nicht – wer bin ich, das zu tun? An Gott zu glauben und an Jesu Leben auf Erden, das ist mein Fundament. Und kein schlechtes obendrein.

Ich wünschte den Kirchen mehr Freiheit im Glauben, und ich weiß, vielen geht es ebenso. Die meisten trauen sich nur nicht, das offen zu sagen. Aber einmal darauf angesprochen, quillt ihr Herz über, sie sprechen befreit und frei. Die Menschen möchten reden. Man lässt sie nur zu wenig. Darunter leiden nicht zuletzt viele Frauen. Sie sind es in der Regel, die bei meinen Lesungen plötzlich anfangen zu sprechen, über ihren Glauben und ihre Zweifel. Sie sind es, die auf einmal ihre Herzen öffnen und dankbar sind, dafür nicht »bestraft« zu werden. Viele wachsen über sich hinaus. Sie erlangen ein neues Selbstbewusstsein, das sie vorher nicht kannten.

Wenn es zu diesen Situationen bei meinen Lesungen kommt, bin ich hin und her gerissen. Ich will nicht missionieren, will niemandem etwas aufdrängen. Aber offen bin ich, das stimmt, da ich nicht anders als ehrlich sein kann, wenn es um Fragen des Glaubens und Zweifelns geht. Das ist offenbar noch so ungewöhnlich, dass sich viele erstmals ermutigt fühlen, ebenfalls ehrlicher zu sprechen. Ich kann es nicht fassen, dass Buchhandlungen zu Räumen von ehrlichen Glaubensgesprächen werden können, die man eigentlich in der

Kirche sucht. Meinem Eindruck nach sehnen sich Frauen nach solchen Begegnungen und Gesprächen häufiger als Männer. Dabei sind auch die interessiert. Nur reden sie oft lieber über Wissens- denn Glaubensfragen. Das ist ja auch der sicherere Boden, wenn man öffentlich spricht.

Gott, an den ich glauben kann, dazu Jesus als Quelle christlicher Inspiration – was braucht man mehr?

Ich jedenfalls nicht viel.

9 Jesus ohne Gott – Gott ohne Jesus

Was ist es eigentlich, was Jesus zum Vorbild taugen lässt? Seine Gottessohnschaft oder sein Leben? Gewiss ist Jesus ohne Gott nicht denkbar. Aus seiner Sicht verkörperte er Gott. Alles, was er sagte und tat, soll direkt von Gott gekommen sein. Umgekehrt gilt das nicht. Gott ist ohne Jesus durchaus denkbar. Ich jedenfalls glaube an einen Gott, den es schon gab, als von Jesus noch keine Rede war. Wäre Gott erst durch Jesus entstanden, was und wo war dieser Gott dann davor? Und wie war er gewesen? Für mich war der Gott, an den ich glaube, schon immer da, weit vor der Entstehung des Kosmos, und er wird immer bleiben – in alle Ewigkeit.

Gott ohne Jesus ist also durchaus denkbar, Jesus ohne seinen Glauben an diesen Gott dagegen nicht. Es bleibt eine theoretische Frage, an wen und was wir heute glauben würden, wenn es Jesus nie gegeben hätte. Ich kann mir nicht vorstellen, dass mein Gottesglaube ein wesentlich anderer wäre. Denn ich kann, wie gesagt, nicht glauben, dass Gott sich durch Jesu Geburt geändert hat. Wir haben ihn nur neu erkannt – durch Jesus.

10 Zeitgenosse und Wegbegleiter

Vorbilder entstehen durch Öffnung, durch Zuhören und Kennenlernen. Auch Jesus kann nur so zum Vorbild werden. Ich muss mich ihm nähern, nicht er sich mir. »Wer nicht fragt, dem hat Jesus nichts zu sagen, und wer sich nicht beteiligt, dem teilt er sich nicht mit«, schrieb Heinz Zahrnt. »Seine Gestalt und Botschaft erschließen sich nur im Dialog und in der Nachfolge seines Wandels. Wo immer dies geschieht, wird Jesus zum ›ewigen Zeitgenossen‹.« So Zahrnt.

Und Wegbegleiter, füge ich hinzu.

Auch Wegbegleiter kann Jesus nur jedem Einzelnen sein, nicht der Masse. Denn nicht die Masse lebt, sondern der Mensch. Jesu Wegbegleitung ist höchst persönlich. Jeder, der von Jesus erzählt, spricht auch von sich selbst. Denn das, woran wir glauben, wem wir folgen, ist nicht abstrakt, sondern ein Teil von uns. Jesus kann mein Zeitgenosse sein und Wegbereiter, ja, sogar zum Vertrauten und Freund werden. Jemand, auf den ich mich verlassen kann. Ein Freund, der hilft, indem er mir die Worte Gottes nahebringt und mich durch seine, Jesu, Taten überzeugt von Gottes Haltung. Ein

Vorbild braucht Haltung, wie jede und jeder von uns auch. Reden ist Haltung, Handeln ebenso. Beides zusammen macht den Glauben aus, nicht nur Himmlisches, sondern auch Irdisches.

Nur so kann ich mich der Frage nähern, ob Jesus mein Vorbild ist, nur über diesen Weg: nicht über Gott im Himmel, sondern über Jesu Leben und Reden auf Erden – *mit* seinem Glauben an Gott.

Für mich ist damit unweigerlich die Frage nach dem »weiblichen« Jesus verbunden, nach seinem Urteil über Frauen und natürlich den Frauen in seinem Leben und in der Bibel.

Ein Christentum für Frauen ist ohne einen weiblichen Blick auf Jesus undenkbar.

Die Bibel als »Buch einer Frauenemanzipation«

»Eine Frau lerne in der Stille mit aller Unterordnung. Einer Frau gestatte ich nicht, dass sie lehre, auch nicht, dass sie sich über den Mann erhebe, sondern sie sei stille. Denn Adam ist am ersten gemacht, danach Eva. Und Adam ward nicht verführt; das Weib aber ward verführt und ist der Übertretung verfallen.«

Ein so beschriebenes Frauenbild, das der Apostel Paulus in seinem ersten Brief an seinen Schüler Timotheus entwarf (2, 11–14), wird von Männern gern zitiert, halb im Scherz, halb im Ernst, schließlich ist die Hackordnung simpel und kommt ihnen zugute. Dass das Zitat Frauen empört und auch mich, kann kaum verwundern. Richtig ist aber auch, dass es dem Sinn der Bibel widerspricht. Dazu genügt ein Blick in die Evangelien des Neuen Testaments.

Quelle elementarer Teile der Evangelien sind Frauen: Maria Magdalena, Maria, Jakobs Mutter und, nach Markus (16, 1 ff.), auch Salome. Sie waren die Ersten, die das leere Grab sahen: »Und sie gingen hinein in das Grab und sahen einen Jüngling zur rechten Hand sitzen, der hatte ein langes, weißes Kleid an, und sie entsetzten sich. Er aber sprach zu ihnen: Entsetzt euch nicht! Ihr suchet Jesus von Nazareth, den Gekreuzigten. Er ist auferstanden, er ist nicht hier.« Nach Matthäus war der Jüngling ein Engel (28, 2). Markus notierte (16, 9 – 11): »Als Jesus am frühen Morgen des ersten Wochentages auferstanden war, erschien er zuerst Maria aus Magdalena. [...] Sie ging und berichtete es denen, die mit ihm zusammengewesen waren. [...] Als sie hörten, er lebe und sei von ihr gesehen worden, glaubten sie es nicht.« Auch Johannes schrieb nur von Maria Magdalena (20, 11 ff.), die die Erste gewesen sein soll, der Jesus sich offenbart hatte. Doch dazu später mehr.

Es waren also keineswegs Männer, sondern Frauen, die vom leeren Grab und der Auferstehung berichten konnten. Darum konnten auch nur sie Zeugnis geben und eben nicht stille sein. Die Auferstehung selbst wurde nie bezeugt. Sie wird in der Bibel als gegeben vorausgesetzt. So schreibt Paulus in seinem ersten Korintherbrief (15, 4): »[...] und dass er auferstanden ist am dritten Tage gemäß der Schrift.«

Ob darum Frauen die eigentlichen Nachfolger von Jesus waren und nicht die Jünger, ist umstritten. Für mich ist diese Auseinandersetzung nicht zentral. Von Bedeutung dagegen ist für mich, dass die von Männern notierte Geschichte ohne die weibliche Überlieferung nicht hätte protokolliert werden können. Die Bibel mag zwar von Männern geschrieben sein, aber allwissend waren sie nicht. Wichtig ist mir, dass es die Frauen waren, allen voran Maria Magdalena, die die

Geschichte als Erste verstanden. Maria Magdalena wird der Bibel zufolge von Jesus bevorzugt. Auch wenn man meist von den Jüngern liest.

Darum können wir Frauen mit gleichem Stolz auf die Bibel schauen, nicht nur auf die Bibel als solche, sondern auch auf die Schrift als das »vielleicht [...] interessanteste Buch einer Frauenemanzipation«, wie die Theologin Elisabeth Moltmann-Wendel, eine der bekanntesten Vertreterinnen der feministischen Theologie, meinte. Falsch ist das sicher nicht – nur unbekannt.

Elisabeth Moltmann-Wendel hat in ihrem Buch *Ein eigener Mensch werden: Frauen um Jesus* passend dazu eine wunderbare Geschichte notiert. Sie spielt in Lateinamerika, genauer, in Nicaragua. Ich zitiere die Begebenheit mit den Worten der Autorin:

> *»In Solentiname in Nicaragua wurden unter der Leitung des Dichter-Priesters Ernesto Cardenal vor einigen Jahren ungewöhnliche Gottesdienste gehalten«,* schrieb Moltmann-Wendel, *»die Bauern, die Fischerfamilien kamen zusammen, lasen einen Bibeltext und sprachen spontan darüber – alle mit einem geschärften Bewusstsein für die gesellschaftliche Veränderung, für die erlittene Ungerechtigkeit des sozialen Systems und für Christus, den Befreier der Unterdrückten. Eines Sonntags wird die Ostergeschichte gelesen, wie die Frauen zum Grabe kommen, um den Leichnam Jesu zu salben. Die Bauernfrauen be-*

geistern sich und fangen an, sich mit diesen Frauen zu identifizieren: ›Es waren Frauen und keine Männer, die als erste zum Grabe gingen; die Frauen sind mutiger als die Männer‹«, zitierte Moltmann-Wendel die Bauernfrauen; und weiter: *»Die Frauen haben mehr Herz. Und die Liebe kann große Kraft geben. Wenn man liebt, hat man keine Angst und nimmt es mit jedem auf. Jesus, der aus Liebe gestorben war, hat ihnen diesen Mut eingeflößt, den Mut der Liebe. Wenn man liebt, ist man mutig, man fürchtet nicht einmal den Tod.«*

Die Frauen hatten die Bibel für sich entdeckt. Nicht durch die Brille der Männer, sondern mit eigenen Augen lasen sie sie und hatten sich selbst darin wiedergefunden. Die Männer reagierten mit Widerstand, wie nicht anders zu erwarten war. Sie warfen den Frauen vor, sich in eine Sonderrolle zu begeben, die sonst nur Männern vorbehalten war. »Ich sehe nicht ein, warum die Frauen so mutig gewesen sein sollen«, zitierte Moltmann-Wendel einen der Erzürnten, »was soll schon Großes daran gewesen sein, wenn sie da hingingen und ein bisschen weinten?«

Man einigte sich auf Partnerschaft, schrieb die Theologin und zitierte einen der Anwesenden: »Natürlich spielen die Frauen eine sehr wichtige Rolle, genau wie die Männer. Aber das bedeutet nicht, dass sie mutiger gewesen wären oder Jesus mehr geliebt hätten.«

Nach Einschätzung der Autorin sind drei Dinge in der kleinen Geschichte wichtig: Erstens, wie spontan sich Frauen in der Bibel wiedererkennen könnten; zweitens, wie emotional und eifersüchtig Männer darauf achteten, dass »Frauen nicht zu viel Selbstbewusstsein entfalten«; und drittens, dass geschichtliche Begründungen dafür herhalten müssten, »um die Rolle des Mannes zu stabilisieren«.

Das ist alles überzeugend, vor allem der erste Punkt. Für mich ist jedoch noch wichtiger die Partnerschaft, auf die man sich einigte. Ob und wie auch immer sie durchgehalten werden konnte, für die Frauen war das allemal ein Schritt nach vorn. Und zugleich ein Schritt weg von der Unterdrückung im Zitat des Apostels Paulus – von der »Stille« der Frau und deren »Unterwerfung« …

1 Gott aus feministischer Sicht

Das Zitat stammt nicht von Jesus, wie gesagt. Es war Paulus, der es im ersten Brief an seinen Schüler Timotheus schrieb (2, 11 – 14). Für Männer war die Sache bequem, denn alles war männlich: Gottvater, Jesus und der Heilige Geist. Die göttliche Ordnung schien männlich gewollt, nicht nur im Glauben, nicht nur in der Gesellschaft, sondern natürlich auch in der Kirche. Auch die Theologie war Männern vorbehalten.

Es hat unendliche Jahrhunderte gedauert, bis sich diese Sicht änderte. Der Durchbruch eines anderen Glaubens- und Geschlechterverständnisses kam spätestens mit der feministischen Theologie, deren Vertreterinnen die Bibel auf Sprache, Bilder und Deutung hin prüften und daraufhin die *Bibel in gerechter Sprache* neu übersetzten. Auch Männer waren daran beteiligt.

Die feministische Theologie führte zwar zu einer ebenso richtigen wie notwendigen Sensibilisierung für die Sprache (schließlich ist Sprache verräterisch), und allein das hat viel verändert. Doch auch wenn man nun sagen kann, ich glaube »an Gott, unseren Vater und unsere Mutter, der/die Mann und Frau nach seinem/ihrem Abbild schuf«, auch wenn selbst Papst Johannes Paul I. im September 1978 betonte, »Gott ist unser Vater und noch mehr Mutter«, an den Tatsachen änderte sich wenig. Das Wort »Gott« bleibt männlich. »Der Gott« wird nicht zu »die Gott«. Von der unsinnigen Formulierung »das Gott« einmal ganz abgesehen. Diesen Vorschlag hatte die damalige Familienministerin Kristina Schröder im Dezember 2012 aus Gründen der Geschlechterneutralität in der *ZEIT* gemacht. Gott mag für manche Vater *und* Mutter sein, dadurch wird Gott jedoch nicht zu Mann *oder* Frau, auch nicht zu Mann *und* Frau. Gott entzieht sich unserer Begrifflichkeit, er braucht keinen Namen und auch kein Geschlecht. Denn er ist kein Mensch.

Letztlich ist es egal, wie man ihn nennt, ob Gott oder anders, das Wort »Gott« stammt nicht von Gott, ja, allein die Vorstellung erscheint grotesk, dass er sich selbst benannt haben soll. Das Wort ist eine Erfindung von Menschen. Gott hat damit nichts zu tun.

Mir erscheint es künstlich, Gott als männlich oder

weiblich oder beides darzustellen. Für mich spielt das keine Rolle. Denn nicht *Gott* unterscheidet zwischen Männern und Frauen. *Wir* kennen den Unterschied. *Wir* ziehen Konsequenzen daraus. Gerade weil es für Gott einerlei ist, ob wir männlich oder weiblich geboren sind, fühle ich mich in meinem Glauben frei. Vor Gott muss ich weder um Gleichberechtigung bitten noch um sie kämpfen.

Dass die Probleme dadurch mitnichten gelöst sind, zeigt der Blick auf die katholische Kirche. Zum Beispiel dass sie eine Priesterschaft der Frauen mit dem Hinweis ablehnt, dass Jesus ein Mann war.

Das Bewusstsein von Gleichberechtigung zwischen Männern und Frauen ist da, aber *nicht* als Folge der feministischen Theologie. Vielmehr war die feministische Theologie Folge der allgemeinen Frauenbewegung, die ihre Wurzeln schon im 19. und 20. Jahrhundert hatte und ihre Fortsetzung in den 1960er-/1970er-Jahren fand. Als es um Mündigkeit ging, um die Abschaffung des Paragrafen 218 Strafgesetzbuch zum Beispiel.

Ich habe hohen Respekt vor feministischen Theologinnen, es sind oft kluge Leute. Das Bemühen um die *Bibel in gerechter Sprache* leuchtet mir zwar ein, doch es ist mir zu parteiisch. Letztlich ist mir beides fremd, der Feminismus *und* die *Bibel in gerechter Sprache*, so, wie mir alles Extreme fernliegt.

Ich sträube mich gegen alle »-ismen«. Zwar wird mir oft gesagt, ich müsse doch Feministin sein, schließlich redete und dächte ich wie eine, in Wahrheit aber ist das nicht der Fall. Für mich zählt die Geschlechtergerechtigkeit, gewiss. Noch wichtiger aber ist mir die Gerechtigkeit an sich. Ich trete für Männer ebenso ein wie für Frauen, wenn sie ungerecht behandelt werden, und *nicht*, weil sie Männer oder Frauen sind. Das Kämpferische, das jedem »-ismus« innewohnt, liegt mir nicht. Ich stehe für Inhalte, keine Ideologien.

Trotzdem stört auch mich eine männerdominierte Welt, sei es in der Kirche, sei es in der Politik, sei es in der Gesellschaft. Das hat mit »-ismen« nichts zu tun. Viel mehr, wie gesagt, mit Gerechtigkeit.

EXKURS: Warum ich keine Feministin bin
Eines meiner Probleme mit Feministinnen ist ihre Sprache. Alles soll versachlicht werden. Wozu? Damit das Weibliche nicht mehr weiblich und das Männliche nicht mehr männlich, sondern beides bloß noch neutral und damit unverständlich ist? In Wahrheit verstecken Feministinnen damit ihre Weiblichkeit, sie ebnen sie ein. Nichts von »ihr« ist mehr da. Wir sind längst dabei, die Sprache zu verunstalten, um alle gleich zu machen.

Meine Lieblings-Antworte in dieser Debatte sind »Studierende« und, wie wir beim Kirchentag sagen, »Teilnehmende«. Das tut mir in den Ohren weh. Wie wäre es, wenn ich bei einem Vortrag das Publikum anreden würde mit »liebe Zuhörende«? Vielleicht hört das Publikum ja gar nicht zu, sondern liest Mails auf dem Smartphone? Das wäre sein gutes Recht – und ich läge falsch.

Ein schönes Beispiel für den Unsinn des Worts »Studierende« fand ich einst auf *Spiegel Online*. Die Plattform zitierte den langjährigen *Titanic*-Kolumnisten Max Goldt, der sagte: »Wie lächerlich der Begriff Studierende ist, wird deutlich, wenn man ihn mit einem Partizip Präsens verbindet. Man kann […] nach einem Massaker an einer Universität [nicht sagen]: Die Bevölkerung beweint die sterbenden Studierenden. Niemand kann gleichzeitig sterben und studieren.«

Sind wir Frauen keine Substantive, keine Subjekte mehr, sondern gebeugte Verben? Mit anderen Worten: ohne aufrechten Gang, sondern in gekrümmter Haltung, einer Unterwerfung gleich? Nicht seiend, sondern immer tuend? Das ist nicht nur sprachhistorisch, sondern auch tatsächlich falsch.

Solche Sprache ist verräterisch. Sie mag heutzutage politisch korrekt sein, tatsächlich ist sie Unsinn. Die Nivellierung der Sprache ist der beste Weg, Frauen optisch von der Bildfläche verschwinden zu lassen. Es hat doch lange genug gedauert, dorthin zu gelangen! Die Frauen sollten sich trauen, auch sprachlich als Frauen aufzutreten, als aufrechte Wesen und nicht gekrümmten Ganges: Gleichmacherei geht an der Sache vorbei, sie schadet ihr nur. Sie ist rückgratlos – trotz allen guten Willens.

Schon der Gedanke daran treibt mir den Feminismus aus. Schon darum nenne ich mich nicht Feministin.

Es waren aber auch Feministinnen selbst, die mir ihre Überzeugungen vergällten. 1968 war ich zehn

Jahre alt. Es war die *Hoch*zeit des Feminismus, doch ich merkte nichts davon. Für mich war Gleichberechtigung normal, auch in meinem späteren Leben. Doch nach und nach stieß ich immer öfter auf Frauen, die sich mir gegenüber merkwürdig verhielten. *Sie,* die 68erinnen und Feministinnen, seien es doch gewesen, die mir den Weg zur Normalität der Gleichberechtigung geebnet hätten. Ihr Erfolg wandelte sich plötzlich in einen reflexartigen Vorwurf. Dankbarkeit wurde eingefordert – und die Fortsetzung des Kampfes für die Sache. Die Folge: Ich widersetzte mich. Denn vereinnahmen lassen wollte ich mich nie.

Dass ich mit meinem Eigensinn nicht allein bin, es vielmehr Frauen, die lange nach mir geboren sind, immer noch so geht, begriff ich erst, als ich im Januar 2013 einen Artikel von Melanie Mühl (Jahrgang 1976) in der *FAZ* las. »Für mich lief alles super«, zitierte sie die schweizerische Kolumnistin Michèle Roten (Jahrgang 1979). »Dank Alice Schwarzer und ihren Frauen! Sie haben ihr Ziel erreicht: für mich eine bessere Welt zu schaffen. Et voilà! Merci! Und jetzt abtreten bitte.«

Wenn es aber wieder rückwärts- oder nicht weitergeht, setze ich mich ein. Da bin ich dabei. Wie Melanie Mühl, die zu Recht vor falscher Naivität warnte. Aber dazu muss ich keine Feministin sein.

2 Jesus aus feministischer Sicht

In der feministischen Theologie geht es selbstverständlich auch um Jesus. Dass in der damaligen Zeit ein männlicher Messias erwartet wurde, ein weiblicher hingegen schon aus kulturellen Gründen unvorstellbar schien, ist allgemein bekannt. Die Welt war patriarchisch angelegt. Genau dies stört viele Frauen.

Interessant finde ich den Ansatz, Jesus einen »ganzheitlichen androgynen Mann« zu nennen, wie es die Psychotherapeutin und frühere Pfarrerin Hanna Wolff tat. Mir wäre das nicht eingefallen.

Ihn aber deswegen gleich als »ein zwittriges Wesen« zu bezeichnen, wie es prompt der *Spiegel* tat (16/1980), ist dagegen grundfalsch. Ein Zwitter ist etwas ganz anderes als ein androgyner Mensch. Ein Zwitter zeigt beide Geschlechtsmerkmale, ein androgyner Mensch Eigenschaften beiderlei Geschlechts. Ein androgyner Mann ist physisch ein Mann, wenn auch vielleicht mit mehr weiblichen als männlichen Merkmalen. Das Gleiche gilt umgekehrt für eine androgyne Frau. Sie mögen sich zuweilen von ihren eigenen Geschlechtsgenossen und -genossinnen angezogen fühlen, aber auch das ändert nichts am biologischen Befund. Bei Zwittern liegt die Sache ganz anders. Es ist ein sexuelles Problem, ein für alle Beteiligten äußerst schwieriges obendrein.

Die »Zwitter-Debatte« hat nicht lange angehalten. Sie taugt nicht nur nichts bei der Frage nach Jesus, sie ist auch noch fehl am Platz.

Es geht doch nicht darum, ob Jesus im geschlecht-lichen Sinne ein Mann *oder* eine Frau war, sondern ob er als Mann neben männlichen auch weibliche *Charakter-züge* zeigte, eine Ganzheitlichkeit von männlichen und weiblichen Eigenschaften, um die es Hanna Wolff ging.

Als »Feministen« in Sachen Jesu können sich auch Männer erweisen, zum Beispiel Franz Alt, ein ebenso engagierter wie umstrittener Katholik. Er folgte der Meinung Hanna Wolffs und verfeinerte sie. Jesus war ein *neuer Mann*, schrieb der Journalist in seinem Buch *Jesus – der erste neue Mann*, weil er erstmals »die aus-schließliche Männer-Fixierung« der damaligen Gesell-schaft aufgedeckt und infrage gestellt habe. Und es stimmt ja auch: Selten erhob Jesus ein böses Wort gegenüber Frauen, viel häufiger empörte er sich über Männer.

Erinnert sei an die Vertreibung aus dem Tempel, von der alle Evangelien erzählen. In der Geschichte wurde Jesus ungewöhnlich zornig. »Im Tempel fand er die Verkäufer von Rindern, Schafen und Tauben und die Geldwechsler, die dort saßen«, heißt es bei Johannes (2, 13 – 16). »Er machte eine Geißel aus Stricken und trieb sie alle aus dem Tempel hinaus, dazu die Schafe und Rinder; das Geld der Wechsler schüttete er aus, und ihre Tische stieß er um. Zu den Taubenhändlern sagte er: Schafft das weg hier, macht das Haus meines Vaters nicht zu einer Markthalle!« – Wenn das kein »heiliger Wutausbruch« war, wie die Kulturbeauftragte der Evangelischen Kirche in Deutschland (EKD), Petra Bahr, einst sagte.

Auch die Reichen waren ihm zuwider. »Es ist leichter, dass ein Kamel durch ein Nadelöhr gehe, als dass ein Reicher ins Reich Gottes komme«, rief er aufgebracht (Markus 10, 25). Es waren Männer, die er ansprach, nicht Frauen. Denn nur wenige Frauen seiner Zeit waren vermögend.

Jesu »absolut neue Haltung gegenüber Frauen – inmitten einer frauenfeindlichen und ausschließlich männerorientierten antiken Welt« habe am deutlichsten den »neuen Mann Jesus« gezeigt, schrieb Alt, der sich als bekennender Christ bezeichnet. Die Einzigartigkeit dieses neuen Mannes sah der Autor im Vergleich mit Buddha und Mohammed, Aristoteles und Plato nur bestätigt. Keiner von ihnen sei mit den Frauen je so frei von Vorurteilen umgegangen, so »partnerschaftlich und spontan selbstverständlich«. Keiner habe eine größere Harmonie von männlich-weiblich gezeigt als Jesus.

In Jesus, so sehe auch ich das, hatten Weiblichkeit und Männlichkeit nicht miteinander konkurriert, sondern sind zu einem geworden. Jesus war unverwechselbar, gerade weil er die Ganzheit von Weiblichem und Männlichem lebte. Darin war er tatsächlich *der erste neue Mann*, wie Franz Alt betonte. Jedenfalls der erste bekannte Mann seiner Zeit, der diese Seiten offen zeigte. Im Übrigen reagierte er wie viele andere auch. Er hatte Mitleid und Erbarmen, er trauerte, geriet außer sich, zeigte Gefühle.

Immer noch gilt es als unmännlich, Gefühle zu zeigen oder gar zu weinen. Wird ein Mann zur Frau, bloß weil er weint? Bloß weil er Erbarmen und Mitleid zeigt? Was wäre das für eine arme Welt. Jesus war ein ganzer Mann. Und er blieb es auch, als er weinte.

Trotzdem war Jesus anders als die Männer seiner Zeit. Er lebte sein Leben in Gott. Seine Eltern verstanden ihn nicht. Wie sollten sie auch? Als Jesus einmal nach Hause kam und eine große Menge Menschen vorfand, wollten »die Seinen« ihn halten. Irritiert riefen sie: »Er ist von Sinnen.« (Markus 3, 20–21) »Ein Prophet gilt nirgends weniger als in seinem Vaterland und bei seinen Verwandten und in seinem Haus«, sagte Jesus (Markus 6, 4). Das allein zeigt, dass er von seinen Eltern zwar unverstanden, aber auch unabhängig lebte – oder, um es mit Franz Alts Worten zu sagen, dass er »frei war von einem Vater- oder Mutterkomplex«.

Jesus war ein Mann, der keine Angst vor Frauen hatte; den nichts an ihnen irritierte. Jesus schätzte Frauen, ohne dabei an ein hierarchisches »Oben« und »Unten« zu denken. Er ließ sich von ihnen belehren. Animositäten gegenüber Frauen waren ihm fremd, das Weibliche nicht. Das Kapitel über »Frauen in der Bibel« wird all das noch erweisen.

3 Und wenn Jesus eine Frau gewesen wäre?

Tja, was dann … Die Frage ist so hypothetisch, dass man sie kaum beantworten kann, ohne jedes historische Wissen über Jesus über Bord zu werfen. Wäre der

Stellenwert der Frauen zu der damaligen Zeit ein anderer gewesen, wären Religion, Kultur und Machtverhältnisse nicht so auf Männer fixiert gewesen, dann, ja dann hätte man sich Jesus auch als Frau denken können. Jahrhundertelang war es unvorstellbar, dass der Papst eine Frau sein könne. Doch langsam entbrennt darüber eine Debatte. Wer weiß, was die ferne Zukunft bringt?

Nach katholischem Verständnis ist der Papst immer ein Mann, weil er als Nachfolger Petri gilt. Die Kirche unterscheidet aber zwischen Amt und Inhaber. Das Papstamt bleibt stets unangetastet, die Personen wechseln. In unnachahmlicher Weise soll Joseph Ratzinger als Papst Benedikt XVI. den Unterschied einst auf den Punkt gebracht haben: »Der Papst kennt keinen Zweifel. Ratzinger schon.«

Wenn aber die römisch-katholische Kirche zwischen Papstamt und Inhaber unterscheidet, warum muss, ketzerisch gefragt, diese Person dann immer ein Mann sein? Warum nicht auch einmal eine Frau? Das Amt würde dadurch ja nicht angetastet.

Stellen wir uns die damaligen Zeiten einmal anders vor: als Matriarchat, also weiblich geprägt. Und stellen wir uns vor, das Alte Testament hätte von einem Messias nicht in männlicher Form gesprochen, sondern eine Erlöserin erwartet. Was wäre so anders im Leben Jesu verlaufen, wäre er eine Frau gewesen? Ich glaube, nicht viel. Vermutlich wäre es für Jesus als Frau genauso selbstverständlich gewesen, das Evangelium, die »gute Nachricht«, zu verkünden, sich um die Armen und

Benachteiligten zu kümmern; vielleicht wäre es ihr sogar leichter gefallen. Es bleibt eine theoretische Gedankenübung.

Eines aber hätte sich grundlegend verändert: die Kirche. Die Männer hätten die Kirche nicht für sich vereinnahmen können, auch den Petrusdienst nicht, den Jesus als Frau vermutlich einer Frau übertragen hätte. Entscheidend aber wäre: Die Kirche hätte sich auf das Evangelium einer Frau gegründet, auch eine Päpstin wäre von Anfang an möglich gewesen. Das hätte alles verändert.

Es wird gesagt, dass Frauen, die in Betrieben Führungsrollen übernehmen, das Klima verändern. Andere Themen tauchen plötzlich auf, die Stimmung ändert sich. Das »Miteinander« ist selbstverständlicher. Das ist gut für beide Seiten.

Wäre es also besser, wenn Jesus eine Frau gewesen wäre? Die Frage ist müßig. Es ist, wie es ist. Jesus war ein Mann. Wer Schwierigkeiten damit hat, der kann von Jesus als Mensch reden. Für mich ist die Sache einerlei. Jesus ist eine Figur der Geschichte, die Vorbildliches geleistet hat. Dass auch Frauen Vorbildliches leisten können, steht außer Frage und ist auch in der Bibel belegt. Wichtig ist, dass diese Leistungen als gleichwertig anerkannt werden, was oft nicht der Fall ist.

Für mich ist entscheidend, dass Jesus beide Teile in sich trug und lebte – tatsächlich wie ein androgyner Mensch, obwohl ich, wie gesagt, ihn so nicht nennen würde. Die meisten Menschen haben weibliche *und* männliche Eigenschaften, die einen mehr, die anderen weniger. Man kann auch von Intuition sprechen. Auch die Frauen in der Bibel zeigen teilweise männliche Züge, man schaue auf Maria Magdalena oder Martha von Bethanien. Trotzdem blieben sie Frauen.

Ich habe mich von Jesus nie ausgeschlossen gefühlt. Im Gegenteil: Jesus spielt in meinem Leben eine zentrale Rolle. Ich bewundere ihn, er ist mir wichtig als ein herausragender Mensch, der vorbildlich lebte. Seine Taten helfen mir, seine Worte, das ist wahr. Sie helfen mir in meinem Leben und meinem Glauben. Aber anbeten kann ich Jesus nicht. Ich bete niemanden an. Wenn ich bete, dann zu Gott. Denn er ist es, an den ich glaube.

Jesus als Frau kann ich mir nicht vorstellen. Sehr wohl aber gefällt mir, dass er feminine Züge hatte und sich Frauen nicht verschloss. Viele Frauen spielten für Jesus eine große Rolle. Frauen gehörten zu seinen Jüngern, er lernte von ihnen.

4 Das Evangelium nach Maria Magdalena

Dass die männlichen Evangelien das Zeugnis der Maria Magdalena brauchten, der Jesus als Erster erschienen war, wurde bereits erwähnt. Auch, dass die Bibel von Männern geschrieben wurde.

Es gibt aber auch ein *Evangelium der Maria*, und man vermutet, Maria Magdalena habe es verfasst. Es gab also schriftliche Niederlegungen von Frauen, nur fanden sie keinen Eingang in die Bibel. Dafür sind verschiedene Gründe denkbar. Das Evangelium der Maria gehört zu den Apokryphen des Neuen Testaments, die allesamt nicht in die Bibel aufgenommen wurden, wie zum Beispiel auch das Evangelium nach Thomas. Entweder waren sie zu unbekannt oder wurden nicht anerkannt. Man kann nur spekulieren, was in diesem Fall der eigentliche Grund war. Vielleicht lag es am Inhalt des Evangeliums, vielleicht daran, dass eine Frau es geschrieben hatte, vielleicht aber auch, dass es nur in Fragmenten erhalten ist.

Das Evangelium der Maria jedenfalls erzählt von Gesprächen zwischen Maria Magdalena und den Jüngern nach der Auferstehung Jesu. Die Jünger waren verzweifelt und wussten nicht, was sie tun sollten. Maria aber redete auf sie ein und überzeugte sie davon, sich mit den Worten Jesu auseinanderzusetzen. Da verharrte die Gruppe nicht länger in Trauer und Mutlosigkeit. Die Jünger gingen hinaus und verkündeten das Wort Jesu. Maria von Magdala trat in ihrem eigenen Evangelium wie Jesus selbst auf. Und vielleicht gefiel ihr diese Rolle auch. Gleichwohl blieb Jesus der Mittelpunkt, schließlich ging es um seine Botschaft.

Es war der US-amerikanische Wissenschaftler Robert M. Price, der das Evangelium der Maria aus Magdala rekonstruierte und ins Englische übersetzte. Klaus Mailahn wiederum übertrug seinen Text ins Deutsche. Entscheidend sei, dass Maria Magdalena den Jüngerinnen und Jüngern »die Reinkarnation gelehrt« habe, so Price. Reinkarnation, also die leibliche Wiederkunft jedes Menschen, unterscheidet sich erheblich von der christlichen »Auferstehung«, die Erlösung, nicht Wiedergeburt, bedeutet. In der katholischen Kirche ist die Lehre von der Wiedergeburt darum ausdrücklich verboten.

Des Weiteren, und auch das dürfte zu Unmut geführt haben, hatte Maria offenbar eine »Vision«, von der im zweiten Teil ihres Evangeliums die Rede ist. Klaus Mailahn:

> »Petrus sagte zu Maria: ›Schwester, wir sind uns bewusst, dass der Erlöser dich mehr liebte als jede andere Frau. Erzähle uns von den Dingen, von denen der Erlöser sagte, dass du dich an sie erinnern sollst – die Dinge, die du weißt, aber nicht wir, davon, wovon wir nie etwas vernommen haben.‹ Maria antwortete ihm: ›Was euch verborgen geblieben ist, will ich euch nun enthüllen. […] Ich sah den Herrn einst in einer Vision, und darauf sagte ich zu ihm: ›Herr, ich sah dich heute in einer Vision!‹ Er antwortete mir und sprach zu mir: ›Gesegnet bist du, Maria, denn du hast keine Angst, wenn du mich so siehst!‹«

Maria wollte von Jesus wissen, wie er die Welt verlassen hatte. Und der Erlöser sprach zu ihr:

> »›Wisse zuerst dies: Der Weg ist einfach, aber nicht unverschlossen. Er windet sich durch sieben Himmelssphären, und jede von diesen wird sorgfältig

bewacht von einem Wächter und Steuereintreiber,
der stets bedacht darauf ist, seine Schulden einzu-
treiben. Als ich einst aus dem Licht des Pleromas
[Fülle] herabstieg, verkleidete ich mich, indem
ich zum Schein die jeweilige Art und Natur der
Archonten [Herrscher] des jeweiligen Reiches
annahm und ihnen somit ähnlich sah. So konnte
ich unbehelligt alle Reiche durchqueren. Mit jeder
Welt, die ich passierte, wechselte ich das Gewand
wie ein Schauspieler, der sich für die nächste Szene
umzieht. Gegenwärtig werde ich bald wieder diese
Welt verlassen und muss daher jede einzelne Schicht
ablegen, selbst die sieben Körper, die jeweils aus
unterschiedlicher Substanz bestehen. Jedes einzelne
welk gewordene Kleid muss ich ausziehen und es
den Archonten übergeben, welche in den einzelnen
Sphären herrschen. Du und deine Brüder werden
nicht so leicht in der Lage sein, den Geschicken der
Archonten zu entrinnen. Doch wenn sie aufmerk-
sam genug sind, ist es nicht so schwer, sie zu über-
listen – vorausgesetzt, man weiß, mit welchen
Worten man sie bezwingen kann.‹«

Dann kam es zur Seele eines Erlösten, wohlgemerkt
nach wie vor in Marias Vision.

»Die Seele stieg auf wie ein Funke aus einem
Lagerfeuer in der kalten Nacht. Nachdem sie sich
von dem sie bedeckenden Körper aus Fleisch gelöst
hatte, fuhr sie fort aufzusteigen, so lange, bis die

Seele zur ersten der Gewalten kam, deren Name
Finsternis ist, und die zu ihr sprach: ›Keinen Schritt
weiter, Sünder!‹ Und die Seele antwortete:
›Warum? In welcher Weise habe ich gegen dich
gesündigt?‹ Und die Finsternis erwiderte: ›In der
Weise, dass dies ein Reich der Finsternis ist und es
niemand gestattet ist, hier eine Fackel des Lichts
des Wissens hereinzutragen! Deshalb lasse uns
schnell dieses peinigende Licht auslöschen, auf dass
alle in den friedvollen Schlaf der Unwissenheit
zurückkehren können!‹ Und die Seele entgegnete:
›Nein, oh Finsternis! Denn diejenigen, die euren
Schlaf schlafen, tun dies nur, weil sie deine List
nicht kennen! Doch genau davor hat der Erlöser
mich gewarnt.‹ Und so umging sie die Macht der
Finsternis, frohlockend darüber, freigeworden zu
sein von der anderen Natur, der weltlichen Igno-
ranz.«

Die Seele hatte noch viele Gewalten zu überwinden:
neben der Finsternis die Begierde, die Unwissenheit,
den Tod, den Zorn und anderes. Nach Marias Vision
gelang ihr all das.

Dann schwieg sie, und die Jünger wurden misstrau-
isch. Andreas etwa sagte: »Versteht ihre Worte, wie ihr
wollt. Ich für meinen Teil glaube nicht, dass der Erlöser so gesprochen hat. Wahrlich, diese Lehren sind
voll von bizarren Vorstellungen.« Auch Petrus, der
Maria aufgefordert hatte zu sprechen, sagte ähnlich:
»Sollte er wirklich mit einer Frau über solche Dinge

gesprochen haben, ohne dass wir davon wussten? Im Geheimen? Sollen wir etwa nun unsere Meinung ändern und künftig auf sie hören? Hat er sie uns vorgezogen?«

Da war sie wieder, die klassische männliche Reaktion, die bereits Elisabeth Moltmann-Wendel in ihrer zuvor zitierten Geschichte beschrieben hatte: eifersüchtiger Widerstand. Widerstand gegen die Sonderrolle einer Frau, die sich gab, als wäre sie die Nachfolgerin von Jesus.

Schließlich nahm, nach der Übersetzung Klaus Mailahns, die Sache doch noch ein gutes Ende: Es war der Jünger Levi, der Petrus antwortete: »Petrus, du warst von jeher aufbrausend. Und nun muss ich sehen, wie du gegen die Frauen kämpfst, als ob sie unsere Feinde wären. Wenn der Erlöser aber sie als seiner würdig erachtet hat, wer bist dann du, dass du sie verwerfen willst?« Da fassten die Jüngerinnen und Jünger »neuen Mut und gingen auseinander, um das wahre Evangelium zu predigen«.

Es gab es also doch, ein weibliches Zeugnis. Die Bibel, wie wir sie heute kennen, erzählt nur nichts davon. Eine feministische Schrift nach heutigen Maßstäben war das Evangelium der Maria Magdalena nicht, denn erstens sprach man damals nicht in dieser Kategorie. Zweitens ging es Maria letztlich um Jesus, nicht um sich selbst. Ob sich Maria von Magdala heute als Feministin bezeichnen würde, ist müßig zu fragen, weil es an ihrem Leben und Wesen nichts geändert hätte.

Am Ende waren es die Männer, die sich daran störten, in welch (aus ihrer Sicht) geradezu dreister Weise sich Maria von Magdala mit Jesus auf eine Stufe stellte. In die Bibel jedenfalls sollte ihr Evangelium nicht gelangen.

Frauen in der Bibel

Zuerst wurde das Evangelium der Maria Magdalena durch männlichen Einfluss aus der Bibel ferngehalten, später die Bedeutung der Frauen verdrängt. Die Bibel selbst berichtet von etlichen Frauengestalten, eine Gewichtung nimmt sie nicht vor.

Jenen, die die Lehre verbreiteten, den Kirchenfürsten und Theologen – Männern also –, gelang das Kunststück, dass nach und nach im Wesentlichen über die Männer der Bibel gesprochen wurde, allen voran über Jesus, und nur am Rande über einige Frauen, mit einer Ausnahme: Maria, die Mutter Jesu.

Alle anderen verschwanden in der Versenkung, in den Tiefen des Gedächtnisses, aus denen sie selten hervorgeholt werden. In den Predigten wird nur gelegentlich von den Frauengestalten im Alten und Neuen Testament erzählt. So sind sie unsichtbar geworden. Eine der schönsten Geschichten ist vollends in Vergessenheit geraten, von der wird noch die Rede sein.

Alles »*His*-tory« also, keine »*Her*-story«, empörte sich die Theologin Moltmann-Wendel ganz richtig. Aber nur hinsichtlich der männlichen Auslegung und Darstellung der Bibel. Die Bibel selbst bietet eine Vielzahl von »*Her*-storys«.

Die Folgen dieser einseitig beschränkten Sicht auf die Bibel sind fatal: Sie zementierten einen männlichen Glauben, eine männliche Kultur, eine männliche Kirche. Frauen haben es bis heute schwer, sich durchzusetzen – nicht nur, aber auch in der Kirche. In der katholischen Kirche ist es praktisch aussichtslos, in der evangelischen ein steter Kampf.

»Wenn Frauen im Umfeld Jesu dabei waren, die später unsichtbar gemacht wurden, dann geht es heute darum, sie sichtbar zu machen und damit zugleich Frauen einen Anspruch auf Beteiligung zu sichern und Handlungsorientierung zu geben«, hat Ellen Ueberschär, die Generalsekretärin des Evangelischen Kirchentags, in ihrem Buch *Fürchtet euch nicht!* gefordert.

Um dieses Sichtbarmachen soll es in den nun folgenden Kapiteln gehen, nicht nur von Frauen im Neuen Testament, sondern auch von jenen aus dem Alten.

1 Sieben Frauen um Jesus

Auch wenn es bedauerlich ist, dass das Evangelium der Maria von Magdala kein Teil der Bibel ist: Brauchen wir eine von Frauen geschriebene Bibel? Reicht es nicht, zu erfahren, welchen Einfluss Frauen auf Jesus und somit später auf das Christentum hatten? Dass Jesus von ihnen lernte? Dass viele Frauen Jesus nahestanden und ihm folgten? Und dass Jesus umgekehrt Frauen zu schätzen wusste, ja, ihnen besonders nahe war? Mir genügt das.

Maria

Maria war den Erzählungen nach eine einfache Frau und Mutter mehrerer Kinder, davon war schon die Rede. Sie begleitete ihren Sohn bis zuletzt, auch wenn sie seinen Gedanken nicht immer folgen konnte. Sie war eine liebevolle Mutter, die sich um Jesus und seine Geschwister kümmerte.

Warum musste Maria im Glaubensbekenntnis dann als »Jungfrau« bezeichnet werden?

Um sie aus dem Bund der »herkömmlichen« Frauen herauszunehmen und über alle anderen Frauen der Welt zu stellen? Wie sollen wir Frauen damit umgehen (und ganz nebenbei: auch Männer)? Die meisten glauben sowieso nicht daran, da es den Naturgesetzen widerspricht. Soll die These von der Jungfrauengeburt uns Frauen als schlechter, unrein, sprich als weniger wert hinstellen? Nicht nur keine Gleichberechtigung zwischen Mann und Frau, sondern ebenso wenig zwischen *der* Frau und den Frauen? Ein herabwürdigender Gedanke.

Nein. Dass Maria eine Jungfrau gewesen sein soll, als sie Jesus gebar, ist der Überzeugung geschuldet, dass Jesus Gottes leibhaftiger Sohn war. Von der Zeugung an bis über die Geburt hinaus. Maria durfte von keinem irdischen Mann berührt worden sein. Nur dann konnte Jesus der Gottessohn sein, wenn er direkt »von Gott« stammte beziehungsweise von seinem Heiligen Geist. Und nicht von einem irdischen Mann namens Joseph.

»Wunder« wie die Jungfrauengeburt sind dem Alten

Testament durchaus geläufig. Die Ankündigung eines Messias geht an vielen Stellen mit einer »reinen« Mutter einher. Maria war nicht die Einzige, der ein biologisch nicht erklärbares »Wunder« widerfuhr. Abraham und Sara waren kinderlos, weil Sara unfruchtbar war. Da sprach Gott zu Abraham: »Von ihr will ich dir einen Sohn geben.« Abraham lachte in seinem Herzen: »Soll mir mit 100 Jahren ein Kind geboren werden, und soll Sara, 90 Jahre alt, gebären?« Doch es geschah so (1. Mose 17, 16–18). Isaak kam zur Welt. Isaaks Frau Rebekka hatte ein ähnliches Schicksal wie Sara: Sie war unfruchtbar und bekam schließlich Zwillinge: Esau und Jakob (1. Mose 25, 21). Auch Hanna war unfruchtbar. Sie war innig verzweifelt und betete zu Gott, er möge ihr einen Sohn schenken. »Und der Herr gedachte an sie. Und Hanna ward schwanger.« Sie gebar ihren Sohn mit Namen Samuel (1. Samuel 1, 10–11, 19–20).

Auch das Neue Testament kennt Frauen, die trotz Unfruchtbarkeit Kinder bekamen. So zum Beispiel Elisabeth, die Frau des Zacharias. Sie war unfruchtbar, »und beide waren hochbetagt« (Lukas 1, 7). Diesmal war es der Mann, der Gott um einen Sohn bat. Und der Engel sprach zu ihm: »Fürchte dich nicht, Zacharias, denn dein Gebet ist erhört, und dein Weib Elisabeth wird dir einen Sohn gebären, des Namen sollst du Johannes heißen.« (Lukas 1, 13) Johannes der Täufer. Es war derselbe Engel, der sechs Monate später auch zu Maria sprechen sollte: Gabriel.

»Und so wurde [...] Maria schwanger ohne Zutun

eines Mannes«, notierte Dorothee Sölle, die als Feministin und Linksprotestantin galt, in ihrem Buch *Gottes starke Töchter*. Erstaunlich, dass ausgerechnet Sölle bei ihrem Bericht über Maria es dabei bewenden ließ und an der jungfräulichen Empfängnis nicht zu zweifeln schien. Ebenso unklar bleibt die Erklärung der Jungfrauengeburt im Buch *Jesus von Nazareth*, das Sölle zusammen mit Luise Schottroff verfasst hat, ebenfalls eine feministische Theologin. Die Autorinnen bestätigten geradezu die Jungfrauengeburt, indem sie deren Schilderung auf die jüdische Tradition zurückführten. Im jüdischen Denken werde »Gott als der Geber des Lebens angesehen, der die Gebärmutter öffnet oder verschlossen« lasse.

Richtig ist allerdings auch, dass in der hebräischen Fassung von Maria als »alma« die Rede ist, was »junge Frau« bedeutet und nicht »Jungfrau«.

Die frühere evangelische Bischöfin Maria Jepsen glaubt dagegen nicht an eine Jungfrauengeburt. Für die biologische Wertung interessiere sie sich »überhaupt nicht«, sagte sie einmal in einem *taz*-Interview. Maria war nach Jepsens Meinung »eine junge Frau. Die Vorstellung Jungfrau, die sich ja nachher sehr weit entwickelt hat«, sei eine theologische Aussage, so Jepsen. Durch die Jungfräulichkeit Mariens sollte hervorgehoben werden, »dass Jesus ein ganz besonderes Kind, ein Gotteskind ist«. Aus ihrer Sicht ist die Jungfräulichkeit Mariens also keine biologische Aussage.

Die Frage ist offenbar auch unter evangelischen Feministinnen umstritten.

Was in der Debatte oft vergessen wird: Die Evangelisten im Neuen Testament haben keineswegs unisono von der Jungfrauengeburt geschrieben. Markus, der älteste, wusste nichts von einer jungfräulichen Empfängnis. Auch Matthäus notierte darüber nichts. Er schrieb von Marias Schwangerschaft »vom Heiligen Geist« (1, 18), im Übrigen nimmt er lediglich Bezug auf das Alte Testament (Jesaja 7, 14): »Siehe, eine Jungfrau wird schwanger sein und einen Sohn gebären.« Die Zürcher Bibel der evangelisch-reformierten Landeskirche des Kantons Zürich, die stets größten Wert auf sprachliche Korrektheit legt, übersetzte die Stelle nicht mit »Jungfrau«, sondern spricht von einer »jungen Frau«.

Bei Johannes ist die Geburt kein nennenswertes Thema. Nur Lukas erwähnt die Jungfrauengeburt, aber nicht, wie man erwarten könnte, in der Weihnachtsgeschichte, in der es um die Geburt Jesu geht, sondern zuvor (Lukas 1, 26–38). Demnach war der Engel Gabriel Maria erschienen, »einer Jungfrau, die vertraut war einem Manne mit Namen Joseph, vom Hause David; und die Jungfrau hieß Maria«. Er verkündete ihr, dass sie schwanger werden würde. Sie fragte den Engel: »Wie soll das zugehen, da ich doch von keinem Manne weiß?« – »Der Heilige Geist wird über dich kommen.« Anders als Matthäus bezieht Lukas sich nicht auf das Alte Testament. Von einer Geburt, bei der Maria Jungfrau bleibt, wird interessanterweise nirgends berichtet.

Obwohl alle vier Evangelisten an Maria nichts Außergewöhnliches sahen und ohne besondere Verehrung über sie geschrieben haben, spielte Maria in der späteren Geschichte eine immer größere Rolle. Schon im 2. Jahrhundert nach Christus fingen Gläubige an, Maria als Mutter Gottes zu huldigen. Nachdem im Jahr 391 das Christentum im Römischen Reich zur Staatsreligion geworden war, wuchs die Verehrung von Maria enorm.

Die immerwährende Jungfernschaft (in und nach der Geburt – auch der Geschwister) und die Marienverehrung wurden im Konzil von Ephesus im Jahr 431 festgelegt. Die nunmehr zur »Gottesmutter« erhobene Maria eroberte rasch die Herzen der Gläubigen. Für die Kirche war das ein Glück, war doch Maria die einzige weibliche Heilsperson – und damit von unschätzbarem Wert für die Missionierung. War der Glaube die Ursache für die neue, nun amtliche Marienverehrung oder vielleicht doch eher die Missionierung von Frauen? Skepsis ist angebracht.

Ist Maria für Katholiken also weibliche Gottheit? Man könnte es fast meinen, ist doch die Marienverehrung in Teilen der katholischen Kirche so stark, dass sie sich fast von Jesus zu lösen scheint. Viele sehen die Stärke und Wahrhaftigkeit der Maria vor allem in ihrem Lobgesang bestätigt, den sie nach der Ankündigung durch den Engel Gabriel sprach (Lukas 1, 46–54):

» Meine Seele erhebt den Herrn, und mein Geist freuet sich Gottes, meines Heilands; denn er hat die Niedrigkeit seiner Magd angesehen. Siehe, von nun

an werden mich selig preisen alle Kindeskinder.
Denn er hat große Dinge an mir getan, der da
mächtig ist und des Namen heilig ist. Und seine
Barmherzigkeit währet immer für und für bei
denen, die ihn fürchten. Er übet Gewalt mit seinem
Arm und zerstreut, die hoffärtig sind in ihres Her-
zens Sinn. Er stößt die Gewaltigen vom Stuhl und
erhebt die Niedrigen. Die Hungrigen füllt er mit
Gütern und lässt die Reichen leer. Er denkt der
Barmherzigkeit und hilft seinem Diener Israel auf
[…].«

Im katholischen *Gotteslob* wird Maria zur Mutter *aller* Gläubigen, in der Einleitung des Themas »Gemeinschaft der Heiligen« ist Maria an erster Stelle genannt: Indem Maria Gottes Wort gehört und befolgt habe, sei sie »in gläubigem Gehorsam seine und unsere Mutter geworden«.

Darum kann nicht nur Jesus, sondern auch Maria für uns alle Vorbild sein. Maria zu ehren ist jedenfalls leichter, als dem Weg Jesu zu folgen. Sicher rührt die Marienverehrung auch daher.

Nicht die angebliche »Jungfrau« Maria ist mir ein Vorbild, sondern die eigentlich gemeinte »junge Frau«. Als weibliche Figur in Ergänzung zum männlichen Sohn. Vieles von dem, was Jesus verkündet, betont »weibliche« Eigenschaften, auch die seiner Mutter. Dazu musste sie keine Jungfrau sein.

Die aus Kindheit und Jugend stammenden Erfahrungen mit der eigenen Mutter zeigten Jesu weibliche

Tugenden: Geborgenheit und Schutz geben, das Kümmern »auf Teufel komm raus«, das Verteidigen um jeden Preis, das Begleiten des Lebens und Heranwachsens, auch wenn man es nicht immer versteht.

Ich selbst kann mit Maria viel anfangen. Weniger mit dem Bild der »heiligen Mutter Gottes« als mit Maria selbst, einer Frau, bei der man sich geborgen fühlen kann; einer Frau, die Bescheidenheit, Güte und zugleich eine ungeheure Kraft ausstrahlt. Wenn ich in einer Kirche bin und eine der vielen schönen Mariengestalten sehe, fühle ich mich beschützt und angenommen. Meine Seele öffnet sich leicht. Ich fühle mich ihr nah und werde automatisch demütig. Ich bete sie zwar nicht an, aber ich bewundere sie.

Was für ein Schicksal! Eine einfache Frau, der das Leben so Ungeheuerliches abverlangte und die doch unverbrüchlich zu ihrem Sohn hielt. Was für ein Mut! Das wird schon in der Weihnachtsgeschichte deutlich. Sie hatte keine Angst vor den Worten des Engels, die die Hirten verbreiteten; im Gegenteil: »Maria [...] behielt alle diese Worte und bewegte sie in ihrem Herzen.« (Lukas 2, 19) In ihrem reinen Herzen. Still und glaubensstark. Es ist, als übertrüge sich ihre kraftvolle Ruhe auf mich, wenn ich sie betrachte.

Sehe ich hingegen Jesus am Kreuz, befällt mich Angst.

Maria Magdalena

Maria Magdalena gilt als die führende Frauenfigur in der christlichen Überlieferung. Augustinus, der Kirchenvater, sprach von ihr als »Apostolin der Apostel«. Sie stammte aus Magdala (daher der Beiname Magdalena), einer wohlhabenden Stadt, am See Genezareth gelegen, die vom Fischhandel lebte. Sie folgte Jesus nach Jerusalem und diente ihm, nachdem er sie von ihren »bösen Geistern und Krankheiten« erlöst hatte (Lukas 8, 2). Die Heilung empfand Maria Magdalena zugleich als Berufung. Sie war bei der Kreuzigung dabei; sie war es, der sich Jesus nach seiner Auferstehung als Erste zeigte. Wenn in der Bibel von den Frauen die Rede ist, die Jesus gefolgt waren, wird sie als Erste genannt, was ihre Stellung noch einmal hervorhebt. Sie war es, die als Einzige Jesus sofort verstand. Für die Jünger blieb Jesus ein Rätsel, Maria Magdalena aber hatte keine Zweifel.

Wunderbar liest sich das in der Ostergeschichte nach Johannes (20, 11 – 17).

»Maria [aus Magdala] aber stand vor dem Grabe und weinte draußen. Als sie nun weinte, schaute sie ins Grab und sieht zwei Engel in weißen Kleidern sitzen, einen zu den Häupten und den anderen zu den Füßen, da sie den Leichnam Jesu hingelegt hatten. Und dieselben sprachen zu ihr: Weib, warum weinst du? Sie spricht zu ihnen: Sie haben meinen Herrn weggenommen, und ich weiß nicht, wo sie ihn hingelegt haben. Und als sie das sagte, wandte sie sich zurück und sieht Jesus stehen und weiß nicht, dass es Jesus ist. Spricht Jesus zu ihr: Weib, was weinest du? Wen suchest du? Sie meint,

es sei der Gärtner, und spricht zu ihm: Herr, hast
du ihn weggetragen, so sage mir, wo hast du ihn
hingelegt, so will ich ihn holen. Spricht Jesus zu ihr:
Maria! Da wandte sie sich um und spricht zu ihm
auf Hebräisch: Rabbuni! Das heißt Meister! Spricht
Jesus zu ihr: Rühre mich nicht an! Denn ich bin
noch nicht aufgefahren zum Vater. Gehe aber hin
zu meinen Brüdern und sage ihnen: Ich fahre auf zu
meinem Vater und zu eurem Vater, zu meinem
Gott und zu eurem Gott.«

Die Jünger aber glaubten ihr nicht. Etliche Jünger
waren, so Lukas (20, 3 ff.), zum Grab gegangen, auch
Petrus, sie sahen die leinenen Grabtücher und das inzwischen zusammengewickelte Schweißtuch von Jesus,
das nicht bei den Tüchern lag. Sie aber »verstanden die
Schrift noch nicht, dass er von den Toten auferstehen
müsste. Da gingen die Jünger wieder heim.« Die Auferstehung und damit Jesus verstanden sie erst, als Jesus
ihnen begegnete und seine Wundmale an Händen und
Füßen zeigte.

Nicht nur darum sehen noch heute viele Maria Magdalena als die erste Jüngerin Jesu. Es gibt Autoren, die
aus ihr eine Königin machen, auf gleicher Stufe mit
Jesus, dem König der Juden. Doch das sind Einzelmei-
nungen. Eine wortgewaltige Frau war sie auf jeden
Fall. Stets hatte sie eine führende Rolle inne, gleichermaßen aber wirkte sie integrierend. Ganz anders als
Maria, die sich still im Hintergrund hielt, war Maria
aus Magdala »eine starke Frau«. Jedenfalls steht sie

nicht dafür, dass Frauen in der Bibel meist als das schwache Geschlecht beschrieben werden.

Maria Magdalena hatte durchaus das Zeug zum Vorbild. Doch in der weiteren Geschichte wurde ihr noch eine andere Rolle zugewiesen. Es war Papst Gregor I., der sie im Jahr 591 mit der anonymen Sünderin gleichsetzte, die nach Lukas (7, 36 – 50) Jesus die Füße wusch und salbte. Der Pharisäer, der Jesus zum Mahl eingeladen hatte, war entsetzt. Jesus aber sprach zu der Frau: »Dir sind deine Sünden vergeben. […] Dein Glaube hat dir geholfen, gehe hin in Frieden.« Auch Johannes (12, 1 – 8) erzählt die Geschichte einer Fußwascherin Maria. Diese Maria aber ist nicht Maria aus Magdala, sondern Maria von Bethanien, die Schwester von Martha von Bethanien und Lazarus. Bei Matthäus und Markus liest sich die Geschichte etwas anders; doch das Bild von Maria Magdalena als reuige, bekehrte Sünderin blieb in der Kirche haften. Später wurde aus der »Sünderin« sogar eine »Prostituierte«, also eine besonders verwerfliche Sünderin.

Was war der Grund für die spätere Zusammenführung der Berichte über Maria Magdalena mit jenen über die anonyme Sünderin und die fußwaschende Namenlose? Warum wurden sie alle auf Maria aus Magdala bezogen? Durfte Maria Magdalena nicht stark sein, nicht die Erste, die Jesus erkannt hatte, die Erste, die das Messias-Geheimnis verstand? Sollte sie das Attribut der Sünderin herabsetzen?

Ja, sie war ja die Erste, die Jesus erkannt hatte. Sie hatte mehr Mut als die Jünger, die flohen, als Jesus gefangen genommen wurde (Markus 14, 50–52), um ihre eigene Haut zu retten (denn auch den Anhängern Jesu drohte die Kreuzigung). Die Jünger waren es, die die Botschaft am Grab Jesu nicht erkannten. Liest man die Bibel genau, war Maria Magdalena eine kluge und starke Frau, eine von Jesus bevorzugte obendrein. Daher ist mitnichten auszuschließen, dass Maria Magdalena durch die spätere Gleichsetzung mit der Sünderin herabgesetzt werden sollte.

Durfte es eine Frau geben, die gewissermaßen auf gleicher geistiger Höhe mit Jesus stand? Eine, die möglicherweise sogar die leibliche Gefährtin Jesu war, wie immer wieder behauptet wurde und wird, also *seine* Frau? Damals wie heute war es üblich, dass Rabbiner verheiratet waren und Kinder hatten. Doch für Jesus galt das nicht – jedenfalls nicht nach der Überlieferung der Bibel. Obwohl er immer wieder Rabbi genannt wurde, was Jesus ablehnte, stellten die Evangelien Jesus anders dar: Er war der Erlöser, der Retter, der auserwählte Sohn Gottes, der Messias.

Daher musste seine Mutter Jungfrau gewesen sein. Daher durfte Maria Magdalena trotz aller Nähe zu Jesus keinen Körperkontakt mit ihm gehabt haben. Und erst recht nicht mit ihm verheiratet gewesen sein, wie schon immer gemunkelt wurde; als hätte Jesus seine Nachfolge in Maria Magdalenas Hände legen wollen und damit das Schicksal der gesamten Christenheit. Zuletzt ist im September 2012 eine angeblich alte koptische Papyrus-Schrift entdeckt worden, die offenbar auf eine Ehefrau Jesu verwies. Wissenschaftler aber sahen darin keinen Beweis für eine Ehe. Für sie schien die Schrift, die sich später als Fälschung erwies, eher ein weiterer Beleg dafür zu sein, dass schon die ersten Christen über dieses Thema gestritten hatten. Warum auch nicht? Die Gerüchteküche hat schon immer gebrodelt, nicht erst in der heutigen Zeit, sondern auch damals. Das Neue Testament jedenfalls verrät nichts darüber, wie es generell nicht auf das Thema Sexualität eingeht.

Obwohl Maria Magdalena nicht nur die erste Frau war, die Jesu Mission verstanden hatte, sondern auch eine reuige Sünderin gewesen sein soll, gilt sie in der katholischen Kirche als Heilige. Vielleicht auch gerade deswegen? Wer weiß. Die katholische Kirche machte sie zur Schutzpatronin »der Frauen, reuigen Sünderinnen und Verführten; der Kinder, die schwer gehen lernen; der Schüler und Studenten, Gefangenen; der Handschuhmacher, Wollweber, Kammmacher, Friseure, Salbenmischer, Bleigießer, Parfüm- und Puderhersteller, Gärtner, Winzer, Weinhändler, Böttcher; gegen Augenleiden und Pest; gegen Gewitter und Ungeziefer«, wenn man dem *Ökumenischen Heiligenlexikon* folgt.

Der 22. Juli ist ihr gewidmet.

Für mich muss Maria Magdalena keine bekehrte Sünderin sein, obwohl mir die Geschichten der Fußwaschungen und Salbungen gut gefallen. Die Berichte von der anonymen Sünderin und von Maria von Bethanien, die, wie gesagt, bei Matthäus und Markus keinen Namen hat, sind auch ohne Maria Magdalena stark.

76

Die salbende Unbekannte

Nach Matthäus (26, 6–13) und Markus (14, 3–9) trat eine namenlose Frau ins Haus des Simon des Aussätzigen, wo auch Jesus und seine Jünger waren. Das Haus lag in Bethanien. Die Gefangennahme Jesu stand kurz bevor. Die Frau, die nach einer wenig überzeugenden Überlieferung mit Maria von Bethanien gleichgesetzt wird, trat ins Haus und goss ein Glas köstlichen Wassers über das Haupt und den Leib Jesu. Bei Markus handelte es sich um wertvolles Öl. Die Jünger empörten sich und sprachen von Vergeudung. Dieses Wasser beziehungsweise Öl hätte doch teuer verkauft und das Geld den Armen gegeben werden können. Offenbar war Jesus das Gejammere der Jünger zuwider geworden. Denn er sprach zu ihnen: »Was bekümmert ihr die Frau? Sie hat ein gutes Werk an mir getan. Arme habt ihr alle Zeit bei euch, mich aber habt ihr nicht alle Tage. Dass sie dieses Wasser hat auf meinen Leib gegossen, hat sie getan, dass sie mich fürs Grab bereite. Wahrlich ich sage euch: Wo dieses Evangelium gepredigt wird in der ganzen Welt, da wird man auch sagen zu ihrem Gedächtnis, was sie getan hat.«

Die Namenlose hatte auf geradezu skandalträchtige Weise gleich mehrere Tabus gebrochen. Frauen, die nicht Hausherrinnen waren, war es verboten, bei solchen Gastmählern dabei zu sein. Die Namenlose kümmerte das nicht, und sie brach das Hausrecht. Im Haus eines Aussätzigen waren außerdem Berührungen unerwünscht. Doch durch die Nähe zu Jesus ignorierte sie auch dieses Verbot, als gälten die Vorsichtsmaßnahmen nicht auch für sie. Ohne Rücksicht auf eigene Verluste zeigte sie sich mutig und entschlossen. Die Unbekannte musste einen wahrhaft starken Glauben haben, um allen Widerständen zu trotzen. Darum setzte Jesus sich auch so vehement für sie ein und widersetzte sich den Worten seiner Jünger.

Die Namenlose aus Bethanien habe Jesus wie einen König gefeiert, schrieb Sölle in ihrem Buch *Gottes starke Töchter*. Tat sie ihm diesen Liebesdienst, weil sie ahnte, was geschehen würde? Vielleicht wusste die Namenlose mehr »als die männlichen Jünger, die von Leiden und Sterben nichts wissen« wollten.

Nach Dorothee Sölle jedenfalls steht fest: Die Namenlose habe die andere, die verborgene Geschichte gezeigt. Sie hatte »das Leben Jesu im Angesicht des Todes gefeiert, […] ihre Liebe zu ihm wortlos ausgedrückt und zugleich ein Zeichen für die Kostbarkeit des Lebens gesetzt, wie man es sich sinnlicher, freudiger, bedenkenloser kaum denken kann«. Die Namenlose hatte nicht über die Vor- und Nachteile ihres Tuns nachgedacht, sie war ganz auf ihr Handeln konzentriert. Sie war, obwohl beschimpft, ganz sicher in sich ruhend und stark. Eigenschaften, die sie zu einem Vorbild machen können.

Sie war nicht nur mutig und stark – sondern eben auch namenlos! Wie sehr sie davon überzeugt sein musste, was sie tat, von der Richtigkeit ihres Tuns, sieht man daran, dass sie ihren Namen nicht nannte. Ihren Namen zu sagen und sich dadurch als »Ich« zu definieren schien ihr nicht nötig zu sein. Wann kommt so etwas heute schon vor? Was für eine Stärke, bewusst namenlos zu bleiben. Denn es zeigt, dass nicht der Name zählt, sondern das, was man tut. Auch Jesus war das bewusst. Ohne zu wissen, wen er vor sich hatte, sagte er: »Wahrlich ich sage euch: Wo dieses Evangelium gepredigt wird in der ganzen Welt, da wird man auch sagen zu ihrem Gedächtnis, was sie getan hat.«

Diese Zurechtweisung ärgerte die Männer natürlich. Die ganze Angelegenheit war ihnen ein Graus. Nur Jesus nicht. Er scherte sich nicht um Konventionen. Ihm ging es um die Menschen. Er sah die Verzweiflung, den Mut der Frauen. Und er wollte etwas im Bewusstsein der Menschen verändern. Er vergab der Sünderin, rühmte den Tabubruch der namenlosen Frau. Für die anderen in der Runde waren solche Frauen verwerflich, sie hatten gesündigt, sich über Regeln hinweggesetzt. Weiter dachten die Männer nicht. Auch an Vergebung nicht.

Jesus schon. Er kümmerte sich um die Frauen, um die Außenseiterinnen. Auch darin zeigte sich Jesus als Mann mit weiblichen Intuitionen.

EXKURS: Die Leibfeindlichkeit der Kirche
Wollte Dorothee Sölle auch am Beispiel der salbenden Namenlosen belegen, dass mit ihr die These von der Leibfeindlichkeit des Christentums widerlegt sei, so entspricht das nicht den Tatsachen. Bis heute sind die meisten Menschen von der Leibfeindlichkeit der katholischen Kirche überzeugt. Und das mit gutem Grund.

Zwar sind katholische Messen sinnlicher als protestantische Gottesdienste, und ich kenne viele, die darum lieber in die katholische Kirche gehen, das ändert aber nichts an deren Leibfeindlichkeit. Man denke an all die Verbote, die mit Sanktionen verbunden sind: kein Sex vor der Ehe; kein Sex bei nicht ehelichen Lebenspartnerschaften und erst recht nicht zwischen homosexuellen Paaren. Keine Verhütung, keine Pille, ja, noch nicht einmal Kondome sind erlaubt, die besonders in Afrika so nötig sind, um die Verbreitung von Aids zu verhindern. Keine Gnade für vergewaltigte Frauen, keine Gnade für deren Kinder; keine Abtreibung aus welchem Grund auch immer. Von Mitleid versteht die Kirche einiges, aber nicht, wenn Sexualität im Spiel ist.

Dafür kennt Rom den Zölibat, die zwangsweise Ehelosigkeit, den Gipfel jedweder Leibfeindlichkeit. Gewiss gibt es Gründe für eine Ehelosigkeit von Priestern, dazu werde ich noch kommen. Doch ganz gewiss stecken dahinter auch Angst vor Frauen und Frauenfeindlichkeit. Schließlich galten zu biblischen Zeiten Frauen als »unrein«.

Natürlich sieht die Realität heute oft anders aus, gibt es katholische Geistliche, die in ihren Taten Gnade walten lassen. Und es gibt auch eine innerkirchliche Debatte über Sexualethik und Zölibat. Offiziell allerdings hat sich an der leibfeindlichen Haltung bislang nichts geändert.

Jesus war das alles fremd. Er kannte keine Berührungsängste. An vielen Stellen der Bibel ist davon die Rede, dass er Menschen berührte, gerade die Unreinen und Aussätzigen, ebenso viele Frauen, die von der

Gesellschaft geächtet waren. Er kannte die Angst und den Schmerz.

Und er kannte die Liebe.

Maria von Bethanien, die Ruhige

Eine weitere Salbungsgeschichte spielte sich ebenfalls in Bethanien ab. Nach Johannes (12, 3 – 8) trug sie sich nicht im Hause des Simon zu, sondern im Hause von Lazarus und seinen Schwestern Maria und Martha, bei engen Freunden Jesu also. Dort war es Maria, die Jesus die Füße mit wertvollen Ölen salbte und sie mit ihren Haaren trocknete. Schon darum ist die Gleichsetzung der Maria mit der Namenlosen Unsinn. Die Unbekannte kehrte bei Simon ein dem Aussätzigen. Die Unbekannte hatte keine Hausmacht. Maria aber musste nicht mutig sein. Sie war in ihrem Haus.

Gleichwohl wurden die Jünger auch hier wütend, ausgerechnet Judas vor allem, der Jesus später verriet. Und auch da stand Jesus an der Seite Marias: »Lass sie in Frieden!« Jesus mochte Maria. Mehr als ihre Schwester Martha.

Maria ist still, sympathisch, nie laut oder originell. Sie ist unauffällig und bescheiden, geradezu meditativ. Ihr Leben verläuft ohne Dramatik. Leise lauscht sie Jesu Worten, zu dessen Füßen sitzend. Sie stellt die Anforderungen des Alltags hintan, um sich ganz dem Evangelium zu widmen. Nach dem *Ökumenischen Heiligenlexikon* erweist Maria sich damit als »wahre Jüngerin«.

Martha ist wütend über ihre Schwester und beklagt

sich bei Jesus. Sie, die Hausherrin, »machte sich viel zu schaffen, ihm zu dienen«, schreibt Lukas (10, 38–42). »Herr, fragst du dich nicht danach, dass mich meine Schwester lässt allein dienen?« Jesus antwortete: »Martha, Martha, du hast viel Sorge und Mühe. Eins aber ist not. Maria hat das gute Teil erwählt: Das soll nicht von ihr weggenommen werden.« Ist es nicht ungerecht, dass das stille Lauschen der Maria mehr wert gewesen sein sollte als all die Mühe und Arbeit der Martha?

Maria lebte scheinbar im Schatten ihrer Schwester Martha, aber das machte nicht *ihr* etwas aus, sondern Martha. Nicht Maria ging neben ihrer vor Tatkraft strotzenden Schwester Martha unter, trotz ihres sanften Wesens. Es war umgekehrt.

Martha von Bethanien, die Rastlose

Martha war die ältere Schwester von Maria und Lazarus. Ihr Temperament kennen wir bereits. Johannes (11, 1–44) erzählt noch eine weitere Geschichte von ihr, als Zeugin der Auferweckung ihres Bruders Lazarus. Wieder hat Martha den undankbareren Part – den der unfreundlichen Schwester.

Maria und Martha hatten Jesus holen lassen. Ihr Bruder Lazarus war krank. Doch Jesus erschien zunächst nicht und stellte nur fest, dass diese Krankheit »nicht zum Tode (führe), sondern zur Verherrlichung Gottes« da sei. Doch es vergingen weitere Tage, und als sich Jesus endlich auf den Weg machte, war Lazarus schon vier Tage tot. Martha lief Jesus entgegen, derweil Maria zu Hause blieb, und schleuderte ihm voller Wut ins Gesicht: »Herr, wärest du hier gewesen, mein Bruder wäre nicht gestorben.« Jesus prophezeite Martha, dass Lazarus wiederauferstehen werde. Martha aber verstand ihn nicht, sie dachte, Jesu spreche von der Auferstehung am Jüngsten Tage. Aber Jesus sagte: »Ich bin die Auferstehung und das Leben. Wer an mich glaubt, der wird leben, ob er gleich stürbe; und wer da lebet und glaubet an mich, der wird nimmermehr sterben.« Martha antwortete zwar: »Herr, ja; ich glaube, dass du bist der Christus, der Sohn Gottes, der in die Welt gekommen ist.« Trotzdem traute sie seinen Worten nicht.

Um ihr Ziel zu erreichen, dass Jesus auch wirklich komme, verwendete sie eine List. Sie ging ins Haus, »rief ihre Schwester Maria heimlich« und sagte ihr, dass Jesus nach ihr gerufen habe. So ging auch Maria zu Jesus, fiel ihm zu Füßen, weinte und sagte dasselbe wie zuvor schon Martha, nur in zarterem Ton. Erst da ging Jesus zum Grab, wo Martha ihm erzürnt vorhielt: »Herr, er stinkt schon; denn er hat vier Tage hier gelegen.« Jesus »ergrimmte [...] in sich« und rief mit lauter Stimme: »Lazarus, komm heraus!« Und Lazarus kam heraus.

Jesus hatte zwar beide Schwestern und ihren Bruder »lieb«, doch Maria bevorzugt. Für Martha muss das schwer gewesen sein.

Martha wiederentdecken

Hatte Jesus Martha unrecht getan? Für die Feministin Elisabeth Moltmann-Wendel ist das so. Für sie ist Martha die stärkere Person. Ihre Stärke sieht sie in Marthas unerschrockenem Handeln, darin, dass sie, um ihren Bruder zu retten, auf Jesus zuging, nicht weinte und sich nicht Jesus zu Füßen legte. Martha rechnete mit Gott ab wie einst Hiob, warf Jesus Versagen vor und lockte ihn zornig aus der Reserve. Für Moltmann-Wendel spielt es keine Rolle, wen Jesus bevorzugt hatte. Martha sei großes Unrecht geschehen. Martha weiß zwar, dass die Auferstehung am Jüngsten Tage kommt, fleht Jesus aber trotzdem an, Lazarus zu helfen. Zäh, vorlaut und ohne Rücksicht auf die Sitten kämpfte sie. Unweiblich, würde mancher sagen.

Ihr, Martha, nicht Maria, hatte Jesus mit einer seiner seltenen Selbstoffenbarungen geantwortet: »Ich bin die Auferstehung und das Leben […].« Auch wenn Maria im Gebet zu Hause blieb, war nicht Martha am Ende die Glaubensstärkere? Und überhaupt die Stärkere, wie Moltmann-Wendel meint? Die Feministin jedenfalls wollte Martha neu und wiederentdecken.

Es gibt mehrere Legenden, die das Bild einer starken, aktiven Martha zeichnen, ich konzentriere mich auf zwei.

Nach der einen wurden Martha und ihre Geschwister sowie weitere jüdische Begleiter auf dem Meer ausgesetzt. Wie durch ein Wunder landeten sie in Marseille. Martha habe ein Kloster errichtet und darin mit gleichgesinnten Frauen mehr als 30 Jahre gelebt.

Nach einer anderen Legende aus der Provence bändigte Martha einen menschenfressenden Drachen, schnürte ihn an ihren Gürtel und führte ihn nach Arles. Die eine Version dieser Legende spricht davon, dass Martha ihn in einen Fluss werfen sollte, nach der anderen versteckte sie den Drachen in einer Höhle, um sein Leben zu retten. Sie tötete ihn nicht, wie Männer es getan hätten, sondern ließ den Drachen am Leben. Damit deutete sie eine neue Haltung an: Das Böse wird nicht vernichtet, sondern erlöst. Mit der Reformation und Gegenreformation endete zwar das Bild des »Aufstiegs« von Martha zur Drachenbezwingerin. Heute aber, in Zeiten alternativer Lebensformen und eines normaler werdenden Feminismus, erhält das Martha-Bild wieder neue, berechtigte Aufmerksamkeit.

Legenden haben etwas Faszinierendes: Meist ist etwas Wahres daran, wenn auch nicht alles stimmt. Sie haben das Ziel, ein Ereignis, eine Person hervorzuheben, aus welchem Grund auch immer. Das macht Menschen neugierig: Martha, die Zupackende, Aktive, Mutige, gar die Drachenbändigerin. Wie ein »männlicher Held«.

Abgesehen von den Legenden, ist zweierlei bemerkenswert:

Erstens: Martha erfährt als Erste, dass Jesus die Auferstehung und das Leben war. Jesus hatte es ihr offenbart. Ihr, nicht einem Mann. Auch am Grab zeigte Jesus sich zuerst einer Frau: Maria Magdalena, seiner engsten Gefährtin. Die Jünger dagegen müssen zunächst mit den Erzählungen der Frau leben, sie hadern deshalb auch. Vertrauen und Anvertrauen ist bei Jesus oft mit Frauen verbunden. Vertrauen, zuhören – all das sind Tugenden, die er bei den Frauen suchte und fand und die auch Jesus selbst hatte.

Zweitens: Johannes machte durch seine Darstellung deutlich, dass die Gemeinschaft die selbstbewusste Martha braucht, die von der katholischen Kirche, ebenso wie Maria, heute als Heilige verehrt wird.

Nach dem *Ökumenischen Heiligenlexikon* ist Martha Patronin der Häuslichkeit; der Hausfrauen, Hausangestellten, Dienstmägde, Köchinnen, Wäscherinnen und Arbeiterinnen, Gastwirte, Hotelangestellten, Bildhauer und Maler – und der Sterbenden.

Auch wenn Jesus Maria bevorzugte: Die Stärkere der beiden ist Martha.

Maria *und* Martha

Die Geschichte über den Besuch Jesu bei Maria und Martha ließ Dorothee Sölle an ihre Kindheit denken. In ihrem Buch *Gottes starke Frauen* beschreibt sie das so: »In unserer evangelischen Kirche in einem Vorort von Köln gab es ein Glasfenster mit der Inschrift ›Eins aber ist not!‹.« Es ist das Zitat nach Lukas. Selbstversunken, schmalgliedrig und zart habe Maria zu Jesu Füßen gesessen. Martha hingegen habe, »an den Tisch gelehnt, breitbeinig, einen Rührtopf in der Hand«, dagestanden. Eine Hand vorwurfsvoll erhoben. »Herr, stört es dich nicht, dass meine Schwester mich da so allein arbeiten lässt?« Sofort hatte Martha Sölle leidgetan.

Elisabeth Moltmann-Wendel beschreibt eine ähnliche Reaktion. Bei ihr ging es um ein »Bild aus einer Kinderbibel«, notiert sie in ihrem Buch *Ein eigener Mensch werden.* »Maria sitzt zu Füßen von Jesus und hört ihm zu, und im Hintergrund an der Küchentür lehnt Martha mit bösem, missgünstigem Blick.« Von da an habe sie jedes Kind bemitleidet, das Martha hieß. Maria habe etwas Edles an sich gehabt, Martha dagegen etwas Derbes. »Maria trug eine Art Heiligenschein um sich. Martha atmete Küchendunst und Geschäftigkeit aus«, so Moltmann-Wendel.

In der Bibel wird das Äußere der Schwestern kaum beschrieben. Erst in späteren Zeiten entstanden Bilder. Die biblischen Geschichten sind aber durchaus darauf angelegt, Maria sympathischer erscheinen zu lassen als Martha. Die eine (Maria) sanft und sinnlich, die andere (Martha) skeptischer, misstrauischer, die Aktive. Die Ruhige hier, die Jesus salbt und seinen Worten lauscht, die Rastlose dort, die sich um den Haushalt kümmert und wie eine Löwin kämpft. So entstand eine Rangordnung zwischen Maria und ihrer Schwester Martha, die den damaligen Gepflogenheiten durchaus entsprach. Das Ruhige galt als edler, es war ein Zeichen von Kultiviertheit und höherwertig als die Sorge um den Alltag, die man den niedrigeren Rängen überließ. Nach Lukas hatte Maria, wie gesagt, »das gute Teil erwählt«.

Die eine tumb, die andere kultiviert? Auch Martin

Luther gab Maria der Martha den Vorzug. Er wurde, nach Sölle, sogar regelrecht rabiat: »Martha, dein Werk muss bestraft und für nichts geachtet werden [...] Ich will kein Werk haben denn das Werk Marias, das ist der Glaube.«

Als ich diese Zeilen las, war ich ziemlich perplex. Luther, verheiratet und im Briefwechsel zum Beispiel mit der theologisch gebildeten Reformatorin Argula von Grumbach, ein Verächter der Martha? Luther – ein Macho?

Wie dem auch sei: Luther war nicht der Einzige, der die »Hackordnung« zwischen den beiden Schwestern aufrechterhielt. Dem widersetzen sich nicht nur Dorothee Sölle, sondern auch etliche andere Theologinnen. »Maria und Martha zusammenbekommen!«, lautet darum das Credo. Und es gelingt.

War es nicht Martha, die die Mahlzeiten zubereitete, ohne die das Essen mit Jesus gar nicht zustande gekommen wäre? War es nicht Martha, die zupackte, als Lazarus auf dem Sterbebett lag? Was hätte es genützt, wäre Maria, wie es ihrem Wesen entsprach, still zu Hause geblieben? Lazarus wäre gestorben und auch trotz Marias Glaubens nicht auferstanden. Beide Frauen bedingten einander. Beide hingen voneinander ab, beide benötigten sich. Und: Jesus brauchte beide, um beherbergt zu sein.

Auch wir Frauen brauchen beide, Maria *und* Martha. Wir müssten nicht wählen, betont Sölle. »Niemand hat das Recht, uns diese Wahl aufzuzwingen. Wir müssen die Welt nicht in Macher und Träumer, in die sanfte, sich hingebende Maria auf der einen Seite und die pragmatische, handlungsstarke Martha aufteilen.« Wie gesagt: Wir brauchen beide, Maria und Martha.

Der verflixte Vergleich

Frauen sind unterschiedlich, so wie Menschen generell. Manche extrovertiert, andere nach innen gekehrt. Nichts daran ist schlecht oder »schwach«. Problematisch wird es erst, wenn man anfängt, Menschen zu vergleichen und vor allem: zu bewerten.

Martha ist lange Zeit vernachlässigt worden. Zu Unrecht. Beide Figuren sind großartig. Jede hat ihre eigene Stärke, was umso sichtbarer wird, da sie so unterschiedlich sind. Deshalb gefällt mir ja auch das Zusammenführen der beiden Schwestern so sehr. Gemeinsam ergänzen sie sich, die Schwäche der einen ist die Stärke der anderen. Und umgekehrt. Jede ist einzig, für sich und miteinander.

Das lässt sich leicht sagen aus der sicheren Distanz, bei der Interpretation biblischer Geschichten. Schwieriger wird es, wenn es um das eigene Umfeld geht, gar um einen selbst.

Wer kennt das nicht, dieses verdammte Vergleichen? Die eigenen Schwächen werden übergroß, und zugleich scheinen die Stärken der anderen zu wachsen. Der eine kann dies besser, die andere jenes. Und man selbst zieht immer den Kürzeren. Man vergisst, dass man selbst Stärken hat, nur eben auf anderen Gebieten. Unbewusst vergleicht man Ungleiches mit Ungleichem. Es ist, als ob man den Verstand ausgeschaltet hätte, als ob man es nicht besser wüsste: Denn wer nie das Ganze sieht, sondern stets nur Teile, einzelne Stärken und Schwächen vergleicht, wird nie gewinnen.

Erst wenn man sich den anderen als ganzer Mensch gegenüberstellt, erkennt man, dass keiner so ist wie man selbst. Dass jede und jeder einzigartig ist, so, wie sie oder er ist. Dass jeder Stärken und Schwächen hat und es keinen Grund gibt, sich deshalb über- oder unterlegen zu fühlen. Denn als Ganzes ist man einmalig.

Was nützte es der Menschheit, wenn sie etwa (wie im Falle Marias und Marthas) zwischen den Ruhigen und Aktiven unterscheiden würde, zwischen dem »Geistigen« und dem »Zupackenden« eine Rangfolge herstellte? Es ist doch klar, dass die Menschen unterschiedlich und gerade deshalb aufeinander angewiesen sind. Erst die Gesamtheit aller Anlagen macht einen Menschen aus. Erst die Gesamtheit aller Menschen macht die Menschheit aus. Keiner kann nur in »höheren Sphären« leben und sich um den Alltag nicht kümmern. Und wenn er sich nicht mehr kümmern kann, braucht er jemanden, der das für ihn tut. Jeder Mensch kann etwas, was der andere nicht kann. Jeder Mensch ist einzigartig, unverwechselbar und durch niemanden zu ersetzen. Gleichwohl verfallen die Menschen immer wieder in das altbekannte Rollendenken, das in »wichtig« (gut) und »nützlich« (weniger gut) unterscheidet und von Vorurteilen geprägt ist. Das ärgert mich, nicht nur, aber auch, weil es meist die Schwachen trifft. Und das sind oft Frauen.

Gott jedenfalls hätte Maria und Martha gewiss nicht unterschiedlich bewertet. Für ihn sind alle Menschen gleich. Gerade in ihren Unterschieden *und* ihrer Gemeinsamkeit. Da ist kein König besser als ein Obdachloser, kein Priester wertvoller als ein Ungläubiger.

Wenn wir daran glauben (was ich tue), dass jede und jeder einzigartig ist und nicht besser oder schlechter als eine andere oder ein anderer, wenn *das* das Ergebnis dessen ist, was Dorothee Sölle mit »Maria und Martha zusammenbekommen« meint, sind wir einen großen Schritt weiter. Frauen wollen mehr sein als »entweder – oder«, also entweder die Versammelte oder die Zupackende. Sie wollen beides sein. Dorothee Sölle geht noch weiter: »Wir *sind* […] diese beiden Schwestern.« Nachdenklich *und* standhaft.

Die Ehebrecherin

Die Geschichte von der Ehebrecherin steht bei Johannes (8, 2 – 11). Jeder kennt wenigstens den Satz: »Wer unter euch ohne Sünde ist, der werfe den ersten Stein auf sie.« Die Geschichte gehört allerdings nicht zum ursprünglichen Text des Johannesevangeliums, sondern wurde erst im 3. Jahrhundert bekannt und hinzugefügt. Soll man nun enttäuscht sein? Gewiss nicht. Denn wann auch immer sie Eingang in das Johannesevangelium fand, bleibt sie in mehrfacher Hinsicht eindrucksvoll.

Jesus befand sich im Tempel, und alles Volk kam, um ihm zuzuhören. Da brachten die Schriftgelehrten und Pharisäer eine Frau zu ihm, die beim Ehebruch erwischt worden war. Sie stellten sie in die Mitte und fragten Jesus: »Mose [...] hat uns im Gesetz geboten, solche zu steinigen. Was sagst du?« Sie wollten Jesus eine Falle stellen, ihn herausfordern, um etwas gegen ihn in der Hand zu haben. Jesus aber ließ sich nicht beirren. Er bückte sich nieder und schrieb etwas auf die Erde. Die Schriftgelehrten und Pharisäer verstanden nicht, was er da tat, und wurden ungeduldig. Wieder und wieder hakten sie nach. Da richtete sich Jesus auf und sprach: »Wer unter euch ohne Sünde ist, der werfe den ersten Stein auf sie.« Und er bückte sich wieder und schrieb abermals auf die Erde. Da gaben die Ankläger ihr Vorhaben auf und verließen den Tempel. Jesus war nun allein mit der Ehebrecherin. Er richtete sich wieder auf und fragte die Frau: »Weib, wo sind sie, deine Verkläger? Hat dich jemand verdammt?« Sie antwortete mit Nein. Da sprach Jesus: »So verdamme ich dich auch nicht; gehe hin und sündige hinfort nicht mehr.«

So weit Johannes. Jesus ermahnt die Ehebrecherin, er vergibt ihr nicht. Er stellt aber klar, dass niemand ohne Sünde ist. Auch die Ankläger nicht.

Was er auf die Erde geschrieben hatte, ist nicht bekannt. Auch bei Johannes findet sich keine Antwort.

Vielleicht hatte er die Sünde der Ehebrecherin »in den Sand« geschrieben, der bald hinfortgefegt sein würde, und mit ihm ihre Schuld. Das wäre ein Zeichen an die Ehebrecherin, noch dazu eines der Vergebung.

Vielleicht hatte Jesus aber auch die Ankläger im Sinn

und sich an Jeremia erinnert, wo es heißt (17, 13), »du, Herr, bist die Hoffnung Israels. Alle, die dich verlassen, müssen zuschanden werden, und die Abtrünnigen müssen auf die Erde geschrieben werden.« Ob die Schriftgelehrten und Pharisäer verstanden, dass womöglich sie mit der Geste gemeint waren? Dass sie die Abtrünnigen waren, weshalb Jesus sie in die Erde schrieb? Wohl kaum.

Auch wenn wir nicht wissen, was er geschrieben hatte, war allein schon die Geste von hoher Bedeutung. Ob sie nun der Ehebrecherin galt (als Zeichen der Vergebung) oder den Anklägern (als Zeichen der Verurteilung), in beiden Fällen wäre die Geschichte von großem Belang.

Das kanaanäische Weib

Die Geschichte des kanaanäischen Weibes ist entscheidend für Jesu Entwicklung, denn sie ist eine der wenigen, in der Jesus nicht verkündet, sondern lernt – und zwar von einer Frau. Wir finden sie bei Matthäus (15, 21–28) und Markus (7, 24–30).

Nach einem heftigen Streit mit Pharisäern zog sich Jesus in das Gebiet von Tyros zurück, ins Ausland also. Er wollte ausruhen und neue Kraft schöpfen. Da kam ein kanaanäisches Weib, eine Heidin und keine Jüdin (nach Markus war sie Griechin aus Syrophönizien), zu ihm und »schrie nach ihm«: »Ach Herr, du Sohn Davids. Meine Tochter wird von einem bösen Geist übel geplagt.« Jesus aber schwieg und sagte kein Wort. Da traten seine Jünger zu ihm, die die Frau loswerden wollten, baten ihn und sprachen: »Lass sie doch von dir, denn sie schreit uns nach.« Er antwortete und sagte: »Ich bin nur gesandt zu den verlorenen Schafen des Hauses Israel.«

Sie aber kam abermals, fiel vor ihm nieder und wiederholte ihre Bitte: »Herr, hilf mir!« Aber er antwortete und sprach: »Es ist nicht fein, dass man den Kindern ihr Brot nehme und werfe es vor die Hunde.« Sie antwortete: »Ja, Herr; aber doch essen die Hunde von den Brosamen, die von ihrer Herren Tisch fallen.« Erst da verstand Jesu und sprach: »O Weib, dein Glauben ist groß. Dir geschehe, wie du willst.« Und ihre Tochter wurde gesund zur selben Stunde.

Ein solches Eingeständnis einer Frau gegenüber ist heute selten. Damals war es geradezu ungeheuerlich. Jesus als Lernender, der in die Schule der Frauen ging.

Die meisten Auslegungen betonen den Glauben, das Vertrauen als zentrale Aussage der Begebenheit, den unerschrockenen Glauben der Frau an die Kraft Jesu. Und ihr unerschütterliches Vertrauen, dass Jesus ihr helfen würde.

Tatsächlich aber hat Jesus eine Menge von der Frau gelernt. Von ihrem Glauben, der offensichtlich größer war als seiner. Hatte er zunächst mit Härte reagiert, weil sie keine Israelitin war, sondern dem verfluchten Volk Kanaan angehörte (1. Mose 9, 25), blieb die Frau ebenso hartnäckig wie demütig. Hatte Jesus seine Mission bislang nur darin gesehen, die verlorenen Schafe *Israels* zu retten, begriff er auf einmal, dass Gottes Wille an staatlichen Grenzen nicht haltmacht. Dass er alle Menschen meint, Frauen *und* Männer und natürlich auch die Gegner.

Seine Ausrede, sie sei eine Heidin und keine Jüdin, die dem Volk Israel angehöre, hätte er gegenüber einem heidnischen Mann nicht gewagt. Im Gegenteil: Als der Hauptmann von Kapernaum Jesus bat, seinen Knecht zu heilen, tat der Gottessohn es sogleich (Lukas 7, 1–10). Als die heidnische Frau dagegen kam, das kanaanäische Weib, wies er sie ab und verglich sie mit einem Hund. Als Frau galt sie nicht als richtiger Mensch. Doch durchhalten konnte er das nicht.

Mit dem Gleichnis der Brosamen hatte Jesus der Frau unbewusst eine wunderbare Vorlage gegeben. So schlug sie Jesus mit seinen eigenen Waffen. Feinsinnig nahm sie das Bild auf und spann es weiter, indem sie sich selbst mit einem dieser Hunde verglich. Sie erniedrigte sich und stellte sich auf eine Stufe mit dem Tier. Das Wichtigste für Jesus war der Brotlaib für die verlorenen Schafe (Kinder) Israels. Doch auch die Brosamen waren Teil dieses Brotes, des Brotes, das von Gott kam und Geist und Körper der Menschen ernährte. Ein Brot, das auch dem kanaanäischen Weib zustand wie allen Menschen, egal, woher sie kamen und welchen Geschlechts sie waren. Erst als das kanaanäische Weib Jesus den Spiegel vorgehalten hatte, erkannte er seinen Fehler. Er offenbarte der Frau nicht nur seine Unkenntnis, sondern auch seine Bewunderung (»O Weib, dein Glaube ist groß«), und heilte das Kind.

Er hatte gelernt, dass die Nächstenliebe für alle Menschen und auch alle Feinde galt. In seiner Bergpredigt betone er sogar: »Liebet eure Feinde; segnet die, die euch fluchen; tut wohl denen, die euch hassen; bittet für die, so sie euch beleidigten und verfolgen.« (Matthäus 5, 44) Im Missionsbefehl an seine Jünger schließlich kommt zum Ausdruck, dass Gott nicht nur den Israeliten vorbehalten, sondern für alle da war (Matthäus 28, 19): »Darum gehet hin und machet zu Jüngern *alle* Völker.«

Es ist eine der schönsten Bibelgeschichten, die sich außerdem problemlos auf unsere heutige Zeit übertragen lässt. Es ist die Geschichte nicht nur der Frauenfeindlichkeit, sondern vor allem der Fremdenfeindlichkeit. Ich denke da unweigerlich an die Ausländer, die in Deutschland leben und wegen ihrer Herkunft oft schlechter behandelt werden als Inländer. Deren Weg, einen deutschen Pass zu erhalten, voller Hindernisse ist, als gehörten sie nicht zu uns. An die Flüchtlinge, die in Deutschland nicht als Menschen in hoher Not, sondern als Last empfunden werden, wenn sie das Land überhaupt erreichen. Auch die oft unmenschliche Abschiebepraxis von Asylbewerbern gehört dazu.

Zugleich ist es eine Geschichte der unterlassenen Hilfeleistung. Nicht im juristischen Sinne, sondern in menschlicher Hinsicht. Wir schauen weg, wenn wir Menschen leiden sehen, geschundene Flüchtlinge zum Beispiel. Wir wechseln die Straßenseite, wenn jemand erkennbar betrunken und obdachlos ist. Wir geben solchen Menschen kein Geld, weil wir annehmen, dass sie es gleich wieder für Alkohol ausgeben. Dabei wissen wir es nicht.

Wie Jesus lernte, den Glauben des kanaanäischen Weibes zu verstehen, so ist es an uns, in dem anderen keinen Fremden zu sehen, auf dessen Fragen man nicht einfach durch Nichtantworten, sprich Missachtung, reagieren kann, wie Jesus es tat. Wir lernen aus der Geschichte, wie wichtig es ist, nicht arrogant wegzuschauen, sondern die Schwächeren zu achten und ihnen zu helfen. Wir lernen, wie wichtig es ist, andere nicht abzulehnen, zu kränken oder herabzusetzen, sondern sich ihnen zuzuwenden. Die Geschichte ist ein Lehrstück erster Güte.

Das Gleichnis passt auch zum Thema Gleichberechtigung. Wie oft werden Frauen missachtet, wie oft missverstanden. Wie oft wird ihnen nicht zugehört. Frauen zählen so viel wie Männer. Die Geschichte um die kanaanäische Frau sagt uns, dass wir gleichwertig sind, uns ergänzen sollen, einander zuhören, einander wahr- und ernst nehmen. Trotz oder gerade wegen unserer Unterschiedlichkeit. So können Frauen den Männern helfen und umgekehrt Männer den Frauen. Denn blinde Flecken haben beide Seiten.

Weibliches Christentum

Das eigentlich Sensationelle an den Frauen im Neuen Testament war Jesus selbst; seine Art, mit Frauen umzugehen. Entgegen den damaligen Gepflogenheiten machte er keinen Unterschied zwischen Männern und Frauen, egal, worum es ging. Darauf hatte schon Franz Alt in seinem Buch *Jesus – der erste neue Mann* zu Recht hingewiesen. Jesus zeigte in der Tat eine neue

Haltung gegenüber Frauen. Er sah in ihnen keine Menschen zweiter Klasse, sondern ebenbürtige Menschen. Niemals sprach er geringschätzig über die damals gering geschätzten Frauen. Jesus übernahm keines der üblichen Vorurteile gegenüber Frauen, wie der katholische Theologe Joseph Schumacher in seinem noch unveröffentlichten Buch *Die Frau in den Weltreligionen* betont. Das zieht sich durch sein ganzes Leben.

Ob es um Arme oder Unterdrückte, um Kranke oder Besessene ging, für ihn war es einerlei, ob er es mit einem Mann oder einer Frau zu tun hatte. Er sprach öffentlich mit fremden Frauen, was damals für Aufruhr gesorgt haben musste, verstieß es doch gegen die guten Sitten. Auch seine Worte richteten sich an alle. Was heute normal klingt, war seinerzeit aufsehenerregend. Spielten Frauen damals im geistigen und religiösen Leben überhaupt keine Rolle, holte Jesus sie aus diesem Schicksal heraus. Jesus setzte sich über alle Traditionen hinweg und wurde darin zum Vorbild für andere. Sein Verständnis von Frauen unterschied sich gänzlich von dem des Judentums. Er begegnete ihnen frei und unbefangen.

Jesus machte aus unsichtbaren Frauen sichtbare. Das war das eigentlich Revolutionäre seines Wirkens.

So ist es Jesus zu verdanken, dass sich ein weibliches Christentum herausbilden konnte. Ein weibliches Christentum wiederum ist ohne Frauen wie Maria, die Mutter Jesu, Maria aus Magdala, die Unbekannte, die Jesus salbte, Maria und Martha aus Bethanien und viele andere nicht zu denken. Jede für sich und in ihrer Mischung zeigen sie Charakterzüge, von denen Jesus lernte und auch wir lernen können. Das Neue Testament wurde zwar von Männern geschrieben, tatsächlich aber waren es Frauen, die – dank Jesus – das Bild mitbestimmten. Sie waren unerschrockener und mutiger.

Im Zusammenhang mit Maria Magdalena schrieb der russische Schriftsteller Dmitri Sergejewitsch Mereschkowski (1865 – 1941) einst: »Die schwachen Weiber sind stärker als die Männer; der Glaube des Felsen Petrus zerrann wie Sand; der Glaube der Maria aber ist wahrhaft ein Fels. Das Männliche der Liebe erwies sich als kraftlos, stark ist die Weiblichkeit. Die Sonne der männlichen Liebe geht im Tode unter, die Sonne der weiblichen geht in der Auferstehung auf.«

Ähnliches kann man über das kanaanäische Weib sagen, sein Glaube war sogar stärker als der von Jesus. Das Gleichnis von den Brosamen zeigt, wie stark Frauen sein können, obwohl sie nicht anerkannt werden. Wie klug sie ihren Weg gehen, ja, sogar Jesus eine Lektion erteilen können, auf dass er lerne. Wie sie durch Jesus nicht herabgestuft, sondern gleichgesetzt werden mit den Männern (»Wer ohne Sünde ist, werfe den ersten Stein auf sie«).

Als die Jünger bei Jesu Verhaftung flohen, blieben die Frauen. Keine ließ sich von der Verhaftung abschrecken. *Sie* standen unter dem Kreuz, nicht die Jünger. *Sie* waren zuerst am Grab, und nicht die Anhänger Jesu. Es war eine Frau, Maria Magdalena, die die Botschaft Jesu als Erste begriff, während die Jünger erst an seine Auferstehung glaubten, als sie ihn leibhaftig sahen. Diese Frauen waren die eigentlichen Jüngerinnen Jesu. Sie sind die eigentlichen Nachfolgerinnen von Jesus.

Die Frauen waren ohne Jesus nicht zu denken, aber auch Jesus nicht ohne die Frauen. Von ihnen lernte er, sie halfen ihm, ihr Glaube war stärker als der mancher Männer. Das färbte auch auf Jesus ab, der nicht nur aus sich heraus, sondern auch wegen der weiblichen Vorbilder ein Mann war, der beides in sich trug, Männliches *und* Weibliches. Das machte ihn so besonders.

2 Sieben Beispiele aus dem Alten Testament

Nicht nur im Neuen Testament ist von unerschrockenen Frauen die Rede. Auch das Alte Testament enthält ermutigende Geschichten – nicht nur für Frauen. Auch sie können uns Frauen den Rücken stärken, wenn es darum geht, uns durchzusetzen. Auch sie können uns ermutigen, wenn es um unser Selbstbewusstsein geht.

Umso wichtiger ist es, auch diese Frauen aus ihrer Unsichtbarkeit zu holen. Denn auf Unsichtbarkeit folgt Unsicherheit. Das Vorbild fehlt. Darum ist es so notwendig, von den biblischen Vorbildern zu berichten, sich ihre Courage zu vergegenwärtigen, um daraus zu lernen. Nach den sieben Frauen aus dem Neuen Testament will ich nun von sieben Beispielen aus dem Alten Testament berichten.

Diese Geschichten können natürlich nur in ihrem historischen Zusammenhang verstanden werden. Sie spielten in einer reinen Männergesellschaft, was heutzutage undenkbar wäre. Vielweiberei war an der Tagesordnung, mehrere Frauen zu heiraten ebenfalls; Frauen zählten wenig, weil sie als unrein galten. Sie hatten nichts zu sagen, hatten keine Rechte, sie »gehörten« ihren Vätern, Ehemännern, Brüdern. Sie sollten Kinder gebären und mussten im Haushalt und auf dem Feld arbeiten.

Verbiegen allerdings ließen sich die Frauen, über die ich berichten werde, nicht. Allein darin lag Stärke. Es waren allesamt mutige Frauen, die sich der männlichen Obrigkeit entgegenstellten. Schifra und Pua, die sich dem König widersetzten, zum Beispiel. Oder Ruth, der Frauensolidarität wichtiger war als alles andere. Oder Hanna, die klug und weise war, sich aber nicht dagegen wehrte, dass ihr Mann zwei Frauen hatte. Schließlich war das üblich in ihrer Zeit. Die Frauen des Alten Testaments konnten an den damaligen Gegebenheiten nichts ändern, viele unterstützten die Strukturen sogar durch ihr Handeln, obwohl das gewiss nicht ihr Ziel war. So hielt auch Hanna mit ihrem Verhalten das Patriarchat aufrecht. Trotzdem kämpfte sie um ihre Würde.

Überraschend ist, dass trotz des damaligen Patriarchats und der Missachtung der Frauen so viele Frauengestalten im Alten Testament erwähnt worden sind. Frauen mit starken weiblichen Tugenden. Frauen, die den männlichen Herrschern eigentlich nicht passen konnten. Warum? Aus schlechtem Gewissen? Aus der Vorahnung, dass die Dinge so nicht bleiben würden?

Aus welchem Grund auch immer: Tatsache ist, dass die Geschichten beeindrucken und man diese Frauen nicht vergisst.

Schifra und Pua

Seit der Ansiedlung der Familie Josephs aus dem Stamme Abrahams in Ägypten war viel Zeit vergangen. Die Menschen waren ins Nachbarland übergesiedelt, um der Dürre in ihrer Heimat zu entkommen. Die Ernte in Ägypten war in der Regel gut. Zunächst wurden die Einwanderer geduldet. Aus der Familie war ein großes Volk geworden. Da sprach der Pharao, der neue König der Ägypter, missbilligend zu seinem Volk: »Siehe, das Volk Israel ist mehr und stärker als wir. Wohlan, wir wollen sie mit List niederhalten, dass sie nicht mehr werden. Denn wenn ein Krieg ausbräche, könnten sie sich auch zu unseren Feinden schlagen und gegen uns kämpfen [...].« Nach dem Willen des Königs sollten die Ägypter die Israeliten fortan durch »Zwangsarbeit bedrücken«. Doch je schlechter die Ägypter das Volk Israel behandelten, desto »stärker mehrte es sich und breitete sich aus« (2. Mose 1, 8 – 12).

Da ließ der Pharao zwei Hebammen aus dem Volk Israel zu sich rufen, Schifra und Pua, deren Namen Schmuck und Glanz bedeuteten. Er befahl ihnen: »Wenn ihr den hebräischen Frauen helft und bei der Geburt seht, dass es ein Sohn ist, so tötet ihn; ist's aber eine Tochter, so lasst sie leben.« In den Söhnen sah er künftige Krieger, die sich gegen ihn richten könnten. Die Hebammen aber gehorchten nicht und ließen die Knaben am Leben. Als der König merkte, dass sein Befehl missachtet wurde, fragte er zornig: »Warum tut ihr das und lasst die Kinder leben?« Die Hebammen antworteten: »Die hebräischen Frauen sind nicht wie die ägyptischen, denn sie sind kräftige Frauen. Ehe die Hebamme zu ihnen kommt, haben sie geboren.« Und das Volk mehrte sich und wurde sehr stark. (2. Mose 1, 15–21) So retten die Hebammen auch Moses Leben.

In großer Not und sicher auch in Angst vor dem mächtigen Pharao, aber mit tiefem Gottesglauben, widersetzten sich die Hebammen seinem Befehl. Was für einen Mut sie bewiesen. »Zu zweit gegen den König«, wenn man so will, aber ohne die Macht des Pharaos grundsätzlich infrage zu stellen. Und was für eine starke List, mit der sie den Pharao hintergingen. Was für eine Notlüge, erfrischend frech. Was musste sich der König wohl gedacht haben, als er hörte, die hebräischen Frauen seien stärker als die ägyptischen? Gute List (der Hebammen) gegen schlechte List (des Königs). Die gute gewann.

Was für eine Geschichte! Warum nur ist sie so unbekannt? Weil es um eine Leistung zweier Frauen geht, in der »ein starker Mann« das Nachsehen hatte? Gottesfurcht und Mut sind keine Fragen des Geschlechts, sie beschreiben eine Haltung, die Frauen und Männer gleichermaßen betrifft.

Sich der Obrigkeit zu widersetzen, Befehlen und

Anordnungen nicht zu folgen ist mehr als mutig. Es kann lebensgefährlich sein und auch Unbeteiligte in Gefahr bringen. Der Mut der Hebammen war von Einsicht und Weisheit geprägt. Nicht jeder x-beliebige Widerstand ist darum gerechtfertigt. Aber unabdingbar wird der zivile Ungehorsam, wenn der Grund das eigene Gewissen ist oder, um es in der Sprache der Bibel zu sagen, der Glaube an Gott. Auch unser Grundgesetz sieht das Recht zum Widerstand vor (Artikel 20, Absatz 4), wenn die Beseitigung bestimmter Verfassungsgrundsätze droht, wie zum Beispiel den Grundsatz: »Alle Staatsgewalt geht vom Volke aus.«

Es sind diese kleinen biblischen Geschichten, die einen so überrascht und glücklich zurücklassen, ja, glücklich – und ermutigt. Verglichen mit dem, was die Hebammen taten, ist unsere heutige »Zivilcourage« im Alltag vielfach ein Witz. Traut euch auch!, will uns die Begebenheit sagen. Der Ruf gilt vor allem den Frauen, die wir uns oft zu wenig trauen, zutrauen und vertrauen. Er gilt aber auch den Männern. Gottesfurcht und Mut sind keine Fragen des Geschlechts, sie beschreiben eine Haltung, egal, ob Frau oder Mann.

Die Frauen, die Mose im Körbchen fanden

Die Hebammen hatten mit ihrer List auch das Leben von Mose gerettet. Doch er blieb in Gefahr, der Befehl des Pharaos galt ja weiter. Darum versteckte ihn seine Mutter drei Monate lang. Aus Angst, doch noch entdeckt zu werden, man konnte das Kind ja hören, legte sie ihren Sohn schließlich in ein Körbchen und setzte es im Schilf am Ufer des Nils aus. Moses Schwester sah von ferne zu, was mit ihm geschehen würde.

Es war ausgerechnet die Tochter des Pharaos, die Mose finden sollte. Sie hatte sich zum Fluss begeben, um zu baden. Ihre Dienerinnen gingen am Ufer auf und ab. Als die Tochter das Körbchen sah, rief sie ihre Magd und ließ es holen. Sie fand den Knaben weinend vor. Das rührte ihr Herz, sie ahnte aber auch, was hier geschehen war: »Es ist eins von den hebräischen Kindlein.« Da kam auch die Schwester des Kindes, die das alles aus der Ferne beobachtet hatte, herbei und sprach zur Prinzessin: »Soll ich hingehen und eine der hebräischen Frauen rufen, die da stillt, dass sie dir das Kindlein stille?« Die Prinzessin bejahte. Das Mädchen ging und holte ihre Mutter. Die Tochter des Pharaos sagte zu ihr: »Nimm das Kind mit und stille es für mich. Ich werde dich dafür entlohnen.« So geschah es. Als das Kind größer war, brachte die Mutter es der Prinzessin. Diese nahm ihn als Sohn an, nannte ihn Mose und sagte: »Ich habe ihn aus dem Wasser gezogen.« (2. Mose 2, 2–10) Der Name Mose bedeutet »der Herausgezogene«.

So wuchs Mose sicher heran, zunächst bei seiner Mutter unter dem Schutz der Prinzessin, dann im Königshaus selbst. Ausgerechnet Mose, der später das Volk Israel aus der Gefangenschaft in die Freiheit führen sollte.

Eine wunderbare Geschichte – und eine, die ausschließlich von der List und Klugheit der Frauen erzählte. Die Tochter des Königs wusste, dass sie einem hebräischen Kind das Leben rettete, und missachtete bewusst den Plan ihres Vaters. Sie verriet lieber seinen brutalen Befehl als ihr eigenes Herz. Die Schwester des Knaben fädelte die Rettung ein und brachte ihn zur Mutter. Die Frauen taten sich zusammen. Keine dachte an sich, jede nur daran, wie sie Mose retten könnten, der eigentlich gar nicht hätte geboren werden dürfen. Es ist eine biblische Geschichte über die Weisheit von Frauen. Frauen, die Bescheid wissen, wenige Worte wechseln und handeln. War es weiblicher Instinkt, weibliche Intuition? Vielleicht. Ihnen ging es um die Verantwortung für das Leben. Sie trauten ihrer inneren Stimme. Sie zeigten sich umsichtig und schlau, gerissen und mutig. Niemand verriet etwas von der Herkunft des Kindes. Den Frauen ging es nur um das Kind.

Wie viel wir doch daraus lernen können, besonders wir Frauen. Auch in uns steckt der Mut, etwas zu bewegen. Wir erkennen, wenn etwas unrecht ist. Und doch zögern wir Frauen oft, dagegen vorzugehen, sei es aus Angst vor Strafe, aus Angst zu versagen, weil wir es uns nicht zutrauen, oder schlicht aus Trägheit. Sicher, manchmal ist es weise abzuwarten aber nicht immer. Wer etwas verändern will, muss Mut zeigen. Die Übernahme von Verantwortung lässt uns wachsen und stärker werden. Dazu brauchen wir keine Öffentlichkeit, keinen Applaus und auch keinen Lohn, wie auch die Frauen in der Geschichte nicht. Es geht nicht um Heldentaten, sondern um etwas Selbstverständliches: dem Herzen zu folgen und danach zu handeln.

Es ist eine Ermutigungsgeschichte durch und durch.

Wie schon bei den Hebammen widersetzten sich Herzen, Gewissen und Glauben der Frauen dem grausamen Befehl des Pharaos. Wahre Frauenpower, würde man heute sagen.

Nicht nur Frauen sollte die Geschichte Mut machen, sondern auch Männern.

Rahab

Auch Rahab gehört zu jenen Frauen des Alten Testaments, die sich von der Macht der Herrscher nicht beeindrucken ließen.

Es war die Zeit, in der das Volk Israel Jericho erobern wollte. Kriegserfahren, aus der Knechtschaft Ägyptens geflohen und der Wüste entkommen, war es ein starkes Volk, das nun im Ostjordanland lebte. Um die Stadt auszuspionieren, entsandte Josua, der Nachfolger Moses, zwei Israeliten in das von Gott verheißene Land westlich des Jordans. In Jericho angekommen, kehrten die Kundschafter in das Haus von Rahab ein, das an der Stadtmauer lag, weit weg von den Stadtoberen. Als der König von Jericho davon erfuhr, schickte er Boten zu Rahab, damit sie die Fremden ausliefere. Rahab aber versteckte die Israeliten auf dem Dach ihres Hauses. Den Häschern des Königs sagte sie: Ja, es seien zwei Fremdlinge bei ihr gewesen, »aber ich wusste nicht, woher sie kamen«. Und sie zeigte ihnen, in welche Richtung die Späher gezogen waren. Listig hatte Rahab die Männer des Königs in die falsche Richtung geschickt. Der König ließ nach den Männern suchen, doch er fand sie nicht. An dem Ort, an dem sie waren, suchten die Boten nicht. Die List der Rahab war aufgegangen: das offensichtlichste und damit unsicherste Versteck blieb unentdeckt.

Da stieg Rahab auf das Dach und sprach zu den feindlichen Männern: »Ich weiß, dass der Herr euch das Land gegeben hat; denn ein Schrecken vor euch ist über uns gefallen, und alle Bewohner des Landes sind vor euch feige geworden. [...] Seither ist unser Herz verzagt, und es wagt keiner mehr, vor euch zu atmen.« Rahab war in Gefahr und wusste das auch. Da bat sie die Männer um einen Schwur, ihre Eltern und Geschwister am Leben zu lassen. »So schwört mir nun bei dem Herrn, weil ich an euch Barmherzigkeit getan habe, dass auch ihr an meines Vaters Hause Barmherzigkeit tut.« Sie versprachen es unter der Bedingung, dass Rahab sie nicht verriete. Da ließ Rahab ein Seil hinab, damit die Männer fliehen konnten. Sie sagten: »Wir wollen den Eid so einlösen, den du uns hast schwören lassen. Wenn wir in das Land eindringen, so sollst du dieses rote Seil in das Fenster knüpfen, durch das du uns herabgelassen hast.« Die ganze Familie sollte Rahab in ihrem Haus versammeln. Jeder, der dann noch aus der Türe trete, sei selbst schuld, »wenn sein Blut vergossen wird. Wir sind dann ohne Schuld.« So überlebten Rahab und ihre Familie. Als die Hebräer Jericho eroberten, gingen die beiden Kundschafter zu Rahab und führten sie mit ihrer Familie aus der Stadt heraus, bevor Jericho niederbrannte. (Josua 2, 1–21; 6, 17, 22–24)

Nach Luther ist Rahab eine Hure, nach der Einheitsübersetzung eine Dirne. Eine Frau also, die auf der niedrigsten Stufe der Gesellschaft stand, die von den anderen gemieden, verurteilt und schlechter behandelt wurde. Das ist wichtig, um die Geschichte zu verstehen.

Rahab ahnte, dass Jericho eingenommen werden würde, sie kannte den Mut und Siegeswillen der Israeliten. Sie wusste, dass sie, eine Dirne, sich selbst helfen musste, dass sie sich nur auf sich verlassen konnte. So missachtete sie den König und verbündete sich mit den Fremden. Und griff zu dem listigen Schwur, um sich und ihre Familie zu retten. Die Stadt aber überließ sie ihrem Schicksal, sie warnte niemanden. Doch hätte man ihr, der Dirne, überhaupt zugehört?

Die *Bibel in gerechter Sprache* geht gnädiger mit ihr um. Danach war sie eine unverheiratete, unabhängige, »ungebundene Frau«. Rahab handelte nach ihren eigenen Maßstäben, ganz pragmatisch. Eine andere Chance hatte sie nicht.

Die Rahab-Geschichte ist auch eine Lektion darüber, was mit Gesellschaften passiert, die Menschen ausgrenzen, aus welchen Gründen auch immer. Sie in ihrer Würde verletzen. Hätte man Rahab mehr geachtet, hätte sie ihre Mitbürger vielleicht gewarnt, ihnen die Chance zur Gegenwehr oder zur Flucht ermöglicht. Wer weiß?

Ruth

Wer fehlt in dieser Reihe? Die Moabiterin Ruth natürlich, die sich in fremdes Land begab, um zu tun, was sie

für richtig hielt, und dabei Zivilcourage und Frauensolidarität bewies, die über das Normale weit hinaus-
gehen. Die Geschichte der Ruth, die die Vorfahrin
Davids werden sollte, ist eine der schönsten Freund-
schaftsgeschichten der Bibel.

Elimelech aus Bethlehem wanderte wegen einer
großen Hungersnot mit seiner Familie ins benachbarte
Moab aus. Seine Söhne heirateten moabitische Frauen,
Orpa und Ruth. Nach dem Tod Elimelechs und seiner
Söhne blieben seine Witwe Naomi und die beiden kin-
derlosen Schwiegertöchter allein. Naomi forderte sie
auf, wieder zu ihren Familien zu gehen. Sie selbst
sehnte sich nach ihrer Heimat Bethlehem. Orpa und
Ruth begleiteten Naomi. Sie aber sprach: »Kehrt um,
meine Töchter, und geht; denn ich bin zu alt, noch
einem Mann zu gehören. Selbst wenn ich dächte, ich
habe noch Hoffnung, ja, wenn ich noch diese Nacht
einem Manne gehörte und gar Söhne bekäme: Wollt
ihr warten, bis sie erwachsen sind?« Die Schwiegertöchter weinten. Da gab Orpa Naomi einen Abschieds-
kuss.

Ruth aber blieb. Sie sprach: »Dränge mich nicht,
dich zu verlassen und umzukehren. Wohin du gehst,
dahin gehe auch ich, und wo du bleibst, da bleibe auch
ich. Dein Volk ist mein Volk, und dein Gott ist mein
Gott. Wo du stirbst, da sterbe auch ich, da will ich
begraben sein. Der Herr soll mir dies und das antun –
nur der Tod wird mich von dir scheiden.« So zogen sie
beide nach Bethlehem. (Ruth 1, 1 – 19)

In Bethlehem war Erntezeit, und Ruth half auf

einem Acker. Da begegnete ihr Boas, dem das Land gehörte, ein Verwandter des Elimelech. Er hatte von ihr gehört, mochte sie und nahm sie zur Frau. Ruth gebar einen Sohn. Da sagten die Nachbarsfrauen zu Naomi: »Gepriesen sei der Herr, der dir heute nicht an einem Löser hat fehlen lassen. Sein Name soll in Israel berühmt werden. Du wirst jemanden haben, der dein Herz erfreut und dich im Alter versorgt; denn deine Schwiegertochter, die dich liebt, hat ihn geboren, sie, die mehr wert ist als sieben Söhne.« Und sie gaben ihm den Namen Obed. Er war der Vater Isais, welcher der Vater Davids wurde. (Ruth 4, 13 – 22)

Ruth war in Bethlehem Ausländerin und damit rechtlos. Sie erwies sich als mutig, als sie Naomi begleitete, doch sie empfand keinen Mut, sondern Solidarität. Die innige Verbundenheit zu Naomi ließ sie alle Bedenken über Bord werfen und mit ihr ziehen. Sie ließ ihre Schwiegermutter nicht im Stich, schutzbedürftig und fürsorglich, wie Ruth selbst war. Eine solche Nähe zwischen Schwiegermutter und Schwiegertochter ist in der Tat außergewöhnlich.

Man muss sich einmal in die Zeit versetzen, in der Ruth, die Moabiterin, zur Israelitin Naomi sagte: »Wohin du gehst, dahin gehe auch ich, und wo du bleibst, da bleibe auch ich. Dein Volk ist mein Volk, und dein Gott ist mein Gott.« Es ist wie ein Trauspruch und wird bis heute gern als solcher gewählt, obwohl er eigentlich ein Treuebekenntnis unter Frauen war. Ein Treuebekenntnis, das Ruth, die »Freundin«, Naomi, der »Lieblichen«, gab.

Alles gab Ruth für ihre Schwiegermutter auf, ihre Heimat, ihre Religion, ihre Identität. Ihre Treue war ihr wichtiger als ihr eigener Glaube. Ihre Liebe war größer als die Angst, in Bethlehem eine Fremde zu sein. Nie dachte sie an sich, sondern stets an Naomi. So wuchs eine Freundschaft, die auf Respekt und Vertrauen beruhte. Beide brauchten einander. Beide waren verwitwet, was ihre Stellung schwächte. Ohne Ruth hätte die alternde Naomi kein Einkommen gehabt, ohne Naomi Ruth keinen Schutz. Sie hielten zusammen in der sonst reinen Männerwelt.

Wer wünschte sich das nicht auch für sein eigenes Leben? Solidarität ist wichtig, gerade unter dem »schwachen Geschlecht«. Die Freundschaft zwischen Naomi und Ruth machte die beiden stark. Sie waren nicht auf Männer angewiesen. Doch solche Freundschaften findet man nicht oft.

Ruth war »mehr wert als sieben Söhne« (Ruth 4, 15). Allein das würde wohl heute kaum ein Mann gern sagen wollen. Bei Ruth waren es die Nachbarsfrauen, die so sprachen. Auch eine Art von Frauensolidarität, wenn auch eine der leichteren Art.

Hanna

Nicht immer hielten im Alten Testament die Frauen so zusammen wie Ruth und Naomi. Hanna jedenfalls war im Buch Samuel keineswegs derart behütet. Sie und ihr Mann Elkana waren kinderlos. Was Kinderlosigkeit in der damaligen Zeit bedeutete, muss man nicht näher erläutern. Die gesellschaftliche Demütigung folgte auf dem Fuße. Der Befehl in der Schöpfungsgeschichte, »Seid fruchtbar und mehret euch«, galt als ein hohes Gut und richtete sich vor allem an die Frauen. Und wer dem nicht folgen konnte, lebte im Elend, in gesellschaftlicher Demütigung. Jahr für Jahr, Schmach um Schmach.

Nur selten gab es Frauen, die sich des Schicksals der Betroffenen annahmen. Für sie war entscheidend, dass sie selbst Kinder hatten und damit auf der »sicheren Seite« standen. Damit aber nicht genug: Für die Kinderlose gab es Häme und Spott. Das war in den Familien nicht anders. Hanna war nicht die einzige Frau von Elkana, es gab noch eine weitere, Peninnia. Peninnia hatte viele Kinder. Sie war für Hanna eine dauernde Peinigerin. »Ihre Widersacherin kränkte [Hanna] und reizte sie sehr.« (1. Samuel 1, 6) So ging es Jahr für Jahr, und Hanna ertrug die Schmähungen tapfer. Sie wurde schwach, sie aß nicht mehr und lebte tief in sich gekehrt.

Elkana versuchte alles, um sie zu trösten: »Hanna, warum weinst du, warum isst du nicht? Und warum ist dein Herz so traurig? Bin ich dir nicht mehr wert als zehn Söhne?« (1. Samuel 1, 5–8) Die Frage blieb ohne Antwort, wusste Hanna doch, dass ihre Schande auch eine Belastung für die Ehe war. Darum hörte sie nicht auf zu beten. Da erfüllte Gott ihr ihren Wunsch: Hanna wurde schwanger, sie gebar einen Sohn und nannte ihn Samuel. (1. Samuel 1, 29)

Erschütternd an der Geschichte ist zweierlei:

Zum einen das Selbstverständnis der Frau in einer

patriarchalen Welt. Sie ist erst etwas »wert«, wenn sie Kinder geboren hat. Was für ein erbärmliches Dasein. Die Frau als stets Gebärende.

Zum anderen die mangelnde Solidarität von Peninnia. Obwohl das Schicksal es gut mit ihr gemeint hatte, nutzte sie ihr unverdientes Glück nicht, um die Kinderlose zu ermutigen und zu trösten, sondern setzte sie auch noch herab. Hochmütig und arrogant erhöhte sie sich über Hanna. »Tja, Pech gehabt, der Herr hat eben mich bevorzugt« – etwas in dieser elenden Art schwingt mit. Welche Gräben liegen doch zwischen dieser Geschichte und dem Leben von Ruth und Naomi.

Sinn der Geschichte ist weniger das »Ende gut, alles gut«, sondern das Leben und die Haltung von Hanna, ihr Flehen und Aushalten. Wie viele hätten in ihrer Situation aufgegeben, wären vielleicht durch die steten Demütigungen sogar selbst gehässig geworden. Hannas Stärke erwies sich darin, dass sie willensstark blieb und durchhielt. Obwohl sie das Essen verweigerte, hatte sie die Hoffnung nie aufgegeben, ein ermutigendes Zeichen der Stärke über all die Jahre ihrer misslichen Lage hinweg.

Das ist eine Geschichte, von der auch wir lernen können. Im eigenen Glück nicht hochmütig zu werden, sondern zugewandt zu bleiben. Sich vom Glück der anderen und den eigenen Misserfolgen nicht niederdrücken zu lassen. Geduld und Demut zu zeigen. Beides ist in unserer Gesellschaft eher Mangelware. Seine Ziele im Auge zu behalten und mit Mut und einem Quäntchen Gottvertrauen die Hoffnung nie zu verlieren. Sind das nicht alles eher weibliche Züge? Männern stünden sie genauso gut zu Gesicht. Auch wenn diese Haltung keine Garantie dafür ist, dass am Ende alles gut wird.

Uns fehlen das Durchhaltevermögen, die Zuversicht, die Haltung. Das Leben wird immer schneller und hektischer. Wir geben schnell auf, wenn der Erfolg sich nicht einstellt. Manche Dinge aber brauchen Zeit. Aber dafür scheint heutzutage kein Platz zu sein, erwartet wird der rasche Erfolg. Man denke nur an die Wirtschaft oder den Sport, Quartalsergebnisse hier, die Bundesliga dort. Wer die Erwartungen nicht schnell genug erfüllt, verliert seinen Job. Wäre das Leben nicht besser, wenn wir uns manchmal mehr Zeit nehmen würden? Wer weiß, vielleicht würde Hanna mit ihrer Lebenshaltung sogar ein Unternehmen besser führen können als heute mancher Mann. Auch darum geht es in ihrer Geschichte.

Lots Frau und Töchter

Die Geschichte von der zur Salzsäule erstarrten Frau Lots hat vermutlich jeder schon gehört. Lot war mit Frau und Töchtern auf der Flucht aus Sodom, weil der Herr die Stadt vernichten wollte, zu verrucht schien sie ihm, zu gewalttätig, sündig und gottlos. Gott aber sah in Lot einen der Gerechten, der edel und gläubig war, darum wollte er ihn und seine Familie verschonen. Zwei Engel kamen zu Lot, er nahm sie auf in sein Haus. Doch die Menge vor dem Haus forderte die Auslieferung der Fremden. Lot weigerte sich und bot stattdessen seine beiden Töchter an, »die noch keinen Mann erkannt haben«. Wofür Lot seine beiden Töchter anbot, muss wohl nicht erläutert werden. »Tut mit ihnen, was euch gefällt.« Das Schicksal der Töchter schien für Lot weniger wichtig zu sein, als die Gastfreundschaft zu missachten, die er den fremden Männern versprochen hatte. So forderten es die Sitten. Der Mob aber wollte nicht die Mädchen, sondern die Engel, die Gäste. Daraufhin schlugen die Engel die Meute mit Blindheit, sodass sie sich nicht mehr zurechtfand.

Wenig später, schon auf der Flucht, ließ der Herr Lots Frau zur Salzsäule erstarren, als sie sich umdrehte, obwohl die Engel das ausdrücklich untersagt hatten. Am Ende schließlich, in ihrem Unterschlupf, überlegten sich die Töchter eine List. Verheiratet waren sie nicht, und es gab auch sonst keinen Mann, »der mit uns verkehrt, wie es in aller Welt üblich ist«. Sie betäubten Lot mit viel Wein und legten sich zu ihm. Sie hatten alles genau berechnet, ihr Plan ging auf. Die Ältere gebar einen Sohn und nannte ihn Moab (der heute als Stammvater der Moabiter gilt), die Jüngere bekam Ben-Ammi, den Stammvater der Ammoniter (Einheitsübersetzung, Genesis 19, 1–38).

Was für eine herrlich frauenfeindliche Geschichte, in die gleich drei Frauen verwickelt waren. Was für ein gefundenes Fressen für Feministinnen, die immer schon wussten, das die »guten Geschichten« des Alten Testaments die Ausnahme waren, Frauenfeindlichkeit, ja Frauenhass hingegen die Regel.

Oder?

Lots Töchter missbrauchten ihren Vater als »blindes Werkzeug«, wenn man so will. Die Rollen waren auf einmal vertauscht. Nicht der Mann machte sich die Frau gefügig, sondern umgekehrt. Eine späte Rache für die Zeit, in der Lot sie der Menge »zum Fraße« vorwerfen wollte? Wohl kaum. Viel mehr spricht dafür, dass sie ihre aus Sodom stammende Familie erhalten wollten. Nichts war von Sodom übrig geblieben, nachdem Gott die Stadt und mit ihr alle Bewohner vernichtet hatte. Die Töchter hatten sich nicht unterworfen und zu Opfern gemacht, sondern waren selbstbewusst. Sie wussten, was sie wollten. Sie nutzten nicht, wie sie das aus ihrer Heimat kannten, Erniedrigung, sondern Wein als Zeichen von Kultur und Lebensfreude. »Statt mit roher Gewalt vorzugehen, schmuggelten sie das Leben weiter«, schrieb Dorothee Sölle. Die List der beiden Töchter war ehrenhaft, auch wenn es Inzest war und nach der Bibel verboten. (3. Mose 18, 6–7)

Inzest ist ein Tabu, über das auch heute noch wenig gesprochen wird. Es wird verdrängt, dass es öfter vorkommt, als viele glauben. Meist sind es aber Väter, die sich an ihren Töchtern vergehen. Dass es hier anders war, die Töchter den Vater »missbrauchen«, ist zumindest ungewöhnlich. Und: Den Töchtern ging es nicht um die Befriedigung sexueller Triebe, sondern den Fortbestand der Familie – also ein »höheres Motiv«, immerhin.

Dann gibt es noch Lots Frau: Warum hat sie sich umgedreht? War das »typisch Frau«, bei der die Neugierde angeblich stets stärker ist als jede Vernunft, wie es auch Eva im Paradies nachgesagt wird? Vielleicht schaute sie ja auch aus Trauer zurück zu ihrer Stadt, ihrer Heimat. Wäre das nicht verständlich? Sie hatte viele Freundinnen und Bekannte verloren. Das muss schwer für sie gewesen sein. Je nach Blickrichtung erscheint sie in einem anderen Licht. Lots Frau jedenfalls war die menschlichste Person in der Erzählung – unterschätzt bis in die heutige Zeit. Was sich auch daran zeigt, dass sie namenlos blieb.

Wie ihre Töchter übrigens auch.

Eva

Mit der Jungfrau Maria begann der Bericht über die Frauen in der Bibel. Mit Eva soll er enden. Vielleicht wegen der Parallele in der Mutterrolle, die eine als »Mutter aller, die da leben« (1. Mose 3, 20), die andere als Mutter des christlichen Messias. Vielleicht aber auch wegen des Gegensatzes zwischen Maria, die angeblich ohne Sünde war, und Eva, dem sündigen Weib.

Doch der Reihe nach, erzählt werden soll zunächst die biblische Geschichte selbst.

Nach der Bibel schuf Gott erst Adam, dann Eva. So ist es jedenfalls überliefert. Schon an dieser Stelle rutscht man auf feministischem Glatteis aus. Der erste Mensch sei gar kein Mann gewesen, sondern ein »geschlechtlich undefinierbarer Mensch«, behauptete die amerikanische methodistische Theologin Phyllis Trible. Als eine der Ersten hatte sie sich der Geschichte angenommen und sie geprüft. Die Erzählung beruhe auf einem Wortspiel, mit dem das erste Menschenwesen (hebräisch *adam*) auf den Erdboden (hebräisch *adamah*) bezogen werde, aus dem es geschaffen wurde. Zitat: »Da bildete JHWH, Gott, den Menschen aus dem Staub vom Erdboden *(adamah)* und hauchte in seine Nase Atem des Lebens; so wurde der Mensch ein lebendiges Wesen.« (Genesis 2, 7) Der erste Mensch war also lediglich »ein Mensch«, ob Frau, ob Mann, wird nicht gesagt.

Diesen Menschen *(adam)* setzte Gott in den Garten Eden, den er bebauen und behüten sollte. Gott warnte ihn davor, vom Baum der Erkenntnis von Gut und Böse zu essen. »Denn sobald du davon isst, wirst du sterben.« (Genesis 2, 15–17) Dann sprach Gott, es sei nicht gut, dass der Mensch allein bleibe. »Ich will ihm eine Hilfe machen, die ihm entspricht.« So ließ er den Menschen in einen tiefen Schlaf fallen, nahm eine Rippe und baute daraus eine Frau und führte sie dem Menschen zu. (Genesis 2, 18–23)

Adam erkannte sich erst dann als Mann, als er die Frau vor sich sah, die er Eva nannte. Beide Geschlechter entstanden also mit- und aneinander. So weit Phyllis Trible.

Und so geht die Geschichte weiter: Die Schlange war schlauer als alle Tiere des Gartens. Sie fragte Eva, ob es wirklich stimme, dass Gott ihnen verboten habe, vom Baum der Erkenntnis zu essen. Eva bejahte und fügte hinzu, »sonst müssen wir sterben«. Darauf erwiderte die Schlange: »Nein, ihr werdet nicht sterben. Gott weiß vielmehr: Sobald ihr davon esst, gehen euch die Augen auf; ihr werdet wie Gott und erkennt Gut und Böse.« Da nahm Eva von den Früchten, aß sie und gab sie auch Adam. Und auch er aß. (Genesis 3, 1–6) Da erkannten die beiden, dass sie nackt waren.

Als Gott davon erfuhr, verfluchte er die Schlange, auf dem Bauch solle sie kriechen und Staub fressen alle Tage ihres Lebens. Zu Eva gewandt, sprach er: »Viel Mühsal bereite ich dir, sooft du schwanger wirst. Unter Schmerzen gebierst du Kinder. Du hast Verlangen nach deinem Mann; er aber wird über dich herrschen.« Zu Adam sprach er: »So ist verflucht der Ackerboden deinetwegen. Unter Mühe wirst du von ihm essen alle Tage deines Lebens. [...] Denn Staub bist du, zum Staub musst du zurück.« Dann vertrieb Gott Adam und Eva aus dem Paradies hinaus zum Ackerboden. (Genesis 3, 7–24)

Vorbei mit der Auslegung der Feministinnen, Mann und Frau seien ebenbürtig? Sie seien »mit- und aneinander« entstanden (Phyllis Trible)? So einfach ist das nicht.

Die Schlange hatte zwar Eva angesprochen, aber Adam mitgemeint. Sie hätte genauso gut Adam ansprechen können und mit ihm Eva. Eva hatte sich als verführbar erwiesen – Adam aber auch. Beide waren gleichermaßen neugierig und verführbar. Wer hätte der Aussage widerstehen können, so zu werden wie Gott, wenn man nur von diesem verbotenen Baum äße? »*Ihr* werdet wie Gott«, sagte die Schlange der Eva, nicht »*du* wirst wie Gott«. Indem die Schlange Eva ansprach, sprach sie beide an. Andersherum wäre es genauso gewesen. Denn sie sprach nicht von »du«, sondern von »ihr«.

Aber es war eben Eva. Sie, die bisher eher passiv erschien, debattierte auf einmal mit der Schlange. Sie war es, die erkannte, dass Menschen durch Erkenntnis nicht sterben. Nach Phyllis Trible war Eva intelligenter als Adam. Nach Trible zeigte sich Eva in ihrem Disput mit der Schlange sogar als die erste Theologin. Ohne Eva, ergänzt Dorothee Sölle, »säßen wir alle noch immer in träumender Unschuld unter den Bäumen«. Ohne Adam allerdings gäbe es uns überhaupt nicht.

Der Schöpfungsbericht des Alten Testaments betont die Zweiheit der Menschen in all ihrer Unterschiedlichkeit. Als Mann und Frau schuf Gott den Menschen. Aber ebenbürtig.

Maria, die Mutter Jesu, ist ohne Eva nicht zu denken. Es ist, als hätte die Christenheit das Unrecht an Eva wiedergutmachen wollen, indem sie Maria so darstellte, wie sie es tat, jungfräulich, rein und frei von Sünde. Eva und Maria waren zwar gegensätzlicher Natur, trotzdem ergänzen sie sich.

Viele Eltern taufen ihre Töchter »Eva« *oder* »Maria«. Manche auch »Evamaria« (als ein Name) oder »Eva-Maria« (als Doppelname). Vielleicht wegen der Parallelen, vielleicht wegen des Gegensatzes. Mir gefällt Evamaria. Es zeigt, dass beide zusammengehören, dass sich Neugierde und Freude an Erkenntnis (Eva) einerseits *und* die Fähigkeit zur Hingabe (Maria) andererseits ergänzen. Man muss nicht wählen »zwischen dem sanften Mädchen Maria und der die Grenzen nicht anerkennenden« Eva (Dorothee Sölle).

Eva sein *und* Maria sein. Beide sein. Was für ein Entree in ein weibliches Leben.

Her-story statt *His*-tory

Um auf Elisabeth Moltmann-Wendels Frage zurückzukommen, wo denn die *Her*-story in der Bibel sei: All die Erzählungen von den Frauen um Jesus und aus dem Alten Testament *sind Her*-storys, nicht *His*-torys. Vor allem im Alten Testament durchkreuzt *Her*-story immer wieder *His*-tory, sei es bei den Hebammen, bei den Frauen, die Mose im Körbchen fanden, oder bei Rahab und Ruth, die wie Rahab Ausländerin war. Keine dieser Geschichten wurden von Frauen geschrieben. Aber wer weiß, vielleicht werden die Begebenheiten dadurch nur stärker. Anerkennung schwingt überall mit.

Auch Jesus profitierte von den *Her*-storys des Alten Testaments, schließlich stützte er sein Evangelium auf diesen Teil der Bibel. Auch die Frauen kannten die Schrift, weshalb die *Her*-storys auch ihnen ein Vorbild waren. Einen entscheidenden Unterschied gibt es jedoch: Im Alten Testament war das Schicksal der Frauen stärker vom Mut jeder Einzelnen gekennzeichnet, während man die Frauen um Jesus *als Gruppe* wahrnehmen kann, die von Jesus geprägt worden war.

Frauen hatten von jeher eine besondere Nähe zur Religion. Nicht nur im Alten und Neuen Testament, sondern auch heute. Es gehen mehr Frauen in die Kirche als Männer. Meist sind es auch immer noch Frauen, die die Kinder an die Kirche heranführen. Frauen sind es, die die Kirche tragen, nicht Männer. Es sind Frauen, die sich im christlichen Sinne um andere kümmern, die mehr Mitleid haben und mehr Leid ertragen können. Sie *sehen* anders als Männer und *hören* auch anders. Sie *reden* anders und *hören* anders *zu*. Sie sind sensibler für Religionen und Menschen.

Und doch haben in der Regel die Männer das Sagen. Ein Zustand, den heutzutage kaum eine Frau kritiklos hinnimmt. In der Bibel jedenfalls finden sich viele Vorbilder. Wie nannte doch Moltmann-Wendel die Heilige Schrift? Das »vielleicht [...] interessanteste Buch einer Frauenemanzipation«.

Weibliche Tugenden

1 Im Alten Testament

Ohne die Frauen wäre das Alte Testament, das vor allem wegen seiner Geschichten über Männer bekannt ist, nicht das, was es tatsächlich ist. Man denke an Ruth, die Moabiterin, und ihre unverbrüchliche Freundschaft zu Naomi, der Israelitin; Ruth, die mehr wert war als sieben Söhne, die sich sogar ins Ausland wagte, um bei Naomi zu bleiben; die Geschichte einer großen Frauenfreundschaft, wie man sie nur selten findet. Heute ist Frauensolidarität eher ein theoretischer Gedanke als eine tatsächlich gelebte persönliche Erfahrung. Es ist verblüffend, wie viele Frauen heute davon reden, aber wenn es zum Schwur kommt, doch eher an sich denken als an die andere.

Man erinnere an Hanna, die keine Frauensolidarität, sondern wegen ihrer Kinderlosigkeit Häme erfuhr und dennoch Haltung, Treue und Geduld zeigte; Hanna, die an Gnade glaubte und sie erfuhr. Man denke an Schifra und Pua, die beiden Hebammen, die mit List gegen den Willen des ägyptischen Pharaos die neugeborenen israelitischen männlichen Kinder retteten und damit auch Mose. Man denke an Rahab, die Dirne, die mutig, tapfer, kämpferisch und klug war. Und natürlich an Eva, die als erste Frau – schlauer als Adam – entdeckte, dass man nicht stirbt, wenn man der Erkenntnis folgt. Man denke an Lots Frau und seine Töchter, denen Böses nachgesagt wird, die in Wahrheit aber aus Liebe und Bedacht handelten, die eine aus Trauer, die anderen, um ihre Familie zu erhalten. Sie alle zeigen, dass schon im Alten Testament *His*-tory ohne *Her*-story undenkbar ist.

2 Im Neuen Testament

Ohne die Frauen des Neuen Testaments wäre Jesus vielleicht ein anderer gewesen. Frauen, die unerschütterlich an seiner Seite standen, Frauen, denen er vertraute. Es war eine Frau, Maria aus Magdala, der er als Erste seine Auferstehung offenbarte, nicht seinen Jüngern. Frauen spielten eine wichtige Rolle in seinem Leben, er setzte sich mit ihnen auseinander. Mit der stillen Maria von Bethanien und ihrer lebhaften Schwester Martha, die nicht nur jede für sich stehen, sondern zusammen verstanden werden können. Mit der Ehebrecherin, um auch eine zu nennen, die nicht zu Jesu Jüngerinnen gehörte, an der Jesus bewies, dass niemand ohne Sünde ist. Und mit dem kanaanäischen Weib, von dem Jesus erstens lernte, dass Frauen den gleichen Stellenwert haben wie Männer, und zweitens, dass Gott an Grenzen nicht haltmacht.

All diese Frauen, egal, ob aus dem Neuen oder Alten

Testament, können als Orientierungshilfe dienen oder Vorbilder sein. Sie alle haben große Stärken gezeigt, vor allem, wenn man bedenkt, in welchem Umfeld sie lebten. Wir können von ihnen fürs Leben lernen – Frauen *und* Männer. Deshalb erscheint es mir auch so wichtig, mehr Licht auf diese *Her*-storys zu werfen. Sie sind viel zu unbekannt und doch ein elementarer Teil der Bibel, des »Buches der Bücher«.

Es sind nicht zuletzt diese *Her*-storys, die die weiblichen Seiten von Jesus so deutlich hervortreten lassen, seine weichen Seiten, sein Einfühlungsvermögen, und die klarmachen, wie stark er sich über die Regeln und Tabus seiner Zeit hinwegsetzte und Vorurteile offenlegte.

Ja, es stimmt, was ich eingangs erwähnte: Jesus ist auch »unser« Mann, mit einem Herzen, das uns Frauen näher ist als den meisten Männern.

Die sieben Beispiele aus dem Alten und die Frauen aus dem Neuen Testament weisen alle mindestens eine der sieben Kardinaltugenden auf: Gerechtigkeit und Tapferkeit, Weisheit (auch Klugheit genannt) und Mäßigung. Schließlich Glaube, Hoffnung, Liebe. Und eine Tugend, die nicht zum klassischen Katalog zählt, aber unbedingt hineingehörte: Mut.

Im Alten Testament:
Schifra und Pua: Weisheit und Klugheit
Die Frauen, die Mose im Körbchen fanden: Gerechtigkeit
Rahab: Tapferkeit

Ruth: Liebe
Hanna: Glaube
Lots Frau und ihre Töchter: Hoffnung
Eva (bei aller Verführbarkeit): Mut

Im Neuen Testament:
Maria: Glaube
Maria Magdalena: Liebe
Die salbende Unbekannte: Hoffnung
Maria von Bethanien: Mäßigung
Martha von Bethanien: Gerechtigkeit
Die Ehebrecherin: Tapferkeit
Das kanaanäische Weib: Klugheit

Natürlich sind das alles Tugenden, die auch Männern eigen sind. Wir alle tragen sie in uns, Männer *und* Frauen. In einer von Vorurteilen geprägten Welt werden die Tugenden oft fein verteilt, je nach Geschlecht: Glaube, Liebe, Hoffnung, Mäßigung – das ist etwas für Frauen. Gerechtigkeit, Tapferkeit, Weisheit und auch Mut – das wird eher den Männern zugerechnet.

Aber ist es nicht so, dass gerade dort, wo man es nicht erwartet, die Tugend erst deutlich wird? Wenn Frauen gerecht und tapfer sind und Männer Mäßigung oder Liebe präsentieren?

Nur Jesus zeigte all diese Tugenden, vermeintlich »männliche« ebenso wie angeblich »weibliche«. Auch wenn ihm das nicht bewusst gewesen sein mochte: Diese Kombination machte ihn außergewöhnlich.

So sollten auch die Kirchen sein.

3 Innerhalb der Kirche

In der christlichen Welt sieht man mehr Frauen als Männer in den Gottesdiensten. Sie sind es auch, die außerhalb der Gottesdienstzeiten in den Kirchen zu finden sind, in Gedanken versunken oder betend. Männer sind selten dabei. In Bayern zum Beispiel ist das vielfach so, in den südlichen Ländern noch mehr.

»Es ist selten, dass man Männer in den Kirchen wirklich beten sieht, während es – vor allem in mediterranen Ländern – so selbstverständlich erscheint, dass die Kirchen voller Frauen sind, die nach der Vereinigung mit Gott streben, dass man es kaum beachtet«, schrieb die US-Amerikanerin Tsültrim Allione in ihrem viel beachteten Buch *Tibets weise Frauen*. Allione heißt mit bürgerlichem Namen Joan Rousmanière Ewing und befasst sich seit Jahrzehnten mit »weiblicher Spiritualität«. In Italien, schrieb sie, sei es zum Beispiel »gewöhnlich die Frau, die tatsächlich zum Beten geht, während der Mann sich mit Worten und Geld der Kirche zu entziehen pflegt«. Ziemlich kühn, aber vermutlich auch wahr.

Die Kirche als Raum des Glaubens hat den Frauen viel zu verdanken. Ohne sie wären die Kirchen nahezu leer. Ohne die Frauen wäre auch die Kirche als Institution nicht denkbar, weder die evangelische noch die katholische. Frauen bestimmen den Alltag, sie sind die Basis. Sie stellen das dar, was sich viele unter

»Kirche« vorstellen. Hilfsbereit als Pflegerinnen, zugewandt als Krankenschwestern, geduldig als Ehrenamtliche, ohne die die Kirche nicht existieren könnte. Sie kümmern sich um Benachteiligte. Sie verkörpern die Nächstenliebe, wie Jesus es selbst einst tat. Sie zeigen ein Herz, wie Jesus eines hatte. Sie zeigen viele Tugenden, wie Jesus sie vorlebte.

Gewiss haben auch viele Kirchenmänner Tugenden. Auch und gerade vermeintlich weibliche. Etliche sind voller Liebe und Barmherzigkeit, Treue und Mut, Gerechtigkeit und Tapferkeit, um nur einige zu nennen. Wenn es solche Menschen nicht gäbe, wäre die Kirche ein kälterer Ort. Solche Kirchenleute sind wichtig, gerade für die Seelsorge, um die sich die Kirche eigentlich und vor allem kümmern sollte. Nicht nur in schlechten, sondern auch in guten Zeiten. Wie groß der Bedarf nach solchen Gesprächen ist, zeigen die vielen Anrufe bei der Telefonseelsorge, 24 Stunden am Tag, rund um die Uhr.

Doch Kirchenmänner, die sich intensiv der Seelsorge widmen? Man muss sie suchen.

Ich habe so einen Menschen gefunden, in der katholischen Kirche. Einen Weggefährten, ohne den mein Leben nicht die Leichtigkeit hätte, die es hat. Ich verdanke ihm viel. Bei allen wesentlichen Lebensstationen war er dabei, nicht immer tatsächlich, aber stets erreichbar. Nie versuchte er, mir die katholische Lehre zu vermitteln, aber er öffnete mir neue Perspektiven. Er belehrte mich nicht, sondern half mir beim Nachdenken. Gut erinnere ich mich an ein Gespräch über

Glaube und Zweifel. Da sagte er nicht, »du musst aber glauben, denn es gibt einen Gott«, sondern, »dein Suchen ist bereits Teil deines Findens«. Er half mir mit biblischen Sätzen und seinen eigenen Worten, zuweilen auch durch Schweigen. Er erzählte von Gleichnissen aus der Bibel. Gemeinsam versuchten wir, herauszufinden, was *ich* in meiner Situation daraus lernen könnte – nicht, was die katholische Kirche dazu sagt. Denn darum geht es doch: Das Leben ist keine Theorie, sondern Praxis. Es gibt kein Leben an sich, sondern nur das Leben einer, eines jeden Einzelnen. *Darauf* muss man doch Antworten finden und nicht in bloßer Theorie verharren.

Gerade hier hätte die Kirche eine wichtige Aufgabe zu erfüllen. Hier könnte sie ihre Tugenden zeigen. Den Menschen Orientierung geben, ihnen in schweren Zeiten beistehen. Das tun viele Vertreter der Amtskirche auch, aber leider viel zu wenige.

Die sieben Laster, die den sieben Kardinaltugenden entgegenstehen, findet man allerdings auch: nicht nur bei allen Menschen, sondern auch in den Kirchen. Gewiss stimmt das nicht für die Kirchen insgesamt, aber bei manchem Dogma (katholisch) und manch einem Bischof (katholisch) sind sie evident. Man denke an Habgier und Maßlosigkeit (Bischof Franz-Peter Tebartz-van Elst, der inzwischen deshalb zurückgetreten ist), man denke an Wollust (Kindesmissbrauch), an Ignoranz (gegenüber Homosexuellen), an Hochmut (gegenüber Frauen, die keine Priester werden dürfen) und Missgunst (zum Beispiel gegenüber wiederverheirateten Geschiedenen, denen die Sakramente noch immer verwehrt sind).

4 Außerhalb der Kirche

Seltsamerweise fällt es den Kirchen leichter, tugendvolles Handeln von »der Welt« zu verlangen als von sich selbst. Wenn es um konkretes Tun geht, lassen sie die Menschen oft allein. Gerade die katholische Kirche liefert immer wieder erschreckende Beispiele: Sie verweigert Hilfe, wenn damit auch nur möglicherweise ein Handeln verbunden ist, das im Widerspruch zur katholischen Lehre steht. Hat Jesus die Sünderin weggeschickt? Davon wird im Kapitel »Die männliche Kirche« noch die Rede sein.

Trotz aller Kritik am Inneren der Kirche, vor allem der katholischen, erwarten viele Politiker und Gläubige jedoch, dass die Kirchen Stellung nehmen zur Lage der Welt und politischen Themen der Zeit. Dem entziehen sich die Kirchen nicht, immer wieder gelingt es ihnen sogar, gemeinsame Texte zu erarbeiten. Texte mit einem dann noch viel größeren Gewicht. Es gibt etliche »gemeinsame Worte« von EKD und Deutscher Bischofskonferenz, die aufhorchen ließen. Positiv und negativ.

Da ist die kirchliche Linie klar, voller Tugenden und hehrer Absichten. Themen gibt es mehr als genug: Krieg und Frieden, Hungersnot, Religionsfreiheit, Flucht und Vertreibung, massenhafte Vergewaltigungen, Gewalt insgesamt, Menschen ohne Papiere (die früher »Illegale« hießen) und Probleme durch Migration, nachhaltige Landwirtschaft, die Zukunft Europas, Reformen der Alterssicherung, der freie Sonntag, christliche Patientenverfügung, »Sterbebegleitung statt aktiver Sterbehilfe«, »Chancen und Risiken der Mediengesellschaft«, die Zukunft des demokratischen Gemeinwesens (mit dem schönen Titel »Demokratie braucht Tugend«), Solidarität und Gerechtigkeit in Deutschland. Es gibt noch eine Reihe anderer Schriften.

Das können die Kirchen richtig gut, da laufen sie zur Höchstform auf. Da ernten sie Beifall, aber auch Kritik – je nachdem.

So haben EKD und Deutsche Bischofskonferenz im Februar 2014 eine »Ökumenische Sozialinitiative« vorgestellt, 17 Jahre nach dem ersten gemeinsamen Sozialwort. In dem Papier *Gemeinsame Verantwortung für eine gerechte Gesellschaft* kritisierten die Kirchen »Gier und Maßlosigkeit« in der Wirtschaft. »Die Tugenden der Gerechtigkeit, der Ehrlichkeit und des Maßhaltens werden durch die ökonomische Rationalität in keiner Weise relativiert«, hieß es da. Sie lehnten »Gewinnmaximierung um jeden Preis« ebenso ab wie die »Ideologisierung der Deregulierung«. Geld müsse wieder »eine strikt dienende Aufgabe« haben.

Schön, wenn auch die Kirchen das selbst immer so hielten.

Die Kirche der Männer

Jesus behandelte Frauen und Männer gleich. Heute engagieren sich Frauen in der Kirche, sind dort viel aktiver als Männer. Darum verstehe ich nicht, dass Kirchenleute, besonders katholische, Jesus für sich beanspruchen, wenn es um die Macht geht, und den restlichen, den eigentlich wichtigen Teil kirchlicher Arbeit dagegen meist den Frauen überlassen. Soll sich an der Spitze der männliche, an der Basis hingegen der weibliche Jesus zeigen? Das ist weder zu begreifen noch hinnehmbar. Es ist ein Widerspruch in sich.

Noch nie hat mir ein katholischer Theologe erklären können, warum die Strukturen so sind, wie sie sind, und vor allem: so bleiben müssen, wie sie sind. Würden die Kirchen tatsächlich Jesus folgen, wäre die Frage, ob Mann oder Frau, kaum noch von Bedeutung. So aber muss sich die katholische Kirche immer wieder Vorwürfe gefallen lassen, die letztlich ihren Grund in ihrer Männlichkeit haben.

Das Verhältnis der Kirche zu Frauen war nie besonders gut, auch wenn es sich deutlich verbessert hat.

1 Frauen als Gebärmaschinen

Vorbei sind die Zeiten, da der eine Bischof (Meisner) Abtreibungen »Baby-Holocaust« und der andere (Mixa) Frauen »Gebärmaschinen« nennen durfte.

Eskaliert war die Debatte, als die damalige Familienministerin Ursula von der Leyen (CDU) Anfang 2007 plante, die Zahl der Krippenplätze für Kinder unter drei Jahren zu verdreifachen. Das sollte es Müttern, die gerade ein Kind bekommen hatten, erleichtern, schneller wieder in ihren Beruf zurückzukehren. Eine einst in der DDR gängige Praxis, die sich nach Ansicht vieler Frauen, die dort aufgewachsen waren, bewährt hatte. Der Westen dagegen war weit entfernt von einem solch eigenständigen Frauenbild. Als die Mauer fiel, prallten Welten aufeinander. Die Frauen im Osten waren entsetzt über die »rückständige« Familienpolitik im Westen. Ein selbstständiges Arbeitsleben auch mit Kindern zu führen war für sie normal gewesen. Das sollte nun auf einmal vorbei sein?

Von der Leyen wollte eine Annäherung schaffen. Viele konservative Frauen und Männer im Westen waren empört, und natürlich gab es auch heftige Kritik aus dem Unionslager. Doch allmählich beruhigte sich die Lage.

Nicht bei der katholischen Kirche. Der damalige Augsburger Bischof Walter Mixa zog mit Wucht gegen die Pläne zu Felde. Die Sache sei »schädlich für Kinder und Familien«; sie sei »einseitig auf eine aktive Förderung der Erwerbstätigkeit von Müttern mit Kleinkindern fixiert«, kritisierte der Bischof. »Die Familienpolitik von Frau von der Leyen dient nicht in erster Linie dem Kindeswohl oder der Stärkung der Familie, sondern ist vorrangig darauf ausgerichtet, junge Frauen als Arbeitskräfte-Reserve für die Industrie zu rekrutieren«, tobte er. Allein die Sprache war verräterisch, militärisch, ideologisch. Vielleicht lag es daran, dass Mixa von 2000 bis 2010 Militärbischof war.

Es war nicht das einzige Mal, dass er so lospolterte. Seine hitzigen Ausbrüche waren legendär. In diesem Fall aber waren die Folgen verheerend. Im Jahre 17 der deutschen Einheit hatte das immer noch zarte Pflänzchen »Einheit« einen deutlichen Schlag abbekommen, die deutsche Gesellschaft war wieder in Ost und West gespalten. Aber das scherte den Bischof offenbar wenig.

Im Gegenteil, er legte sogar noch nach, heizte die Debatte weiter an. Wer, so der Bischof, mit staatlicher Förderung Mütter dazu verleite, ihre Kinder bereits kurz nach der Geburt in staatliche Obhut zu geben, »degradiere die Frau zur ›Gebärmaschine‹«.

Politik, Gesellschaft und auch weite Teile der Kirche waren entsetzt, von »Hexenverbrennung« (Florian Pronold, SPD-Mitglied im Deutschen Bundestag) war die Rede, von »kastrierten Katern« (Kurt Beck, damals Ministerpräsident von Rheinland-Pfalz, SPD). Doch das irritierte Mixa nicht.

Damit hatte er nicht nur sich geschadet, sondern vor

allem und bis heute seiner eigenen Kirche. Später behauptete Mixa zwar, er sei missverstanden worden, er habe eindeutig für die Frauen eintreten, sie schützen wollen, aber das Wort blieb in der Welt. Und er hielt daran fest.

Ein Wort, das Jesus niemals gesagt hätte und auch kaum je ein Papst. Schon gar nicht Papst Franziskus, der fast täglich Barmherzigkeit predigt und auf Frauen, so scheint es, deutlich offener zugeht und sich mehr um sie bemüht als manch einer seiner Vorgänger. Auf Frauen in aller Welt und in seiner Kirche.

2 Machismo im Rock? – Frauen in der katholischen Kirche

Verwiesen sei auf einige bemerkenswerte Aussagen des Papstes Franziskus, die er in einem Interview mit den *Stimmen der Zeit* im September 2013 zu Protokoll gab. Auf die Frage » Was muss die Rolle der Frau in der Kirche sein? Was ist zu tun, damit sie heute in der Kirche sichtbarer wird?« antwortete Franziskus:

> *» Die Räume für eine wirkungsvollere weibliche Präsenz in der Kirche müssen weiter werden. Ich fürchte mich aber vor einem ›Machismo im Rock‹, denn Frauen sind anders strukturiert als Männer. Die Reden, die ich über die Rolle der Frau in der Kirche höre, sind oft von einer Männlichkeits-Ideologie inspiriert. Die Frauen stellen tiefe Fragen,*

denen wir uns stellen müssen. Die Kirche kann
nicht sie selbst sein ohne Frauen und deren Rolle.
Die Frau ist für die Kirche unabdingbar.
Maria – eine Frau – ist wichtiger als die Bischöfe.
Ich sage das, denn man darf Funktion und Würde
nicht verwechseln. Man muss daher die Vorstellung
der Frau in der Kirche vertiefen. Man muss noch
mehr über eine gründliche Theologie der Frau
arbeiten. Nur wenn man diesen Weg geht, kann
man besser über die Funktion der Frau im Inneren
der Kirche nachdenken. Der weibliche Genius ist
nötig an den Stellen, wo wichtige Entscheidungen
getroffen werden. Die Herausforderung heute ist:
reflektieren über den spezifischen Platz der Frau
gerade auch dort, wo in den verschiedenen Berei-
chen der Kirche Autorität ausgeübt wird.«

Nehmen wir ihn beim Wort.

Fünf Sätze sind mir aufgefallen, die zwar gut klingen, aber letztlich im Widerspruch zu dem stehen, was
Frauen eigentlich wollen: Ebenbürtigkeit.

Erstens: »*Ich fürchte mich [...] vor einem › Machismo*
im Rock‹ [...]. Die Reden, die ich über die Rolle der
Frau in der Kirche höre, sind oft von einer Männlich-
keits-Ideologie inspiriert.« Die Furcht des Papstes ist
unbegründet. Es stimmt, es gibt Frauen, die sich wie
Männer aufführen, doch das sind Ausnahmen, und es
bringt ihnen in der Regel nichts. Manche Reden sind
von Männlichkeitsideologie geprägt, doch auch das ist
eher selten. Die meisten Frauen wollen als Frauen auf-

treten und ernst genommen werden, Frauen, die die gleichen Rechte fordern und damit auch Macht, die mit dem Priesteramt verbunden ist. Das ist doch auch folgerichtig, das ist doch logisch. Mit Macho-Gehabe und Männlichkeitsideologie von Frauen hat das nichts zu tun. Ihnen das vorzuwerfen, ist frauenfeindlich. Es nimmt die Frauen nicht ernst.

Zweitens: *»Die Räume für eine wirkungsvollere weibliche Präsenz in der Kirche müssen weiter werden.«* Wirkungsvolle weibliche Präsenz, was soll das heißen? Unbefangen betrachtet, bedeutet »weiter werden« *erkennbarer* werden. Also auch in Ämtern und Funktionen. Doch davon ist keine Rede, zumindest bislang. »Weiter« ist hier offenkundig nicht im Sinne von »weiter in der Höhe« gemeint, sondern »weiter in der Breite«. Da, wo der Einfluss gering ist, man die Frauen nicht sieht.

Drittens: *»Die Kirche kann nicht sie selbst sein ohne Frauen und deren Rolle. Die Frau ist für die Kirche unabdingbar.«* Das ist wahr, wenn man an die heutige Rolle der Frau in der Kirche denkt: im Dienst an der Basis. Aber eben nicht oben, wo entschieden wird. Es stimmt: Frauen sind für die Kirche unabdingbar. Wahr ist aber auch, dass es die Kirche ohne die Hingabe der Frauen erst gar nicht gäbe. Ohne die Frauen wäre die Kirche nicht *das*, was sie ist. Sie wäre auch nicht *dort*, wo sie ist. Es sind die Frauen, die den Ruf der katholischen Kirche retten, nicht die Männer. Ein weiterer Grund, ihren Einfluss zu stärken.

Viertens: *»Ich sage das, denn man darf Funktion*

und Würde nicht verwechseln.« Das klingt widersinnig. »Weitere Räume« – ja; »nicht sein können ohne die Frauen« – ja; »unabdingbar« – ja. Aber eben nur auf der Ebene der Würde, nicht der Funktion. Reicht die Würde einer Frau nicht, um ein Amt auszuüben? Offenbar nein. Würde und Funktion darf man schließlich nicht »verwechseln«. Da darf man sie erst recht nicht auf eine Stufe stellen.

Fünftens: »*Der weibliche Genius ist nötig an den Stellen, wo wichtige Entscheidungen getroffen werden. Die Herausforderung heute ist: reflektieren über den spezifischen Platz der Frau gerade auch dort, wo in den verschiedenen Bereichen der Kirche Autorität ausgeübt wird.*« Das klingt zunächst gut: Weiblicher Genius, also weiblicher Geist und weibliche Präsenz, dort, wo wichtige Entscheidungen getroffen werden. Besser hätte es auch eine Feministin nicht sagen können! Für die katholische Kirche wäre das ein Dammbruch. Skeptisch macht dagegen der nächste Satz, »die Herausforderung heute ist: reflektieren über den spezifischen Platz der Frau«. Geht es also doch nur um einen Nebenschauplatz, eine Spielwiese für Frauen, mit Aufgaben, für die sie wegen ihrer »spezifischen« Eigenschaften besonders geeignet sind? Wenn es dem Papst tatsächlich darum geht, mehr »weiblichen Genius« in die Kirche zu bringen – warum hat er dann bislang keine Frauen in seine Gremien berufen? Aber vielleicht kommt das ja noch.

Das Interview des Papstes hat viele enttäuscht, die sich von ihm, dem Freund der Frauen, mehr erhofft hatten: Anerkennung nicht nur der *Leistung* der Frauen, sondern auch die Möglichkeit, eine Funktion zu übernehmen, ein Amt mit priesterlicher Autorität. Denn noch sieht die Wirklichkeit so aus: Frauen dürfen nicht Priesterinnen sein. Dabei wäre das schon einmal ein wichtiger Anfang.

Aber mehr ist vielleicht noch nicht drin.

3 Die »Freude des Evangeliums« für Katholikinnen

Das zeigt sich auch in seiner Schrift *Evangelii gaudium*, die im November 2013 erschien. In dem Apostolischen Schreiben, das auf Deutsch »Freude des Evangeliums« heißt, geht es vornehmlich um Kapitalismuskritik. Auch um innerkirchliche Strukturen und die Macht des Vatikans. Das entzückte selbst die sonstigen Kritiker. Der Text, so der Sprecher von »Wir sind Kirche«, Christian Weisner, könne »ein Baustein für den Anfang einer neuen Epoche sein«. Zu diesem Thema komme ich später, bei der Machtfrage.

In seiner Schrift ging der Papst auch auf das Thema Frauen ein. Eine Stelle lässt aufhorchen:

> *»Es ist klar, dass Jesus Christus uns nicht als Fürsten will, die abfällig herabschauen, sondern als Männer und Frauen des Volkes. Das ist nicht die Meinung eines Papstes, noch eine pastorale Option unter möglichen anderen. Es sind so klare, direkte und*

überzeugende Weisungen des Wortes Gottes, dass sie keiner Interpretation bedürfen, die ihnen nur ihre mahnende Kraft nehmen würden.«

So weit zu Gottes Wort und Jesu Willen. Klar ist aber auch, dass es so nicht ist.

Wie im Interview unterstrich Franziskus zwar, dass »Männer und Frauen die gleiche Würde« besäßen. Ebenfalls schrieb er von »legitimen Rechten der Frauen«. Das Priestertum aber bleibe den Männern vorbehalten. Mit Macht habe das nichts zu tun. Das liest sich so:

»Die Beanspruchung der legitimen Rechte der Frauen aufgrund der festen Überzeugung, dass Männer und Frauen die gleiche Würde besitzen, stellt die Kirche vor tiefe Fragen, die sie herausfordern und die nicht oberflächlich umgangen werden können. Das den Männern vorbehaltene Priestertum als Zeichen Christi, des Bräutigams, der sich in der Eucharistie hingibt, ist eine Frage, die nicht zur Diskussion steht, kann aber Anlass zu besonderen Konflikten geben, wenn die sakramentale Vollmacht zu sehr mit der Macht verwechselt wird.«

Wenn es aber nicht um Macht geht, warum dürfen dann nicht auch Frauen dieses Amt ausüben? Weil die katholische Kirche in der Eucharistie (»Danksagung«) die tatsächliche Gegenwart Jesu Christi in Form von Brot und Wein sieht und darum nur männliche Priester »in persona Christi«, also an Stelle Christi, handeln dürfen? Auf diese Frage geht der Papst erst gar nicht ein. Bei den Protestanten ist es gänzlich anders. Die EKD ist gewiss, dass Christus selbst zum Abendmahl einlädt. Sie versteht die Verwandlung von Brot und Wein symbolisch. Darum spiele es auch keine Rolle, wer das Abendmahl austeilt, ob Mann oder Frau. Grundsätzlich dürfe sogar »jeder getaufte Christenmensch« die Feier leiten. Im Abendmahl zeige sich die Gegenwart Gottes. Und in Gottes Gegenwart ist »kein Jude noch Grieche ... nicht Mann noch Frau ...« (Galater 3, 26, 28).

Wer die zugleich männlichen *und* weiblichen Seiten Jesu betrachtet, bleibt sprachlos zurück, dass in der katholischen Kirche nur Männer zu Priestern geweiht werden dürfen. Jesus hielt nichts von einer Bevorzugung von Männern oder Frauen. Ich kann mir nicht vorstellen, dass es in seinem Sinne gewesen wäre, den Frauen zwar die gleiche Würde zuzusprechen, aber nicht die gleichen Rechte.

Jesus stand für Frauen ein, obgleich es den Gepflogenheiten seiner Zeit gänzlich widersprach. Von diesem Mut kann die katholische Kirche viel lernen. Jesus ging es nie um die Macht, der Kirche schon.

Eigentlich müsste man der Kirche raten, am männlichen Priestertum festzuhalten. Es wäre der sicherste Weg, ihre Macht auch in Zukunft zu wahren. Aber das ist natürlich blanker Zynismus.

Wenn Jesus heute lebte und sehen könnte, was aus »seiner« Kirche geworden ist, er würde sich verwundert die Augen reiben. Schon die Vorstellung, Frauen keinen nennenswerten Platz einzuräumen, wäre ihm fremd, obwohl er es von den Mächtigen damals nicht anders kannte. Er aber widersetzte sich ihnen.

Jesus ging es tatsächlich um die »Freude des Evangeliums«, wie Franziskus sein Apostolisches Schreiben nannte. Um das Evangelium, das übersetzt »frohe Botschaft« oder »gute Nachricht« heißt. Jesus hatte große Freude an der frohen Botschaft, für ihn war sie eine »gute Nachricht«. Sein Evangelium *ist* ja auch eine »gute Nachricht«. Die katholische Kirche hingegen verkündet mit ihrer Auslegung des Evangeliums keine »gute Nachricht«. Und auch keine »frohe Botschaft«. Jedenfalls nicht für Frauen.

Jesus machte sich »klein«, um Großes zu verkünden. Die katholische Kirche dagegen macht sich »groß«, um Kleinmut zu zeigen. So verscheucht sie nicht nur ihre Kirchenmitglieder, sie macht sich auch unnötig angreifbar und verhindert die nicht nur von der evangelischen Kirche, sondern auch von vielen katholischen und evangelischen Christen erhoffte Ökumene.

Trotzdem bleiben wir dran; wir als evangelische Kirche; ich als Vertreterin der Gleichstellung von Mann und Frau, wie sie Jesus schon gepredigt hatte. Ich bin zwar nicht katholisch und habe vielleicht darum kein Recht, so zu schreiben. Aber ich nehme mir das Recht heraus, weil es mir nicht nur um meine katholischen Freundinnen und Freunde geht, die an ihrer Kirche leiden, sondern auch um die Ökumene. Die Ökumene will ich befördern und nicht behindern.

Hier halte ich es wie Alois Glück, der Vorsitzende des Zentralkomitees der deutschen Katholiken (ZdK): »Ökumene ist kein Wahlfach, sondern ein Pflichtfach!«

Auch weil die Basis verständlicherweise längst anders lebt, als es die katholische Kirche erlaubt. Und viele an der Basis sich daran reiben.

Nicht nur Frauen, sondern auch Männer empörten sich über die Worte des Papstes zum Thema Frauen. Der Sprecher von »Wir sind Kirche« sagte prompt: »Sein Festhalten am männlichen Priestertum ist für viele enttäuschend.« Recht hat der Mann. Es sind vor allem die Frauen, die enttäuscht waren und sind. Darum wenden sich immer mehr von ihrer Kirche ab. Die meisten Frauen akzeptieren schon lange nicht mehr, wie die Kirche mit ihnen umgeht. »Sie lassen sich heute nicht mehr zu Objekten männlicher Gebote, Verbote, Regeln und Rollenzuweisung degradieren«, brachte es der katholische Theologe Hans Küng im Jahr 2011 auf den Punkt. Wie in der Gesellschaft und in den Familien forderten die Frauen »auch in der Kirche gleiche Entfaltungsmöglichkeiten und die ihnen zustehenden Rechte«. Das Recht auf ein Priesteramt inklusive.

Doch die Kirche bleibt bei ihren Grundsätzen. Weiter hieß es im Text des Papstes:

»In der Kirche begründen die Funktionen keine Überlegenheit der einen über die anderen. [...] Auch wenn die Funktion des Amtspriestertums sich

als hierarchisch versteht, muss man berücksichtigen,
dass sie ganz für die Heiligkeit der Glieder Christi
bestimmt ist. Ihr Dreh- und Angelpunkt ist nicht
ihre als Herrschaft verstandene Macht, sondern
ihre Vollmacht, das Sakrament der Eucharistie zu
spenden; darauf beruht ihre Autorität, die immer
ein Dienst am Volk ist. Hier erscheint eine große
Herausforderung für die Hirten und für die Theo-
logen, die helfen könnten, besser zu erkennen, was
das dort, wo in den verschiedenen Bereichen der
Kirche wichtige Entscheidungen getroffen werden,
in Bezug auf die mögliche Rolle der Frau mit sich
bringt.«

Wie bitte? Hierarchie? Die Funktionen sollen zwar
»keine Überlegenheit der einen über die anderen«
begründen. Die Funktion des Amtspriestertums dagegen versteht sich selbstverständlich als hierarchisch.
Was anderes aber bedeutet »Hierarchie« als ein Ge-
fälle zwischen oben (den Männern) und unten (den
Frauen)? Wie soll man das verstehen, Hierarchie ohne
tatsächliche Überlegenheit? Man kann es nicht verstehen, weil es nicht funktioniert. Und es funktioniert
nicht, weil es wohl gar nicht erst gewollt ist.

Die eigentliche Bedeutung der Frauen sieht der
Papst so:

»Die Kirche erkennt den unentbehrlichen Beitrag
an, den die Frau in der Gesellschaft leistet, mit
einem Feingefühl, einer Intuition und gewissen

charakteristischen Fähigkeiten, die gewöhnlich
typischer für die Frauen sind als für die Männer.
Zum Beispiel die besondere weibliche Aufmerk-
samkeit gegenüber den anderen, die sich speziell,
wenn auch nicht ausschließlich, in der Mutterschaft
ausdrückt. Ich sehe mit Freude, wie viele Frauen
pastorale Verantwortungen gemeinsam mit den
Priestern ausüben, ihren Beitrag zur Begleitung
von Einzelnen, von Familien oder Gruppen leisten
und neue Anstöße zur theologischen Reflexion
geben.«

Ein verdientes Lob, das der Wahrheit entspricht. Doch die meisten Frauen wollen mehr.

Selbst der Papst will mehr, wie er bereits in dem Interview betont hatte:

»Doch müssen die Räume für eine wirksamere
weibliche Gegenwart in der Kirche noch erweitert
werden. Denn das weibliche Talent ist unentbehr-
lich.«

Auch das ist ein schönes Lob. Doch vom Ziel einer Gleichstellung ist die Kirche weit entfernt.

Wie sagte Franziskus so schön? Die Angelegenheit »kann [...] Anlass zu besonderen Konflikten geben«. – Kann? Die Konflikte gibt es seit Jahrzehnten. Und sie werden nicht enden, bis sich etwas ändert. Aber das ist, wie gesagt, offenbar derzeit nicht möglich.

Solange aber nicht einmal die katholische Kirche

einig ist, wie weit ist dann der Weg zur Ökumene? In beiden Kirchen gibt es Konservative wie Reformer. Die Menschen sind so. Das darf man nicht kritisieren. In der Politik ist es nicht anders, wie man an den diversen Parteien sehen kann. Das ist ein Glück, ein Zeichen gelungener Demokratie. Trotzdem müssen Koalitionen funktionieren, wie auch die Zusammenarbeit zwischen evangelischer und katholischer Kirche. Ökumene bedeutet nicht Gleichheit, sondern Anerkennung in der Verschiedenheit.

4 Zwischen Spitzenplätzen und Kümmerarbeiten – Frauen in der evangelischen Kirche

Wie anders ist die Situation der Frauen in der evangelischen Kirche (EKD). Gleichberechtigung ist kein Thema, weder gesellschaftlich noch theologisch, wie eine Stellungnahme vom September 2004 deutlich belegt:

»Gleiche Rechte und gleiche Würde von Frauen und Männern sind für die EKD ein wichtiges Anliegen. [...] Das geistliche Amt steht in der evangelischen Kirche Frauen wie Männern offen. In den 50er und zu Beginn der 60er Jahre wurde in den meisten Gliedkirchen der EKD die Frauenordination eingeführt. Seit mehr als 20 Jahren sind Pfarrerinnen und Pfarrer in der gesamten EKD formal gleichgestellt. [...] Alle Christen sind in

gleicher Weise durch die Taufe zu Gliedern der
Kirche und zur Priesterschaft berufen.«

Männer *und* Frauen.

Wie gut das klingt, und wie gern ich schon deswegen Mitglied dieser Kirche bin. Allein: Es fehlt an der Umsetzung. Es ist fast wie bei der katholischen Kirche. In der Regel wird die evangelische Kirche von Frauen getragen, aber von Männern regiert. Bei der katholischen Kirche liegt es am Amtsverständnis, bei der evangelischen dagegen am mangelnden Willen.

Es gab zwar einmal eine Vorsitzende des Rates der EKD, an Margot Käßmann sei erinnert. Es gab auch schon mehr Bischöfinnen als heute, sodass keine Rede davon sein kann, dass die Kirche an der Gleichberechtigung nicht interessiert sei. Wieso aber unterliegen dann immer wieder Frauen bei Bischofswahlen, bei der Vergabe von Aufgaben mit Macht? Theoretisch ist das nicht gewollt. Es hapert am Tatsächlichen.

»Machen Frauen Kirche?«, fragte etwa die Theologin Ellen Ueberschär, die Generalsekretärin des Deutschen Evangelischen Kirchentags, in ihrem Buch *Fürchtet euch nicht!* Ihre Antwort fiel vernichtend aus: »Wo Spitzenpositionen zu vergeben sind, eher weniger, mehr da, wo es um die klassische Kümmerarbeit geht.« Die Unterschiede zwischen den beiden großen christlichen Kirchen mögen theologisch unüberwindbar sein. Die Realität indessen ist verdächtig ähnlich: Die Basis ist weiblich, die Leitung in der Regel nicht.

Das liegt nicht an den Frauen, die sich wieder und wieder bemühen und nicht aufgeben; die tapfer weiterkämpfen um ihre Rechte. Es liegt an den Männern, die es, so christlich sie sich auch nennen mögen, offenbar nicht ertragen können, eine Frau »über sich« zu dulden. Es kränkt ihre Ehre, ihren Stolz, kurz, ihre Männlichkeit. Auch Angst vor dem Neuen ist im Spiel. Zugegeben wird das natürlich nicht.

Es ist noch ein langer Weg, bis sich das ändert – aller Theorie und EKD-Verlautbarungen zum Trotz. Was im 19. und 20. Jahrhundert begonnen hat, die Emanzipation, ist noch immer nicht beendet. Die theologische und kirchliche Entwicklung vollziehe sich zwar heute »rasanter als in vorigen Jahrhunderten«, schrieb auch Ellen Ueberschär. Das dürfe aber nicht darüber hinwegtäuschen, dass die »adäquate, vorurteilsfreie Teilhabe der Frauen, egal welcher sexuellen Orientierung oder sozialethischen Ausrichtung, an allen kirchlichen und theologischen Prozessen, auch in den protestantischen Kirchen, noch keine Selbstverständlichkeit« sei. Und weiter: »Es gibt Widerstände, Rückschläge und Ängstlichkeiten. Es gibt den Alarmismus der Hüter eines männerdominierten Status quo, der weiß, dass ein als unveränderbar geglaubtes System angeschlagen ist.«

Zornig fügte die Generalsekretärin des Evangelischen Kirchentags hinzu: »Das unverschämteste aller hilflosen alarmistischen Argumente ist das von der gesellschaftlichen Marginalisierung der Kirchen durch Frauen in Führungspositionen.«

Wenigstens zurück wird der Weg nicht mehr führen. Wenn Frauen einmal erfahren haben, wie es ist, Führungsluft zu schnuppern, werden sie so schnell nicht wieder aufgeben. Sie werden sich nicht noch einmal einsperren lassen. Sie werden weitermachen und andere Frauen ermutigen und mitreißen. Es ist eine Entwicklung, die auch bei Rückschritten nicht mehr zu stoppen ist. Das ist doch immerhin etwas.

5 »Es ist nicht gut, dass der Mensch allein sei« – Familienbild der evangelischen Kirche

Nicht nur bei den Frauen ist die EKD der katholischen Kirche weit voraus, auch im Hinblick auf die Familie – gleichgeschlechtliche Lebenspartner eingeschlossen. Im Juni 2013 erschien die Orientierungshilfe der EKD mit dem Titel *Zwischen Autonomie und Angewiesenheit – Familie als verlässliche Gemeinschaft stärken*, in der auch homosexuelle Beziehungen anerkannt wurden. Allerdings darf man nicht vergessen, dass es ein langer Prozess war, bis die EKD so weit war. Seit 1994 waren in Deutschland homosexuelle Handlungen erlaubt, aber es dauerte fast 20 Jahre, bis die EKD dem folgte. Zwar hatte sie 1996 die Handreichung *Mit Spannungen leben* herausgegeben, allerdings ohne Lösungen zu präsentieren. Tastend hielt sie an dem Unterschied von Homosexualität und gelebter Homosexualität fest. Das sollte sich nun ändern.

Schon in seinen einführenden Worten nannte der

damalige Vorsitzende des Rates der EKD, Nikolaus Schneider, die umstrittene Kernbotschaft:

>*Die Erwartungen an Familie und die Erfahrungen in Familie haben sich [...] seit den biblischen Zeiten und auch seit dem Mittelalter sehr verändert. Familie heute existiert in sehr verschiedenen Formen. [...] Aus einem evangelischen Eheverständnis kann heute eine neue Freiheit auch im Umgang mit gesellschaftlichen Veränderungen erwachsen – im Umgang mit Geschiedenen genauso wie mit Einelternfamilien oder auch mit gleichgeschlechtlichen Paaren.*<

Neue Freiheit im Umgang mit gleichgeschlechtlichen Paaren – für die EKD war das eine Sensation.

Gesetzlich und gesellschaftlich war es nichts Neues. Bereits zwölf Jahre vorher, am 1. August 2001, war das Lebenspartnerschaftsgesetz in Kraft getreten, das gleichgeschlechtlichen Paaren die Möglichkeit eröffnete, füreinander verbindlich einzustehen und dies nach außen hin mittels Eintragung zu dokumentieren. Mit ähnlichen Folgen wie bei der Ehe zwischen Mann und Frau. Zwar sind noch nicht alle umstrittenen Fragen geklärt, aber in der Welt ist die >Homo-Ehe< längst. Allerdings (und nicht ohne Grund) heißt sie offiziell nicht >Ehe<, sondern >eingetragene Lebenspartnerschaft<.

Die Kirchen mussten dem Vorbild des Staates nicht folgen, niemand hat sie dazu gezwungen. Und die katholische Kirche tat es auch nicht. Im Gegensatz zur evangelischen, die nach ihrer Überzeugung nicht *neben* oder *über* der Gesellschaft steht, sondern *in* und *mit* ihr lebt. Drei Jahre hatte eine eigens dafür eingesetzte Ad-hoc-Kommission getagt, bis sie schließlich im Juni 2013 die Orientierungshilfe der EKD präsentieren konnte. Wohlgemerkt: Es ist eine Orientierungshilfe, mehr nicht. Sie enthält keine Anweisungen oder Vorschriften. Sie will die Debatte in Kirche und Gesellschaft lediglich vorantreiben. Und das ist ihr gelungen.

Die Vorsitzende der Kommission, die ehemalige Bundesministerin Christine Bergmann, äußerte sich ganz ähnlich wie Schneider: »Wo Menschen auf Dauer und im Zusammenhang der Generationen Verantwortung füreinander übernehmen, sollten sie Unterstützung in Kirche, Staat und Gesellschaft erfahren.« Dabei dürfe »die Form, in der Familie und Partnerschaft gelebt werden, nicht ausschlaggebend sein«.

Ausschlaggebend sollte also nicht mehr das Geschlecht sein, sondern das Miteinander und Füreinander. Verantwortung für den anderen tragen. Pflichten übernehmen. Für den oder die andere sorgen, treu und verbindlich. Das war der neue Ansatzpunkt der EKD.

»Es ist nicht gut, dass der Mensch allein sei.« (1. Mose 2, 18) Damit beginnt der Text. Der Satz ist die Grundmelodie der ganzen Schrift. Mit diesen Worten beschreitet die Orientierungshilfe ihren Weg von den Anfängen der Bibel bis zur gleichwertigen Anerkennung gleichgeschlechtlicher Paare in der heutigen Zeit. Nicht nur im weltlichen Sinne, sondern auch in theologischer Sicht.

Die Kernbotschaft der Orientierungshilfe hatte der frühere Ratsvorsitzende bereits skizziert. In der Orientierungshilfe setzt sie sich fort. Folgende Zitate erscheinen mir relevant:

Erstens: »*Familie, das sind aber auch die sogenannten Patchwork-Familien, die durch Scheidung und Wiederverheiratung entstehen, das kinderlose Paar mit der [...] pflegebedürftigen Mutter und das gleichgeschlechtliche Paar mit den Kindern aus einer ersten Beziehung.*«

Zweitens: »*Ein normatives Verständnis der Ehe als ›göttliche Stiftung‹ und eine Herleitung der traditionellen Geschlechterrollen aus der Schöpfungsordnung entspricht nicht der Breite des biblischen Zeugnisses. Wohl aber kommt bereits in der Schöpfungsgeschichte zum Ausdruck, dass Menschen auf ein Gegenüber angewiesen sind [...]. In diesem Sinne ist die Ehe eine gute Gabe Gottes, die aber, wie das Neue Testament zeigt, nicht als einzige Lebensform gelten kann. Die den Kindern Gottes zugesagte gleiche Würde jeder und jedes Einzelnen jenseits von Geschlecht und Herkommen und die erfahrbare Gemeinschaft in Christus in all ihrer Unterschiedlichkeit fordern die vorfindlichen Ordnungen immer neu heraus. Deswegen versteht die*

Reformation die Ehe als ›weltlich Ding‹, sie ist kein Sakrament, sondern eine Gemeinschaft, die unter dem Segen Gottes steht.«

Drittens: »*Gesellschaftliche Emanzipationsprozesse haben die Ordnungen von Ehe und Familie ebenso verändert wie Geschlechterrollen, Beziehungen und Konventionen. Das geht nicht ohne Verunsicherungen und Auseinandersetzungen vor sich. Vielleicht ist auch deshalb der Wunsch, Liebe verbindlich und verantwortlich zu gestalten und den gemeinsamen Weg unter den Segen Gottes zu stellen, nach wie vor so stark.*«

Dem will sich die evangelische Kirche offensichtlich nicht in den Weg stellen. Denn:

Viertens: »*Der Mensch wird von Anfang an als Wesen beschrieben, das zur Gemeinschaft bestimmt ist (1. Mose 2, 18). Durch das biblische Zeugnis hindurch klingt als ›Grundton‹ vor allem der Ruf nach einem verlässlichen, liebevollen und verantwortlichen Miteinander, nach einer Treue, die der Treue Gottes entspricht. Liest man die Bibel von dieser Grundüberzeugung her, dann sind gleichgeschlechtliche Partnerschaften, in denen sich Menschen zu einem verbindlichen und verantwortlichen Miteinander verpflichten, auch in theologischer Sicht als gleichwertig anzuerkennen. Nutzen homosexuelle Menschen heute die rechtliche Möglichkeit der ein-*

getragenen Partnerschaft, dann erklären sie, wie
heterosexuelle Menschen, bei der Eheschließung
öffentlich ihren Willen, sich dauerhaft aneinander
zu binden und füreinander Verantwortung zu
tragen.«

Stein des Anstoßes war natürlich die Anerkennung
der gleichgeschlechtlichen Lebenspartnerschaft – der
Ehe ähnlich. Schon innerhalb der evangelischen Kirche rumorte es gleich gewaltig. Viele kritisierten, das
Papier entwerte die Ehe zwischen Mann und Frau. Der
württembergische Bischof Frank Otfried July etwa
nahm »deutlich wahr«, dass »der institutionelle Aspekt
der Ehe fast lautlos aufgegeben oder pauschal zurückgewiesen« werde. Eine »Ethik der Institutionen«
könne nicht durch eine »Ethik der personalen Beziehungen« ersetzt werden. Andere bemängelten die feh-
lende theologische Klarheit des Textes (Bischof Markus Dröge, Berlin).

Ganz anders sah das beispielsweise der bayerische
Landesbischof Heinrich Bedford-Strohm: »Wenn etwa
Menschen in gleichgeschlechtlichen Lebenspartnerschaften sich gegenseitig Liebe und Treue versprechen,
kann man sich aus der Sicht christlicher Ethik doch
nur freuen.« Niemand müsse Angst haben, dass die
Ehe dadurch entwertet werde. Badens Landesbischof
Ulrich Fischer jubelte gar, das Dokument sei eine »rie-
sige Werbung dafür, Mut zu haben zur Familie, Kinder
zu bekommen, Familie zu gründen und Verantwortung zu übernehmen«. Der »Typus von Familie« habe

sich in seiner sozialen Gestalt unglaublich geändert, betonte Fischer. Dem trage die Orientierungshilfe Rechnung.

Wenn schon konservative Protestanten die Orientierungshilfe kritisierten, kann man sich mühelos vorstellen, wie die katholische Kirche reagierte. Natürlich betonte sie, die Orientierungshilfe befinde sich »ganz auf der Linie Luthers«, bewerte sie doch die Ehe wie Luther als »weltlich Ding« und nicht als Sakrament (so der Vatikanberater Wilhelm Imkamp). Und das stimmt ja auch. Als Kritik an dem Papier kann das kaum gelten, schließlich beruht die gesamte protestantische Kirche auf der Lehre Martin Luthers.

Interessanter waren die Stimmen deutscher katholischer Bischöfe, die ihren Blick nicht nur auf eine mögliche Abwertung der herkömmlichen Ehe und dergleichen richteten, sondern auch auf die Ökumene eingingen, die in der Orientierungshilfe an keiner Stelle erwähnt wird.

Der katholische Regensburger Bischof Rudolf Voderholzer etwa sah wie einige seiner evangelischen Kollegen die besondere Schutzwürdigkeit von Ehe und Familie in Zweifel gezogen. Zudem stelle der Kurswechsel der EKD eine Gefahr für die Ökumene dar. Desgleichen reagierte der katholische Ruhrbischof Franz-Josef Overbeck. Er sprach sogar von einem neuen »ökumenischen Graben«.

Auch wenn man, wie ich, den Inhalt der Orientierungshilfe gutheißt, in dem Punkt hatten beide Bischöfe recht.

Wobei man dasselbe auch umgekehrt sagen kann, wenn man sich Familienbild und Sexualmoral der katholischen Kirche anschaut.

6 Familienbild und Sexualmoral der katholischen Kirche

Heilige Ehe versus gleichgeschlechtliche Lebenspartnerschaften

Interessant an den Reaktionen der katholischen Bischöfe war, dass sie auf das eigentliche Thema, die Anerkennung gleichgeschlechtlicher Partnerschaften, erst gar nicht eingingen. Das musste niemanden verwundern. Denn ihre Haltung war schon vorher klar. Die hatte die katholische Kirche auch kundgetan, nur eben nicht *nach* der Veröffentlichung der Orientierungshilfe, sondern *vorher*, im Laufe des Gesetzgebungsverfahrens. Dazu gleich mehr.

Anders als in der evangelischen Kirche ist die Ehe (zwischen Männern und Frauen) für Katholiken kein »weltlich Ding«, sondern ein Sakrament. Sakramente sind heilige Zeichen der Gnade, die die besondere Nähe der Glaubenden zu Gott zeigen.

Schon nicht eheliche Lebensgemeinschaften (zwischen Mann und Frau), die nach dem deutschen Gesetz Schutz genießen, haben in der katholischen Kirche keine Chance. Die Anerkennung gleichgeschlechtlicher Partnerschaften kommt ihr erst gar nicht in den Sinn. Weil schon Homosexualität selbst, wenn sie gelebt wird, eine Sünde ist – mag die Basis das auch anders sehen.

In der Stellungnahme der katholischen Kirche zum geplanten Lebenspartnerschaftsgesetz hieß es nach einer Verlautbarung des Apostolischen Stuhls:

»*Die Ehe ist heilig, während die homosexuellen Beziehungen gegen das natürliche Sittengesetz verstoßen. Denn bei den homosexuellen Handlungen bleibt ›die Weitergabe des Lebens beim Geschlechtsakt‹ ausgeschlossen. Sie entspringen nicht einer wahren affektiven und geschlechtlichen Ergänzungsbedürftigkeit. Sie sind in keinem Fall zu billigen. [...] Die homosexuelle Neigung ist ›objektiv ungeordnet‹, und homosexuelle Praktiken gehören ›zu den Sünden, die schwer gegen die Keuschheit verstoßen‹.*«

Solange das so ist und solange der Satz gilt, der in einer früheren Verlautbarung des Apostolischen Stuhls (vom Oktober 1986) steht: »*Die spezifische Neigung der homosexuellen Person ist zwar in sich nicht sündhaft, begründet aber eine mehr oder weniger starke Tendenz, die auf ein sittlich betrachtet schlechtes Verhalten ausgerichtet ist. Aus diesem Grunde muss die Neigung selbst als objektiv ungeordnet angesehen werden*«, so lange wird sich nichts ändern.

»Homosexuelle Praktiken« sind also Sünde, homosexuelle Neigungen dagegen nicht. Verstehe das, wer will. Es ist wie beim Suizid. Der Freitod ist nach katholischer Auffassung Sünde, aber der, der sich das Leben nimmt, kein Sünder. Schließlich gehe es um einen Menschen, dem man »nicht von vornherein die volle Verantwortung für sein Tun« zuschreiben könne. Anders gesagt: Er ist unzurechnungsfähig. Man nimmt ihn nicht ernst. Ähnlich ist das offenbar bei der Homosexualität, die als Neigung nicht sündhaft ist. Vermutlich kann die katholische Kirche auch hier keine »volle Verantwortung« erkennen. Das ist eine ziemlich einfache Lösung, um der Frage aus dem Weg zu gehen, ob man Homosexualität achtet oder ernst nimmt. Denn sie, also Menschen, die den Freitod wählen, und Menschen mit homosexueller Veranlagung, »können ja nichts dafür«.

Immerhin steht im Katechismus der katholischen Kirche, der im Jahr 2003 auf Deutsch erschienen ist, dass homosexuellen Menschen mit »Achtung, Mitleid und Takt zu begegnen« sei.

Zehn Jahre später (und nur fünf Monate nach der Amtsübernahme von seinem konservativen Vorgänger Benedikt XVI.) hatte Papst Franziskus Schwule und Lesben öffentlich und ausdrücklich in Schutz genommen. Während eines Rückflugs von Brasilien sagte er im Juli 2013: »Wenn eine Person homosexuell ist, Gott sucht und einen guten Willen hat – wer bin ich, sie dafür zu verurteilen?« Es sei an der Zeit, so Franziskus, dass Homosexuelle in der Gesellschaft voll akzeptiert werden sollten: »Wir müssen Brüder sein.« Zum eigentlichen Knackpunkt, den homosexuellen Handlungen, wollte er sich nicht äußern. So bleiben sie Sünde.

Es dauerte nicht lange, bis der Papst harsche Kritik aus den eigenen Reihen erntete. Schon im September 2013 ruderte er wieder zurück. »Ich habe mich selbst nicht wiedererkannt, als ich auf dem Rückflug von Rio de Janeiro den Journalisten, die mir die Fragen stellten, antwortete«, sagte Franziskus der jesuitischen Zeitschrift *La Civiltà Cattolica*. Letztlich habe er nur die Lehre der katholischen Kirche bekräftigen wollen. »Man [kennt] ja die Ansichten der Kirche, und ich bin ein Sohn der Kirche.«

Es bleibt also beim Katechismus, der Homosexuelle ausdrücklich nicht verurteilt, sondern von »Achtung, Mitleid und Takt« spricht. Auf den ersten Blick klang das gut. Auf den zweiten aber wurde klar, was gemeint war: Mitleid ist das Gegenteil von Anerkennung.

»Mitleid« für Homosexuelle!?

Die Missachtung (»Mitleid«) homosexuell veranlagter Männer und Frauen ist menschenverachtend. Die katholische Kirche offenbart einmal mehr eine Sexualmoral, die heute kaum noch jemand versteht. Seit 1973 waren in der Bundesrepublik Deutschland nur noch homosexuelle Handlungen mit männlichen Jugendlichen unter 18 Jahren strafbar. Nach einer gescheiterten Gesetzesinitiative der Grünen in den 1980er-Jahren wurde Paragraf 175 im Zuge der Rechtsangleichung mit der DDR 1994 schließlich gänzlich gestrichen. Seitdem sind in Deutschland homosexuelle Handlungen nicht mehr verboten. Es hatte fürwahr lang gedauert. Jedenfalls hat der Gesetzgeber der Homosexualität längst Rechnung getragen.

Doch die Kirchen sträubten sich. Sie blieben bei ihrer Haltung. Verwunderlich war das vor allem bei der evangelischen Kirche, die stets im Ruf gestanden hatte, fortschrittlich zu denken. Doch es dauerte Jahrzehnte, bis sich die EKD gewandelt zeigte und die gesellschaftliche Realität anerkannte.

Inzwischen wissen die meisten Menschen: Homosexualität ist keine Eigenschaft, die sich ab-erziehen lässt. Homosexualität ist keine Fehlentwicklung, die man nur »in die richtige Richtung« steuern muss, damit sie wieder verschwindet. Homosexualität ist keine Krankheit, die sich mit Gottes Hilfe heilen lässt, wie immer wieder einige Sekten behaupten. Homosexualität ist auch keine Folge von Verführung. Homosexualität ist eine Veranlagung.

Viele Künstler, Musiker, Schauspieler oder Regisseure bekennen sich offen dazu. Auch beim öffentlich-rechtlichen Fernsehen ist die gleichgeschlechtliche Liebe keine Ausnahme mehr.

Es gibt hochrangige Politiker, die freimütig ihre Homosexualität leben, etwa den früheren Außenminister Guido Westerwelle oder den Regierenden Bürgermeister von Berlin, Klaus Wowereit.

Nur die katholische Kirche glaubt, das alles ignorieren zu können. Dass sie damit auch viele Gläubige ausschließt, sie allein lässt mit all ihren Problemen, sogar menschenfeindlich handelt, ist Rom offenbar egal. Hauptsache, die Kirche muss nicht an ihrem

Menschenbild rütteln und an ihrer Sexualmoral nichts ändern. Ob die Welt sich verändert oder nicht – die Kirche hält an ihren schon lange überlebten Dogmen fest.

Ich spreche, und das sei ausdrücklich betont, von der Amtskirche, der verfassten Kirche, wie die Katholiken sagen, nicht von einzelnen Priestern oder Pfarrern, die sehr wohl ein offenes Ohr für Homosexuelle haben, die ihnen die Seelsorge wie jedem anderen gewähren, sie, soweit es geht, nicht von den Sakramenten ausschließen, ihnen helfen und Schutz bieten. Natürlich bleibt das im Geheimen, obwohl die Kirchenleute nichts anderes tun als das, was Jesus immer gewollt hatte: Nächstenliebe zeigen, egal, um wen es geht.

Wenn Jesus nicht nur Nächsten-, sondern auch Feindesliebe forderte, warum galt und gilt das dann nicht erst recht für Menschen, deren Natur eine andere als die der meisten ist? Weil sie eine Minderheit sind? Weil sie nicht ins Bild passen? Weil ihre Neigung vermeintlich »unnatürlich« und des Teufels ist oder, um es in den Worten des Vatikans zu sagen, »objektiv ungeordnet«? Und gelebte Homosexualität deshalb Sünde? Eine solche Auffassung hätte Jesus niemals geduldet – und Gott erst recht nicht gewollt.

Die Ehe als Sakrament – Lebensnerv der Kirche

Doch zurück zur Ehe als Sakrament. Warum ist es der Kirche so wichtig, dass die Ehe ein Sakrament ist? »Sakramente sind Heilszeichen«, schrieb im Jahr 2007 Georg Kardinal Sterzinsky im Vorwort zur Arbeitshilfe der Deutschen Bischofskonferenz mit dem Titel *Liebe miteinander leben: Zueinander aufbrechen*. Und beim Lesen des Textes wird klar, worum es eigentlich geht.

> *»In der Trauung stellen die Ehepartner ihre Beziehung unter die Heilszusage Gottes. Das, was sie von dort aus in der Geschichte ihrer liebenden Zuwendung zueinander gestalten, ist zugleich Lebensvollzug von Kirche. […] Wo immer es christlichen Eheleuten gelingt, die Sakramentalität ihrer Ehe glaubhaft und überzeugend mit Leben zu erfüllen, ist dies zugleich eine bedeutende Teilhabe am missionarischen Grundauftrag der Kirche.«*

Die Ehe trifft also offenbar den Lebensnerv der Kirche. Sie ist, so klingt es jedenfalls, untrennbar mit der Existenz der katholischen Kirche verbunden. Die Kirche scheint auf die Ehe geradezu angewiesen zu sein, um ihren missionarischen Auftrag erfüllen zu können. »Lebensvollzug der Kirche«, »missionarische[r] Grundauftrag der Kirche«, an erster Stelle steht immer die Kirche. Um *ihren* Lebensvollzug scheint es zu gehen, um *ihre* Mission. Eheleute werden zu bloßen Erfüllungsgehilfen der Kirche, damit diese am Leben bleibt.

Aber vielleicht, nein, hoffentlich war das gar nicht so gemeint. Nähme man die Kirche beim Wort, dass die Ehe der »Lebensvollzug von Kirche« sei, dass die Ehe vor allem dazu dienen soll, *die Kirche* am Leben zu halten, wäre das ein Armutszeugnis erster Güte. Es darf doch einer Kirche nicht um *ihren* Lebensvollzug gehen. Für eine Kirche muss immer der Lebensvollzug *der Menschen* im Mittelpunkt stehen. *Sie* muss ihnen helfen, den Weg zu Gott zu finden, *sie* muss Gehilfin der Menschen sein, nicht umgekehrt. So jedenfalls hätte Jesus es gesehen, der Mann, auf den sich die Kirche so gerne beruft. Niemals hätte Jesus geduldet, dass eine Kirche um ihrer selbst willen da ist und vornehmlich um sich selber kreist, statt sich um Menschen zu kümmern.

Schicksalskinder: Geschiedene, Wiederverheiratete, gemischt-konfessionelle Paare

Wer katholisch ist und sich scheiden lässt, wendet sich nach Auffassung des Vatikans von Gott ab. Wer wieder heiraten will, dem droht Ungemach. Als katholisch Getaufte dürfen die beiden zwar weiter am kirchlichen Leben teilnehmen, sie sind aber keine gleichberechtigten Mitglieder der Kirche mehr. So sind sie von kirchlichen Ämtern ausgeschlossen, ebenfalls vom Empfang der Sakramente der Buße und Eucharistie, es sei denn, sie verpflichten sich, »auf die geschlechtliche Vereinigung zu verzichten«, wie der katholische Kirchenrechtler Matthäus Kaiser 1993 in den *Stimmen der Zeit* schrieb. Lebensfremder geht es kaum.

Denn welches Paar lebt schon so? Und welcher Priester hält sich an die Regeln? Sie mögen zwar wissen, wen sie vor sich haben, aber viele machen die Augen zu (genau wie bei Paaren verschiedener Konfessionen) und sagen sich, wer bin ich, euch das gemeinsame Abendmahl zu verweigern? Die katholische Lehre zwingt diese mutigen Priester, gegen ihre Lehre zu verstoßen. Priester, die doch nichts anderes tun, als sich den Realitäten des Lebens zu stellen. Schließlich existieren sie *in* der Welt und nicht außerhalb. Es sind ehrenwerte Priester, denen Gott offenkundig wichtiger ist als ihre Kirche. Ein absurdes Hin und Her entsteht.

Die Kirchenrechtler folgen dem natürlich nicht. Weiter zu wiederverheirateten Geschiedenen: »Nach der herkömmlichen kirchlichen Lehre und Praxis«, so Kaiser, »können Geschiedene nach einer Wiederheirat zusammen mit ihrem neuen Partner deswegen nicht zu den Sakramenten der Buße und der Eucharistie zugelassen werden, weil sie ständig in der schweren Sünde des Ehebruchs leben, solange sie Geschlechtsgemeinschaft miteinander pflegen.« Darum würden auch Bestimmungen des kirchlichen Gesetzbuchs auf sie angewendet, in denen von ihnen ausdrücklich *nicht* die Rede sei: »Wer hartnäckig in einer offenkundigen schweren Sünde verharrt, darf nicht zur heiligen Kommunion und zur Krankensalbung zugelassen werden. Dabei handelt es sich nicht um eine kirchliche Strafe, sondern um eine theologische Konsequenz aus dem Verharren in schwerer Sünde.« So weit die herkömmliche Lehre: »Daran kann auch kein Papst etwas ändern.«

Tatsächlich?

Gesellschaftlich ist die Scheidung kein Makel mehr,

auch wenn sie für die Betroffenen oft schmerzlich ist. Auch eine erneute Heirat ist an der Tagesordnung. Viele Menschen freuen sich mit dem neuen Paar, andere nicht, das ist normal. Gesellschaftlich stößt sich kein Mensch mehr daran, ob die Eheleute gleichen Glaubens sind oder gemischt-konfessionell. Auch Katholiken leben vor der Ehe wie selbstverständlich zusammen, sie wollen schließlich prüfen, »wer sich ewig bindet«. Kritik gibt es kaum, auch unter katholischen Laien nicht – zum Schrecken der Kirche stört sich ihre Basis noch nicht einmal mehr an homosexuelle Lebensformen. Für die meisten sind sie gleichberechtigt.

Darum missbilligen so viele die Haltung der Kirche. Sie verstehen sie nicht, weil sie jedem Mitgefühl widerspricht, das für sie selbstverständlich ist. Die Missachtung des evangelischen Partners in gemischt-konfessionellen Ehen sowie die Ächtung von Scheidungen und Wiederverheiratung geschiedener Katholiken ist den meisten Menschen ein Rätsel, weil sie das Gegenteil von Barmherzigkeit sind, von der Papst Franziskus so oft spricht. Die Kirche selbst hat damit offenbar kein Problem. Oder doch?

Barmherzigkeit und Treue – ein Widerspruch?
Wie wichtig dem Papst Ehe und Familie sind, zeigte sich schon daran, dass er sich das Thema für sein erstes Konsistorium gewünscht hatte, die Vollversammlung der Kardinäle. Das war im Februar 2014. Franziskus hatte sich bereits länger gefragt, wie die Kirche mit den

vielen Menschen umgehen solle, die kirchlich heiraten wollen, obwohl sie vor der Hochzeit Sex hatten, verhütet hatten oder geschieden gewesen waren.

Franziskus hatte eigens Walter Kasper gebeten, das Eröffnungsreferat zu halten. Er selbst wollte sich nicht äußern. Es wurde eine Rede über einen »innerkirchlichen Sündenfall«, wie die *ZEIT* passend schrieb.

In seiner Rede betonte der emeritierte Kurienkardinal Kasper, dass aus christlicher Sicht jeder Mensch einzigartig und von Gott gewollt sei. Er zitierte das Gleichnis von Jesus über den guten Hirten, der 99 treue Schafe zurücklässt, um *ein* verirrtes Schaf zu retten (Matthäus 18, 12 – 14): »So will auch euer himmlischer Vater nicht, dass eines von diesen Kleinen verloren geht.« Mit Blick auf die gegenwärtige Situation der Kirche drehte Kasper die Geschichte um: »Eigentlich müsste Jesus das Gleichnis heute anders erzählen. Er müsste sagen, der Hirte lässt das eine Schaf zurück, um die 99 verlorenen Schafe wiederzufinden.« Sollte heißen, wenn die Menschen der Kirche nicht mehr folgten, müsste die Kirche eben diese verlorenen Menschen suchen und zurückholen. Das war die eigentliche Botschaft des Theologen.

Als Kasper über die Unauflöslichkeit der Ehe sprach, klang das noch weniger verheißungsvoll. Er fragte: »Wenn ein geschiedener Wiederverheirateter bereut, dass er in der ersten Ehe versagt hat, […] wenn er sich […] nach besten Kräften müht, die zweite zivile Ehe aus dem Glauben zu leben […], müssen oder können wir ihm dann nach einer Zeit der Neuorientierung das

Sakrament der Buße und die Kommunion verweigern?«

Er verglich die Situation mit einem gekenterten Schiff. »Nach dem Schiffbruch der Sünde sollte dem Ertrinkenden kein zweites Schiff, aber eine rettende Planke zur Verfügung stehen.« Eine solche »Planke des Heils« gibt es bereits: in Freiburg. Davon wird noch zu berichten sein.

Ein Fortschritt wäre das allemal. Doch die Kardinäle und Bischöfe reagierten unterschiedlich. Der Münchner Kardinal Marx antwortete zunächst positiv: »Ich persönlich halte (das) für einen gangbaren Weg«, sagte er. Jeder, der meinte, eine gute Nachricht vernommen zu haben, wurde allerdings gleich wieder enttäuscht, denn der Weg müsse »immer auf einzelne Fälle bezogen sein«.

Sakrament der Buße? Ja. Sakrament der Kommunion? Ja. Vom Sakrament der Ehe aber sprachen weder Franziskus noch Kasper. Kasper lehnte es sogar ausdrücklich ab. Eine zweite kirchliche Trauung? Nein, das werde die Kirche nicht zulassen. Die Kirche könne die Worte Jesu nicht ändern und nichts im Widerspruch dazu lehren oder tun, betonte Kasper. Die Unauflöslichkeit der Ehe und die Unmöglichkeit einer neuen Ehe könnten auch nicht durch die Berufung auf die Barmherzigkeit aufgehoben werden. »Barmherzigkeit und Treue gehören zusammen.« Deshalb könne es »keine menschliche Situation geben, die absolut aussichtslos und ausweglos ist«.

Schön wär's!

Barmherzigkeit und Treue – wie meint Kasper das, wenn es zur Sache kommt? Darauf hatte er keine Antwort, er stellte vielmehr selbst eine Frage: »Die Frage ist [...], wie die Kirche dieser unlösbaren Zusammengehörigkeit von Treue und Barmherzigkeit bei zivil wiederverheiratet Geschiedenen entsprechen kann.« Sie kann es nicht. Die »unlösbare Zusammenhörigkeit von Treue und Barmherzigkeit« taugt bei gescheiterten Ehen nichts. Das gibt die Kirche letztlich zu. Denn auch sie weiß keine Antwort auf Kaspers Frage.

Kasper sprach von zwei Dingen, die bei Geschiedenen, die zum zweiten Mal heiraten wollen, nicht zusammenpassen. Gott mag den Menschen zwar nach seinem Bilde geschaffen haben (1. Mose 5, 1). Aber die Menschen sind nicht Gott und auch nicht *wie* er. Sie sind Menschen mit Fehlern und Fehlbarkeiten. Trotzdem stößt Gott sie nicht von sich. Hier zeigen sich Gottes Barmherzigkeit und Treue in aller Deutlichkeit. Mögen Ehen im Idealfall von Barmherzigkeit und Treue getragen sein, das Leben vieler Menschen ist anders. Ehen gehen in die Brüche, Scheidungen sind geläufig, neue Partnerschaften auch. In keinem dieser Fälle lässt Gott die Menschen im Stich, seine Barmherzigkeit kennt keine Grenzen. Egal, ob die Menschen treu sind oder nicht: Gott bleibt ihnen treu. Warum dann nicht auch die Kirche?

Wie passt das zu Papst Franziskus, dem die Barmherzigkeit so sehr am Herzen liegt? Immerhin hatte der Papst Kasper um seine Rede gebeten. Allein das war von Bedeutung. Aber hätte Franziskus den Deutschen sprechen lassen, wenn dieser gänzlich anderer Meinung wäre als er selbst? Wohl kaum. Für die Rede Kaspers jedenfalls fand er nur zustimmende, ja geradezu euphorische Worte. »Gestern vor dem Einschlafen, aber nicht um einzuschlafen, habe ich die Arbeit von Kardinal Kasper gelesen, noch einmal gelesen«, sagte Franziskus in Rom. »Ich möchte ihm danken, weil ich eine tiefe Theologie vorgefunden habe, ein gelassenes und unbeschwertes theologisches Denken. Es ist angenehm, eine unbeschwerte Theologie zu lesen. […] Das nennt sich, Theologie auf den Knien zu betreiben. Danke. Danke.«

Das Menschenbild der Kirche
Die katholische Kirche geht von einem Menschenbild aus, das die Menschen nicht erfüllen können, weil sie so nicht sind. Sie überfordert die Gläubigen. Doch wenn die Kirche sich von ihnen abwendet, welche »Schäfchen« bleiben ihr dann noch? Die Kirche kann sich nicht aussuchen, welche Mitglieder sie hat. Es sollte ihre Aufgabe sein, die verlorenen Schafe zu suchen. Stattdessen verstößt sie die Gläubigen und lässt zu, dass viele sich abwenden. Gnadenlosigkeit, Unbarmherzigkeit, zum Teil auch Selbstgerechtigkeit schrecken viele Menschen ab, vor allem viele Frauen.

Das kann nicht im Sinne der Kirche sein.

Darum ist es kein Wunder, dass es in der Kirche rumort. Die Bischöfe wissen, dass die Praxis, die sie idealerweise selbst nie leben, nach der Bibel zwar begründet sein mag (Matthäus 19, 6): »Was nun Gott zusammengefügt hat, das soll der Mensch nicht scheiden«, sie wissen aber auch, dass die Theorie mit der Lebenswelt der Betroffenen nichts mehr zu tun hat. Sie wissen, dass sie so die Ehrfurcht vor der Kirche nicht stärken, sondern schwächen. Sie hinterlassen Gläubige mit einem schlechten Gewissen und machen die Sache für sie noch schlimmer, als sie ohnehin schon ist.

Das war wohl auch dem emeritierten Kurienkardinal Kasper klar, als er das Gleichnis vom verlorenen Schaf umgedreht und davon gesprochen hatte, dass aus christlicher Sicht jeder Mensch einzigartig und von Gott gewollt sei.

Hätte Jesus, von dem die Worte von der Unauflöslichkeit der Ehe angeblich stammen, weggeschaut, wenn Menschen Hilfe brauchen? Schaut Gott weg, wenn Menschen in Not sind, obwohl das siebte der zehn Gebote lautet, »Du sollst nicht ehebrechen« (2. Mose 20, 14)? Nein. Gottes Gnade kennt keine Grenzen. Gott kennt auch keine Konfessionen, die von Menschen gemacht sind und nicht von ihm. Die Gnade der katholischen Kirche aber hat Grenzen. Da darf es sie doch nicht wundern, dass ihr die Basis abhandenkommt. Dabei sollte der Kirche eigentlich daran liegen, die Gläubigen an sich zu binden, in guten wie in schlechten Zeiten.

Kein Mensch erwartet von der Kirche Wunder oder Heilsversprechen, die sich im täglichen Leben auswirken. Die Betroffenen erhoffen sich Hilfe von Gott, und deshalb suchen sie den Rat von Pfarrern, Priestern oder Bischöfen. Das geht manchmal gut, sehr oft aber nicht. Gott hilft, die Kirche nicht. Gerade in Zeiten der Not war Jesus für die Menschen da. Gerade in Zeiten der Not würde Gott niemanden alleinlassen. Aber die Kirche tut es. Die Kirche tut ihren Gläubigen keinen Gefallen, sie tröstet sie nicht, sie lässt sie im Stich. Das ist nicht christlich, das ist unchristlich.

Ich kenne viele Menschen in solch einer Situation. Man darf ruhig sagen: Gott sei Dank ist es den meisten egal, was ihre Kirche sagt, weil sie sie entweder nicht ernst nehmen oder sich innerlich längst von ihr verabschiedet haben. Andere aber leiden darunter, weil sie sich mit ihrer Kirche eng verbunden fühlten, von Kindesbeinen an, und nun auf einmal erfahren, dass sie keine Antworten bekommen, sondern geächtet werden. Um diese Menschen geht es.

Neue Wege

Dass viele Gläubige von ihr enttäuscht sind und sich – innerlich oder sogar offen – abwenden, ist der katholischen Kirche natürlich nicht entgangen. Ob das zu grundlegenden Reformen führt, wage ich nicht zu behaupten. Trotzdem ist Bewegung in Sicht. Zumindest beim Thema Scheidung könnten nach Ansicht Kaspers »neue Wege« erkundet werden. In welche Richtung, sagte er nicht. Voraussetzung sei allerdings, dass die zivilrechtlich wiederverheiratet Geschiedenen ihr Scheitern anerkennten, sich bekehrten und nach einer Bußzeit die Wiederzulassung zu den Sakramenten beantragten. Das sind hohe Hürden, und er beschränkt die Sakramente ausdrücklich auf Buße und

Kommunion. Und die zweite Ehe bleibt natürlich nur eine zivile. Den Segen der Kirche erhält sie nicht.

Ein Schritt nach vorne wären »neue Wege« allemal. Ausdrücklich forderte der emeritierte Kurienkardinal das Kardinalskollegium im Februar 2014 auf, die Frage vor allem unter dem Blickwinkel jener zu betrachten, die unter dieser Situation »leiden und um Hilfe bitten«. Denn es gebe auch Situationen, die hoffnungslos seien. Man darf gespannt sein. Der Streit ist programmiert.

Die Erzdiözese Freiburg hatte bereits reagiert. Und natürlich hatte ihre *Handreichung für die Seelsorge* vom Oktober 2013 prompt für Wirbel gesorgt. »Die Treue und Barmherzigkeit Gottes gilt auch für diejenigen, deren Lebensentwurf gescheitert ist«, heißt es in dem Freiburger Text. Wenn sich ein wiederverheiratetes geschiedenes Paar die Zusage wünsche, »von Gott in seinem Leben begleitet und beschützt zu sein«, könne dies in einem gemeinsamen Gebet geschehen. »Dieses Gebet bedeutet: Versöhnung mit der Vergangenheit, Dank an die Gegenwart Gottes und Fürbitte für die Zukunft. Als Zeichen dienen die Segnung und die Übergabe einer Kerze. [...] Die Leitung [der Zeremonie] kann von einem Priester oder einem Diakon oder einer durch den Pfarrer eigens beauftragten kirchlichen Mitarbeiterin beziehungsweise einem eigens beauftragten kirchlichen Mitarbeiter wahrgenommen werden.«

Natürlich soll es sich dabei weder um eine »Quasi-Trauung« noch um eine kirchliche Amtshandlung handeln. Die Freiburger wussten, dass die Amtskirche noch nicht so weit ist. So galt die Handreichung ausdrücklich der Seelsorge. Denn viele kirchliche Mitarbeiter, die sich um die tägliche Seelsorge kümmern, wussten nicht mehr, wie sie mit der Sache umgehen sollten. Wer könnte das nicht verstehen? Darum die Segnung. Segnung ist keine Trauung im Sinne der Kirche. Segnung bedeutet Anerkennung vor Gott. Genau das wünschen sich viele.

Das ist doch schon ein möglicher »neuer Weg«, von dem Kardinal Kasper sprach. Doch so weit ist die Weltkirche noch nicht, obwohl sie wohl weiß, dass das ein Schritt in die richtige Richtung wäre – *hin* zu den Menschen, nicht *weg* von ihnen.

Immer wieder wird darauf hingewiesen, dass jede Sünde, sei es Ehebruch oder gar Mord, vergeben werden kann. Sollte Vergebung für wiederverheiratete Geschiedene dann nicht erst recht möglich sein? Interessanterweise war Papst Franziskus in seiner Schrift *Evangelii gaudium* auf das Thema gar nicht erst eingegangen. Allerdings hatte er zum Auftakt der erwähnten Tagung von den Kardinälen »intelligente und mutige« Seelsorge verlangt. Eine Seelsorge wie die der Freiburger *ist* intelligent und mutig.

Vielleicht wird sich ja doch etwas ändern.

Alte Wege
Wem das nicht genügt, wer auf eine kirchliche Revolution nicht warten und trotzdem ein zweites Mal *katholisch-kirchlich* heiraten will, dem steht nur ein Weg

offen: die Annullierung der ersten Ehe. Ein nahezu idealer Akt, wäre er nicht so verlogen. Die meisten Katholiken lehnen ihn als unehrlich ab.

Eine Annullierung der Ehe bedeutet nicht »Auflösung« einer Ehe, sondern die Feststellung, dass die Ehe kirchlich nie bestanden hat. Die Gründe für eine Annullierung der Ehe können vielfältig sein, etwa wenn die Partner keinen Ehewillen nach katholischem Verständnis gezeigt haben. Wenn zum Beispiel einer der beiden dachte, dass die Ehe auch nach katholischer Lehre jederzeit auflösbar sei, wenn der eine Teil nicht in der Lage ist, Geschlechtsverkehr auszuüben, keine Kinder zeugen will (Unfruchtbarkeit ist kein Grund), wenn einer der beiden bei der Eheschließung gar nicht in der Lage war, die Tragweite der Handlung zu begreifen, wenn die Ehe durch äußeren Zwang eingegangen wurde oder bei einer Scheinehe.

Nicht weltliche Gerichte, sondern kirchliche Richter entscheiden den Fall. Es gibt eine Berufungsinstanz, auch kirchlich natürlich. Die höchste Instanz in Ehesachen ist das päpstliche Gericht, also letztlich der Papst. Obwohl sich viele der Gründe für eine Annullierung kaum beweisen lassen dürften, führt das Verfahren erstaunlich oft zum Erfolg. Ist das nun Barmherzigkeit? Oder nur ein Ausweg aus der katholischen Lehre in heiklen Fällen?

Dazu schweigt die Kirche, und die Juristin in mir wundert sich.

EXKURS: Frauen im Recht

Seit 1949 steht die Gleichberechtigung von Männern und Frauen in Artikel 3 des Grundgesetzes. Doch niemand sollte glauben, dass die Gleichberechtigung damit schon Realität war. Wer verfolgt, wie lange sich die Debatte über die Rechte der Frauen hingezogen hatte, darf sich nicht wundern, wie lange sich die Ungleichheit nach 1949 hielt.

1919 durften Frauen in Deutschland zum ersten Mal wählen. Es war eine vergleichsweise frühe Errungenschaft. In der Schweiz zum Beispiel gilt das Wahlrecht für Frauen erst seit 1971, im Kanton Appenzell Innerrhoden sogar erst seit 1990, dem Jahr der deutschen Einheit.

Seit dem 23. Mai 1949 heißt es im Grundgesetz: »Männer und Frauen sind gleichberechtigt.« Doch weil es an der Umsetzung haperte, beschloss der Gesetzgeber 1994 – also erst 45 Jahre später – eine Ergänzung: »Der Staat fördert die tatsächliche Durchsetzung der Gleichberechtigung von Frauen und Männern und wirkt auf die Beseitigung bestehender Nachteile hin.«

So sah die Geschichte vorher aus:

Noch bis Mitte der 1950er-Jahre mussten in Baden-Württemberg Lehrerinnen im Sinne des Lehrerinnenzölibats ihren Beruf aufgeben, wenn sie heirateten. In den anderen Bundesländern galt das bis 1951.

Am 3. Mai 1957 beschloss der Bundestag ein bahnbrechendes Gesetz im Sinne der Gleichberechtigung. Vorbei war es mit dem Letztentscheid der Männer in allen Eheangelegenheiten. Frauen konnten ihr in die Ehe eingebrachtes Vermögen endlich selbst verwalten. Bis dahin durften nur die Männer über das Vermögen und das Einkommen der Frauen verfügen.

Vorbei war es auch mit dem Recht des Ehemanns, das Dienstverhältnis seiner Frau fristlos zu kündigen. Allerdings dauerte es noch bis 1977, bis die Frau ohne Einverständnis ihres Mannes erwerbstätig sein durfte. Erst seit 1977 gibt es keine gesetzlich vorgeschriebene Aufgabenteilung in der Ehe mehr. Wenn ich daran denke: 1977 fing ich an zu studieren!

Innerhalb von nur drei Generationen haben sich die Rechte der Frauen grundlegend gewandelt. Heute weiß kaum noch jemand, wie mühsam der Weg war. Das gefällt mir, weil es zeigt, wie selbstverständlich es geworden ist.

Wie schrieb Heribert Prantl im März 2014 in der *Süddeutschen Zeitung* so schön? »Ohne das Zutun des Verfassungsgerichts würde das Familienrecht noch immer so ähnlich aussehen wie ein Fotoalbum aus den Fünfzigerjahren.«

EXKURS: Überhaupt – die 50er-Jahre
Kein Mensch hätte in der Ära des katholischen Bundeskanzlers Konrad Adenauer und des evangelischen Bundespräsidenten Theodor Heuss vorausgesehen, wie sich das Land 50, 60 Jahre später zeigen würde.

Die 1950er-Jahre waren eine Zeit, in der es normal war, dass Eltern (und Lehrer) die Kinder züchtigten und schlugen. Eine Zeit, in der nicht eheliche Kinder

stigmatisiert wurden und ledigen Müttern das Jugend-
amt als Vormund vor die Nase gesetzt wurde, als wären
sie nicht zurechnungsfähig. Und natürlich eine Zeit, in
der Homosexualität als »geschlechtliche Unzucht«
strafrechtlich verfolgt wurde. Alle, die nicht ins idylli-
sche Ideal der Vater-Mutter-Kind-Familie passten,
mussten leiden, wie der Journalist Prantl treffend
schrieb. Niemand hätte gedacht, dass sich daran je
etwas ändern würde.

Die 1950er-Jahre waren eine Zeit, in der verheiratete
Männer das Sagen hatten. Nicht nur im privaten Bereich, sondern auch und erst recht in der Öffentlichkeit.

Niemand hätte daran geglaubt, dass jemals eine Frau
Bundeskanzlerin werden würde. Unvorstellbar war,
dass je ein Bundespräsident in das Amt gewählt werden würde, der zwar mit einer Frau verheiratet ist, aber
mit einer anderen lebt und öffentlich auftritt.

Ein Aufschrei wäre durchs Land gezogen bei der
Vorstellung, dass es einmal einen schwulen Außen-
minister und einen Regierenden Bürgermeister von
Berlin geben würde, die ihre Homosexualität in aller
Öffentlichkeit leben.

Was hätten nicht nur die Kirchen, sondern was hätte
auch die Gesellschaft damals dazu gesagt? Von »unge-
ordneten Verhältnissen« hätten sie gesprochen. Doch
die Zeiten haben sich geändert, und kaum jemand
wundert sich darüber.

Nicht vergessen werden darf allerdings, dass es den
Kirchen bis 1953 verboten war, zu »Angelegenheiten

des Staates« Stellung zu nehmen und sich politisch ein-
zumischen. Nach Paragraf 130a des Reichsstrafgesetz-
buches, eingeführt 1871, wurden »Geistliche oder
andere Religionsdiener« mit einer Freiheitsstrafe von
bis zu zwei Jahren bestraft, wenn sie sich dem Verbot
widersetzten. Bis zum August 1953 war der sogenannte Kanzelparagraf geltendes Gesetz, also auch in
den Anfängen der Bundesrepublik.

Abtreibung = Wegwerfgesellschaft?

Männer und Frauen, ob verheiratet oder nicht, können
in Not geraten. Nicht zuletzt, wenn es um ungewollte
Schwangerschaften geht. Meist sind es die Frauen, die
leiden. Doch da kennt die katholische Kirche kein Par-
don. Da spielt es keine Rolle, wie die Schwangerschaft
zustande gekommen ist. Schwangerschaftsabbrüche
sind Sünde – auch nach sexuellem Missbrauch und Vergewaltigung. Einerlei, was aus den Frauen wird, egal, ob
sie sich mit dem HI-Virus infiziert haben und ihre ungeborenen Kinder damit unverschuldet einem Leben mit
einer unheilbaren Krankheit aussetzen, einem Leben,
das in vielen Fällen zu einem qualvollen Tod führt.

Die Kirche fordert solchen Frauen nahezu Un-
menschliches ab. Natürlich ist Abtreibung die Tötung
eines ungeborenen Kindes. Das weiß jede werdende
Mutter. In ihrer Not aber braucht sie keine »Moral-
apostel«, die ihr etwas von Gott und der Welt erzählen,
sondern Gespräche über ihr eigenes Leben, das des
Kindes – und ihr in der Regel schlechtes Gewissen.
Was werden die anderen sagen, wenn sie von dem

Abbruch erfahren? Doch viele erfahren nichts davon. Viele Schwangere erzählen niemandem von ihrem Schritt. Aus Angst vor den Eltern, weil sie ahnen, welche Antworten ihnen blühen. Oder aus Angst vor dem Erzeuger, von dem sie vermuten, dass er kein Verständnis haben wird. Als trüge nur *sie* die Verantwortung und nicht auch *er*. Einige Männer machen es sich tatsächlich leicht und sagen: Es ist deine Entscheidung, nicht meine. So sind ungewollt Schwangere oft auf sich gestellt. Abtreibung ist und bleibt für die meisten ein schier unlösbarer Konflikt. *Darum* brauchen die Frauen das Gespräch. Und nicht *nur*, weil es gesetzlich vorgeschrieben ist. Denn man darf sich nicht täuschen: Nur die allerwenigsten Frauen entscheiden sich leichtfertig zu diesem Schritt.

Völlig weltfremd agiert die Kirche, wenn sie Kondome verbietet, die dazu dienen, es erst gar nicht zur ungewollten Schwangerschaft und deren Abbruch kommen zu lassen. Selbst in Afrika, wo Aids ganze Generationen von Müttern und Kindern in den Tod reißt, sind Kondome nach der katholischen Lehre nicht erlaubt. Eine Nonne eines katholischen Ordens, die viele Jahrzehnte lang im Dienst der Kirche in Afrika gearbeitet und gegen Hunger, Malaria, Typhus und Aids gekämpft hatte, wollte das nicht mehr akzeptieren. Die Nonne entschloss sich, Kondome an Prostituierte zu verteilen, um sie vor dem HI-Virus zu schützen. Als ihr Bischof davon erfuhr, entband er sie von ihren Gelübden und entließ sie in ein Leben ohne jede finanzielle Absicherung.

Auch Nächstenliebe kann offenbar Sünde sein. Ferner vom Leben kann man nicht stehen.

Noch im September 2013 hat Papst Franziskus Abtreibungen als Zeichen der »Wegwerfgesellschaft« diffamiert. Geholfen war damit niemandem. Der Familie nicht, den Frauen nicht und auch nicht dem ungeborenen Leben.

Humanae Vitae – die Pillen-Enzyklika

Was treibt die Kirche dazu, noch heute so zu denken? Die Gründe liegen weit zurück. 1968 hatte Papst Paul VI. *Humanae Vitae* aus der Taufe gehoben, das Lehrschreiben *Über die rechte Ordnung der Weitergabe des menschlichen Lebens*. Darin hatte er jedwede Form von Geburtenkontrolle untersagt. Das löste eine Welle von Protesten aus, Kirchenkritiker sahen sich bestätigt, viele Katholiken waren enttäuscht.

Die Enzyklika war eine Reaktion auf die Zulassung der Pille, die für viele genau zur rechten Zeit gekommen war. Es war die Zeit der Studentenrevolte 1968. Da ging es nicht nur um Politik, sondern auch um freie Liebe. »Make love, not war!«, lautete die Parole, die beides miteinander verband. Die Pille ermöglichte den Frauen (und Männern) eine sexuelle Freiheit, die sie bis dahin nicht gekannt hatten. Und das nutzten sie.

Es war ein radikaler Bruch mit der Vergangenheit, mit Traditionen und Lebensentwürfen. Genauso radikal (aber unklug) reagierte jedoch die katholische Kirche. Papst Paul VI. konterte mit dem Verbot sämtlicher Verhütungsmittel, Kondome, Pille, Sterilisierung – mit einer »natürlichen Ausnahme«: Eheleuten war es gestattet, »sich in fruchtbaren Zeiten des weiblichen Zyklus zu enthalten«. Bedingung war, dass »aus berechtigten Gründen keine weiteren Kinder mehr wünschenswert« seien. Das galt natürlich nur für Eheleute, Sex vor der Ehe war ohnehin nicht erlaubt.

Mit *Humanae Vitae*, die katholische Spötter schnell in »Pillen-Enzyklika« umbenannten, bekräftigte der Papst das ohnehin schon geltende Verbot der Verhütung für katholische Christen. Mit seiner damals neuen Enzyklika versuchte der Vatikan, dem Verbot ein neues und größeres Gewicht zu verschaffen und gleichzeitig der »freien Liebe« ein Ende zu bereiten – was rückblickend reichlich weltfremd war. Mögen Enzykliken amtliche Lehräußerungen der verfassten Kirche sein, mögen auch die Bischöfe aus religiösem Gehorsam daran gebunden sein – mit der Lebenswelt hatte und hat das nichts zu tun, wie man in diesem Fall besonders gut beobachten konnte. Ins gesellschaftliche Leben drang die Enzyklika nie. Die Pille war in der Welt und wurde verschrieben. Ich kenne keinen Arzt und habe auch nie von einem gehört, der in einem solchen Fall je nach der Konfessionszugehörigkeit gefragt hätte.

Interessanterweise ist in dem Schreiben zur Geburtenregelung ausdrücklich nur vom Verbot der Sterilisierung und der Abtreibung die Rede. Die Worte »Kondome« und »Pille« kommen nicht vor. Aber auch sie waren gemeint. Es sei »niemals erlaubt [...] etwas zu wollen, was seiner Natur nach die sittliche

Ordnung verletzt und deshalb als des Menschen un-
würdig gelten muss; das gilt auch, wenn dies mit der
Absicht geschieht, das Wohl des Einzelnen, der Familie oder der menschlichen Gesellschaft zu schützen
oder zu fördern«.

Da war sie, die klare Botschaft.

Bis heute und trotz aller Kritik halten die Bischöfe
an dieser Auffassung fest. Erinnert sei an Papst Benedikt XVI., der noch 40 Jahre später von einer »unver-
ändert wahren« Enzyklika sprach. Benedikt würdigte
»die Weisheit« des Kirchendokuments. Auch der deutsche Pontifex setzte den Kampf gegen Empfängnisverhütung fort. Er prangerte eine »Sexualität als Droge«
an, »die den Partner eigenen Sehnsüchten und Interessen unterwirft«. Und legte sogar noch ein Scherflein
darauf: Die Menschen, so Benedikt, liefen Gefahr,
»sich in einem Zirkel von erstickendem Egoismus ein-
zuschließen«.

In Wahrheit hat die Pille die Menschen nicht einge-
schlossen, sondern befreit – vor allem und in erster
Linie die Frauen. Sie sind es ja, die mit den Folgen des
Nichtverhütens leben müssen, und das oft allein.
Natürlich ist Verhütung auch Männersache, aber die
Frauen sind seither nicht mehr abhängig von ihnen.
Sie haben es selbst in der Hand, ob sie verhüten wollen
oder nicht, sie können sich schützen. Das ist nicht ego-
istisch, das ist Freiheit. Eine frohe Botschaft, wie das
Evangelium übersetzt heißt, hatte die Kirche jedenfalls
nicht verkündet. Dafür aber eine verlogene Sexualmo-
ral, die sich vor allem gegen Frauen richtet.

Königsteiner Erklärung und andere Kritiken
Humanae Vitae stieß seinerzeit wie kaum eine andere Enzyklika auf massive Ablehnung. Auch unter Theologen war die Schrift umstritten. Die Kirche habe die Zeichen der Zeit nicht erkannt, äußerten manche. In den Chor der Kritiker stimmten auch die deutschen Oberhirten ein, die in der *Königsteiner Erklärung* vom 30. August 1968 das Lehrschreiben kritisch hinterfragten. Die Kritik bezog sich nicht zuletzt auf den praktischen Umgang mit *Humanae Vitae.* »Keine Enzyklika der letzten Jahrzehnte« habe »so viel Widerspruch gefunden wie diese«, hieß es in dem Text. »Die Diskussion um die strittigen Fragen ist nicht beendet, sondern aufs stärkste entfacht. Bei vielen Priestern und Laien, die ebenso in Liebe zur Kirche stehen wollen, herrscht große Ratlosigkeit. Sie leiden nicht nur unter den Schwierigkeiten, diese Lehre zu leben oder in die seelsorgliche Praxis umzusetzen; sie haben vielfach auch ernste Gewissensbedenken, die in der Enzyklika ausgesprochenen Verpflichtungen zu bejahen und zu vertreten.«

Daran hat sich bis heute nichts geändert.

Tatsache ist: Schon 1968 benutzten längst Millionen Katholiken auch in strenggläubigen Ländern wie Italien, Spanien oder Staaten Lateinamerikas Verhütungsmittel. Gleichwohl bleiben sie verboten. Und so verschließt Rom die Augen vor den verheerenden Auswirkungen: der Gefahr, sich mit dem HI-Virus anzustecken und an Aids zu sterben. Um die »Angst in den Schlafzimmern« kümmerte sich die Kirche ebenso wenig wie um die weltweite Ausbreitung des HI-Virus, der, wenn er ausbricht, zu elendem Leiden und Tod führen kann. Ungeachtet dessen verteidigt Rom das Kondomverbot und lässt die Frauen im Stich, egal, ob sie krank werden und sterben – und mit ihnen viele Kinder.

Wenn eine Frau schwanger wird, ist es in den Augen der Kirche ihre Sache, ihre »Schuld«. Mit ihr und ihren Kindern will die katholische Kirche nichts zu tun haben.

Wie fern das alles von Jesus ist, der gerade in solchen Fällen geholfen hatte. Waren es früher die Aussätzigen, denen er nicht aus dem Weg ging – man denke an seinen Besuch im Hause des aussätzigen Simon –, wären es heute HIV-infizierte oder aidskranke Männer, Frauen und Kinder, denen er sich widmen würde. Aber ob das, was die Kirche tut, mit dem übereinstimmt, was Jesus tat, scheint der katholischen Kirche egal zu sein. Auch dass sie nicht nur Frauen, sondern zunehmend auch viele Kirchenleute an der Basis sowie Menschen, die in katholischen Einrichtungen arbeiten, enormen Gewissenskonflikten aussetzt, scheint die Bischöfe nicht zu kümmern.

Kliniken in Köln versus Frauen in Not
Wie verunsichert manche katholischen Einrichtungen mit der Frage von ungewollter Schwangerschaft, Vergewaltigung und Abtreibung umgehen, zeigte im Dezember 2012 der Fall zweier Kliniken in Köln. Sie weigerten sich, eine vergewaltigte Frau zu untersu-

chen, obwohl eine Notfallärztin die Frau bereits zuvor beraten und ihr die »Pille danach« verschrieben hatte.

Doch das änderte nichts am Verhalten der Krankenhäuser.

Der Tatverlauf ist nicht ganz klar, was für die Entscheidung der Kliniken aber ohne Bedeutung ist. Vermutlich waren dem 25-jährigen Opfer vor der Vergewaltigung K.-o.-Tropfen verabreicht worden. Die Frau war offenbar erst später auf einer Parkbank zu sich gekommen. Eine Notärztin hatte eine Vergewaltigung nicht ausschließen können und zwei katholische Kliniken, die in der Nähe lagen, gebeten, mögliche Tatspuren gerichtsverwertbar zu sichern. Sie war es auch, die dem Opfer die »Pille danach« verschrieben hatte. Trotzdem wurde die Hilfe verweigert.

Auch wenn eine Patientin schon ein Rezept für die »Pille danach« habe, so die Kliniken, könne eine Untersuchung nach einem sexuellen Übergriff nicht vorgenommen werden. Vor der Untersuchung müsse es standesgemäß zu einem Arzt-Patienten-Gespräch kommen, in dem es unweigerlich auch um eine ungewollte Schwangerschaft, deren Abbruch und die »Pille danach« gehen werde. Obwohl die Patientin bereits ein Rezept über die »Pille danach« besitze, sei ein derartiges Aufklärungsgespräch mit den katholischen Regeln nicht vereinbar. Fazit: Das Opfer wurde nicht untersucht, sondern weggeschickt.

Später sprach das zuständige Bistum von einem Missverständnis. Selbstverständlich würden Vergewaltigungsopfer in katholischen Krankenhäusern genauso behandelt wie in allen anderen Kliniken. Es werde nur keine »Pille danach« verschrieben. Dabei ging es der Notärztin gar nicht um eine Beratung oder ein Rezept, dafür hatte sie ja schon gesorgt. Sie verlangte von den Kliniken lediglich, mögliche Tatspuren gerichtsverwertbar zu sichern.

Doch schon allein das erschien dem Klinikpersonal zu heikel zu sein – sie fürchteten um ihre Jobs. Dass die Kirche hart durchgreifen kann, wenn sich Arbeitnehmer und Arbeitnehmerinnen in katholischen Einrichtungen nicht den Regeln entsprechend verhalten, ist bekannt. Schon eine Scheidung kann zum Verlust des Arbeitsplatzes führen.

Die Zurückweisung der vergewaltigten Frau in Köln nannte die Kirche einen »Einzelfall«, einen »sehr bedauerlichen« überdies.

Es fällt schwer, das zu glauben.

donum vitae

Beim Thema Abtreibung bleibt die katholische Kirche stur. Selbst die Mitwirkung an einem straffreien Schwangerschaftsabbruch ist untersagt. Seit den im Jahr 1995 verabschiedeten Paragrafen 218a und 219 des Strafgesetzbuches ist für eine straffreie Abtreibung die Vorlage eines Beratungsscheins erforderlich. Prompt verbot der damalige Papst Johannes Paul II. seiner Kirche, solche Scheine auszustellen. Damit verloren die katholischen Beratungsstellen nicht nur die staatliche Anerkennung, sie verloren auch viele betroffene Frauen. Die Beratungsstellen setzten ihre Arbeit zwar fort, stellten aber keine Beratungsscheine mehr aus. Für katholische Frauen, die sich ernsthaft mit dem Gedanken eines Schwangerschaftsabbruchs trugen, waren sie keine Ansprechpartner mehr. Ihre Not war der Kirche offenbar einerlei. Sie kümmerte sich nicht mehr um sie. Sie ließ diese Frauen allein.

Einige Katholiken aber setzten sich zur Wehr. 1999 gründete das Zentralkomitee der deutschen Katholiken (ZdK) zusammen mit Personen, die dem Zentralkomitee nicht angehörten, Männern und Frauen, den christlichen Verein donum vitae (»Geschenk des Lebens«). Sein Ziel ist laut Satzung, »sich für den Schutz des menschlichen Lebens, namentlich den Schutz des Lebens ungeborener Kinder einzusetzen und Frauen in Schwangerschaftskonflikten mit Rat und Tat nahe sein zu wollen« – Beratungsschein inklusive.

Die Namenswahl war für manche eine Überraschung. Denn bis zur Gründung des Vereins kannte man *Donum vitae* als Verlautbarung des Apostolischen Stuhls aus dem Jahr 1987, in dem der Vatikan jede Art der künstlichen Befruchtung verboten hatte. Die darin festgelegten Grundsätze über Lebensschutz, Schwangerschaftsabbruch, künstliche Befruchtung und pränatale Diagnostik gelten nach wie vor. »Donum vitae« lauteten die Anfangsworte des Textes, daher der Name.

Prompt warfen konservative Katholiken dem neu gegründeten Verein vor, den Titel des Schreibens zweckentfremdet und missbraucht zu haben. Das aber war nie die Absicht. »›Donum vitae‹, das Geschenk des Lebens, schien uns der beste Name für unseren Verein zu sein«, bestätigte eine Sprecherin.

Die Kritik hat inzwischen nachgelassen. Von der Amtskirche ist kaum noch etwas zu hören, ja, einige Bischöfe und Weihbischöfe unterstützen den Verein sogar. Man spricht nur nicht darüber. Das ist gut für donum vitae und trotzdem verlogen. Es scheint, als wäre die Kirche insgeheim froh, den Verein »in ihren Reihen« zu haben, übernimmt doch der die eigentlichen Aufgaben der Kirche. Dahinter kann man sich wunderbar verstecken. Offiziell darf die Amtskirche donum vitae nicht anerkennen. Inoffiziell ist sie froh, dass es den Verein gibt. Das ist grotesk.

Bis heute führt donum vitae seine Arbeit fort, tapfer und beherzt.

Mich erinnert der Verein, der mit ungeheurem Mut, Furchtlosigkeit und Gottesglauben arbeitet, an die beiden hebräischen Hebammen Schifra und Pua. Auch sie hatten sich der männlichen Obrigkeit widersetzt, um Leben zu retten. Um nichts anderes geht es donum vitae.

Der Zölibat

Der Zölibat, die erzwungene Ehelosigkeit von Priestern und Bischöfen, hat in der Bibel keine Wurzeln. Ehelosigkeit beruhte nach der Bibel auf Freiwilligkeit. Jesus spricht nur an einer Stelle davon. Matthäus (19, 12) zitiert ihn mit den Worten: »Manche sind von Geburt an zur Ehe unfähig, manche sind von den Menschen dazu gemacht, und manche haben sich selbst dazu gemacht – um des Himmelreiches willen. Wer das fassen kann, der fasse es.« Und nicht: »Wer das fassen kann, der *muss* es fassen.«

Tatsächlich waren die meisten Apostel verheiratet. Der katholische Kirchenkritiker Hans Küng verwies einst darauf, dass sogar alle, »Petrus *und* die übrigen Apostel, […] in ihrem Dienst verheiratet« gewesen seien. Ehelosigkeit könne vom Evangelium her nur als »frei ergriffene Berufung und nicht als allgemein verbindliches Gesetz« verstanden werden, schrieb Küng in seinem Buch *Ist die Kirche noch zu retten?*.

Man hätte sich auch auf den ersten Brief Paulus' an Timotheus (3, 2 – 4) berufen können, in dem Paulus so wunderbar wie wortgewandt schrieb: »Deshalb soll der Bischof ein Mann ohne Tadel sein, nur einmal verheiratet, nüchtern, besonnen, von würdiger Haltung, gastfreundlich, fähig zu lehren; er sei kein Trinker und kein gewalttätiger Mensch, sondern rücksichtsvoll; er sei nicht streitsüchtig und nicht geldgierig. Er soll ein guter Familienvater sein und seine Kinder zu Gehorsam und allem Anstand erziehen.«

Mit der Bibel hat der Zölibat also nichts zu tun. Er ist eine späte Erfindung der römisch-katholischen Kirche.

Zwar wurde schon 310 nach Christus über den Zölibat verhandelt. Beim Konzil von Elvira in Spanien ging es um die Wiederherstellung der kirchlichen Disziplin, die durch die Verfolgung im Römischen Reich gelitten hatte. Im *Kanon 33* hieß es zur Zölibatsverpflichtung: Die Bischöfe und Altar-Diener (Priester, Diakone, alle Kleriker, die im Altar-Dienst stehen) sollten sich »ihrer Ehefrauen enthalten und keine Kinder zeugen«. – »Wer aber solches getan hat, soll aus dem Klerikerstand ausgeschlossen werden.«

Es vergingen noch mehr als 800 Jahre, bis eine Kirchenleitung zölibatärer Männer das Eheverbot für alle Priester der westlichen Kirche durchgesetzt hatte, das war im Jahr 1139. Zu groß war in den Zeiten zuvor der Streit unter den Bischöfen in aller Welt.

Von nun an aber galt die Verpflichtung zum Zölibat. Das Wort leitet sich vom lateinischen »caelebs« ab und heißt so viel wie »allein, unvermählt lebend«. Nach der Lehre der römisch-katholischen Kirche müssen Priester und Bischöfe ehelos und sexuell enthaltsam leben. Der *Codex Iuris Canonici*, das Gesetzbuch des Kirchenrechts der katholischen Westkirche, bestimmte im Jahr 1983: »Die Kleriker sind gehalten, vollkommene und immerwährende Enthaltsamkeit um des Himmelreiches willen zu wahren; deshalb sind sie zum Zölibat verpflichtet, der eine besondere Gabe Gottes ist, durch welche die geistlichen Amtsträger leichter mit ungeteiltem Herzen Christus anhangen und sich freier dem Dienst an Gott und den Menschen widmen können.« (CIC 244 § 1)

Verstößt ein Priester oder Bischof dagegen, verliert er sein Amt für immer. An den Sakramenten darf er erst nach einem langwierigen Verfahren wieder teilnehmen.

Die Kleriker sollen ihr gesamtes Leben Gott und

den Menschen widmen. Das hat allerdings auch für die Kirche Vorteile. Eine solche vollständige Hingabe an den Dienst stärkt auch die Verbindung zum »Dienstherrn«.

Der Zölibat ist zudem eine einfache Form der Disziplinierung. Priester, die heiraten, also neben der Kirche noch ein Privatleben haben, sind nicht so leicht zu überprüfen. Wer gar eine Familie gründet, den kann man kaum noch kontrollieren. Was soll mit den Kindern geschehen, die nachher auch noch Erbansprüche stellen könnten? Mit alldem will die Kirche nichts zu tun haben.

Erstaunlich ist das schon, schließlich funktioniert es in anderen Religionen auch. Selbstverständlich waren und sind Rabbiner verheiratet, auch die russisch-orthodoxe Kirche kennt die Ehe.

Auch in der Westkirche lief nicht immer alles nach den Plänen Roms.

Der alte Streit in den katholischen Kirchen

Schon 1878 hatte die alt-katholische Kirche Deutschlands, die sich erst sechs Jahre zuvor gegründet hatte, die automatische Verbindung von Zölibat und Priestertum aufgehoben, wie man auf der Homepage der Kirche lesen kann. Die alt-katholische Kirche verweist zu Recht darauf, dass der Zölibat eine späte Erfindung der römisch-katholischen Kirche gewesen sei. In der Kirche des ersten Jahrhunderts habe es keine verpflichtende Verbindung von Priesteramt und Ehelosigkeit gegeben. (Auch daher der Name »alt-katholisch« in Abgrenzung zur neueren römisch-katholischen Lehre.)

Diakonen, Priestern und Bischöfen steht es nach der Überzeugung dieser Kirche frei, ob sie »in Ehe und Familie leben wollen oder nicht«.

Doch Rom kümmert das nicht. Der Vatikan hält lieber an seinen Dogmen fest, als sich mit der altkatholischen Kirche zu streiten. Aus Kontrollwahn? Aus Gründen der Disziplinierung ihrer Priester und Bischöfe? Eines jedenfalls zeigt der Zölibat gewiss: eine ungeheure Leibfeindlichkeit, die mit der Ablehnung von Frauen Hand in Hand geht, und das auch noch »freiwillig« gewählt. Spielt Angst vor Frauen eine Rolle? Vielleicht. Schließlich sind Frauen verführbar (Eva) und galten zu biblischen Zeiten als unrein.

Der Zölibat wird seit Langem kontrovers diskutiert. Nicht nur außerhalb der Kirche, sondern auch innerhalb. Und das schon seit Jahrhunderten. Aus ganz anderen Gründen ist die Debatte nun wieder aufgekommen.

Nachwuchssorgen und andere Probleme

Der römisch-katholischen Kirche und ihren Orden fehlt es an Nachwuchs. Das liegt gewiss auch an der vorgeschriebenen Lebensform von Keuschheit und Ehelosigkeit. Die jüngsten Ordensschwestern und Ordensbrüder sind längst nicht mehr jung. »Du bist die Letzte, du wirst das Licht ausmachen«, heißt es hier und da. Witzig ist das nicht gemeint. Weil es wahr ist.

Wahr ist allerdings auch, dass die erzwungene Ehelosigkeit immer wieder zu »sittlichen Missständen« führt, wenn man es einmal so formulieren will. Auch in ihren Ämtern bleiben Priester und Bischöfe Männer; Männer, die sexuelle Bedürfnisse kennen. Aus dieser »menschlichen Schwäche«, die in Wahrheit eine natürliche Stärke ist, noch dazu in der Bibel angelegt (»Seid fruchtbar und mehret euch«, 1. Mose 1, 26), den Betroffenen einen Strick zu drehen, kann nicht im Sinne der Kirche sein. Gewiss wäre es weder in Jesu Sinne gewesen noch von Gott gewollt. Am Zölibat erweist sich einmal mehr, dass viele Regeln nicht von Gott kommen, sondern von Menschen erdacht wurden.

Sicher leben manche Priester den Zölibat »scheinbar ohne große Probleme«, wie Küng schrieb. Viele seien aufgrund ihrer notorischen Überlastung kaum in der Lage, sich um Partnerschaft oder Familie zu kümmern. Aber, so Küng, der Zwangszölibat führe in der Praxis auch oft zu untragbaren Situationen. »Viele Priester sehnen sich nach Liebe und Geborgenheit, können eine Beziehung aber bestenfalls heimlich leben – mancherorts als mehr oder weniger ›offenes Geheimnis‹.« Wenn Kinder aus der Beziehung hervorgingen, würden diese »auf Druck von oben verschwiegen, mit verheerenden Folgen für die Betroffenen ein Leben lang«.

Andere Priester, so Küng, würden durch die Ehelosigkeit »verbittert und weltfremd, oft mit einem gespannten Verhältnis zu Frauen, die sie im schlimmsten Fall als reine Geschlechtswesen oder sexuelle Versuchung betrachten«. Genau deshalb, ist Küng überzeugt, würde es kaum ein Priester je zulassen, einer Frau das Priesteramt zu überlassen.

Ob der Zölibat auch dazu dient, jenen Männern einen amtlich verbrämten Unterschlupf zu bieten, die Ich-schwach, zu partnerschaftlichem Leben unfähig oder für hierarchische Gängelei besonders empfänglich sind, wie der suspendierte Priester Eugen Drewermann in seinem Buch *Kleriker. Psychogramm eines Ideals* einst schrieb, sei dahingestellt. An dieser Debatte will ich mich nicht beteiligen. Zwar kann das in Einzelfällen stimmen. Generell aber ist eine solche psychoanalytische Betrachtungsweise nicht nur (gewollt) subjektiv, also nicht nachweisbar, sie verletzt auch die Würde jener Priester und Bischöfe, die ihre Ämter ernst nehmen.

Ein Brief aus der Politik
Die Nachwuchssorgen der katholischen Kirche beschäftigen nicht nur die Kirche, sondern auch etliche Politiker. In einem gemeinsamen Brief an die deutschen Bischöfe verlangten im Januar 2011 namhafte CDU-Politiker von der Kirche, entschiedener gegen den Priestermangel vorzugehen. Natürlich blieb ihnen nur die eine Forderung: auch verheiratete Männer zur Priesterweihe zuzulassen.

Wörtlich schrieben sie: »Wir – ein Kreis politisch engagierter, katholischer Christen [...] – halten es für dringend geboten, die deutschen Bischöfe im Lichte der besorgniserregenden Zunahme des Priestermangels zu bitten, die Zulassung von viri probati zur Priesterweihe zu ihrem eigenen Anliegen zu machen.« Als »viri probati« werden verheiratete Männer bezeichnet, denen das Priesteramt aufgrund ihres Ehestands verweigert ist. Das Ziel war klar: Die Politiker wollten die Kirche unter Druck setzen. Unterschrieben hatten den Brief unter anderem Bundestagspräsident Norbert Lammert, die damalige Bildungsministerin Annette Schavan, die ehemaligen Ministerpräsidenten Erwin Teufel, Bernhard Vogel und Dieter Althaus. Schließlich Hermann Kues (aus Niedersachen) und Friedrich Kronenberg (aus Nordrhein-Westfalen). Allesamt Menschen, die sich Sorgen um die Zukunft ihrer Kirche machten.

Mit dem Brief sollten die deutschen Bischöfe dazu gebracht werden, sich in der Weltkirche und beim Papst für die nötigen Reformen einzusetzen. »Alle, zum Teil durchaus berechtigten Gründe, an der bisherigen traditionsreichen, wenn auch nicht durch ein Gebot Christi unabweisbaren Praxis festzuhalten, wiegen unseres Erachtens nicht so schwer wie die Not vieler priesterloser Gemeinden, in denen die sonntägliche Messfeier nicht mehr möglich ist«, hieß es in dem Schreiben. Wenn das in der Weltkirche und in Rom nicht umsetzbar sei, sollte »gegebenenfalls [...] auch eine regionale Ausnahmeregelung für Deutschland in Erwägung gezogen werden«.

Lammert warf in der *Süddeutschen Zeitung* dem Vatikan wörtlich vor, sich »mit dem Problem in einer Weise [zu befassen], die diesem absolut nicht gerecht« werde.

Die Reaktion der Deutschen Bischofskonferenz folgte prompt. Eine regionale Lösung komme auf keinen Fall infrage. »Diese Anregung ist von weltkirchlicher Tragweite und verlangt eine entsprechende Meinungsbildung und Entscheidung auf gesamtkirchlicher Ebene«, hieß es in einer Erklärung des Sekretariats der Deutschen Bischofskonferenz nur einen Tag später. Die Ehelosigkeit sei ein hohes Gut. »In den kommenden Jahren werden die Rückerinnerungen an die Beratungen des Konzils vor 50 Jahren und der Gemeinsamen Synode der Bistümer vor 40 Jahren Gelegenheit geben, das Anliegen des Briefes und andere Anregungen zur Weckung von mehr Priesterberufen neu zu bedenken.« Deshalb würden sich die deutschen Bischöfe damit derzeit nicht befassen.

Das war's. Keine Einlassung auf den Brief, keine Einlassung auf dessen Inhalt.

Alles soll so bleiben, wie es ist. Priester dürfen nur unverheiratete Männer sein. Als wäre die Kirche nur für Männer da und nicht für die Gläubigen. Als ginge es ihr nur um sich selbst, statt sich dem Neuen zu öffnen. Eine Kirche aber, die nur um ihrer Selbst willen da ist, ist keine Kirche. Eine Kirche, die nicht zur Sekte werden will, darf sich nicht verschließen. Das Priesteramt auch für Verheiratete zu öffnen und auch für Frauen, das wäre nicht nur möglich, sondern auch machbar. Und der Priestermangel hätte sich im Nu erledigt.

Dabei steht die Kirche schon lange in der Pflicht, Priesterberufe neu »zu bedenken«, wie die Verfasser des Briefs betonten: »Wir erinnern unsere Bischöfe an ihre [...] Zusage«, die sie während der bereits erwähnten Gemeinsamen Synode von 1971 bis 1975 gegeben hätten. Zugleich verwiesen die Autoren die Bischöfe auf die damaligen Worte des späteren Kardinals Walter Kasper: »Wenn die Kirche ›in Zukunft über längere Zeit durch akuten Priestermangel gezwungen sein sollte, die Leitung vieler Gemeinden [...] Laien anzuvertrauen‹, dann bleibe auf längere Sicht gar nichts anderes übrig, als viele ›der Laien, die sich im Gemeindedienst bewährt haben, als viri probati für die Ordination‹ zuzulassen«, also als verheiratete Männer.

Eine Zusage, was ist denn schon eine Zusage ... Es wäre fast ein Wunder gewesen, wenn die Kirche zum Inhalt des Briefs Stellung bezogen hätte. Ganz offensichtlich sind die Bischöfe (noch) nicht bereit, sich in dieser heiklen Frage auf eine öffentliche Diskussion einzulassen.

Geradezu utopisch mutet da die Frage an, ob die Kirche jemals Frauen zum Priesteramt zulassen würde. Von einer solchen Forderung war im Brief der CDU-Politiker denn auch erst gar nicht die Rede, auch wenn zu den Unterzeichnern eine Frau gehörte: Annette Schavan. Gut Ding will eben Weile haben – und braucht Einsatz.

Sexueller Missbrauch von Kindern versus Zölibat
Wir alle erinnern uns an den Skandal des sexuellen Missbrauchs von Kindern und Jugendlichen, der im Jahr 2010 zwar bekannt geworden war, aber bis weit in

die Vergangenheit reichte. Es war dem Mut des Jesuiten Klaus Mertes zu verdanken, dass die Sache ans Licht kam. Immer mehr Schüler des staatlich anerkannten privaten katholischen Gymnasiums Canisius-Kolleg in Berlin, dessen Rektor Mertes seinerzeit war, hatten sich ihm anvertraut. Er musste handeln. Mertes schrieb einen Brief an die Absolventen der 1970er- und 1980er-Jahrgänge, um sie zu fragen, welche Erfahrungen sie gemacht hätten. Am 28. Januar 2010 gelangte der Brief an die Medien. Damit war die Sache öffentlich.

Nicht vergessen werden darf, dass sich solche Fälle nicht nur in katholischen Einrichtungen ereignen, sondern auch in evangelischen sowie öffentlichen und privaten Institutionen (bekannt wurde vor allem der Fall Odenwaldschule). Am häufigsten kommt es zum sexuellen Missbrauch allerdings immer noch im häuslichen Bereich. Der Skandal aber ist stets der gleiche.

Zurück zur katholischen Kirche: Gibt es einen Zusammenhang zwischen Missbrauch und Zwangszölibat? Ausgeschlossen ist das nicht. Die vielen Fälle von Zölibat und Kindesmissbrauch in den USA hatten den Verdacht schon länger geschürt. Warum sollte das in Deutschland anders sein?

In der Bibel findet sich dazu ein weiser Rat: »Wegen der Gefahr der Unzucht soll jeder Mann seine Frau und jede Frau ihren Mann haben.« (1. Korinther 7, 2) Doch den scheint in dieser Debatte offenbar niemand zur Kenntnis zu nehmen.

Obwohl die katholische Kirche einen Zusammenhang zwischen Zölibat und sexuellem Missbrauch bislang offiziell leugnet, hatten sich die deutschen Bischöfe doch ein paar Gedanken gemacht. Mehr als ein Jahr nach Bekanntwerden des Missbrauchs am Canisius-Kolleg gingen sie, wenn auch in aller Vorsicht, auf das Problem ein. In einer Pressemitteilung vom 16. Mai 2011 ließen sie verkünden: »Ebenso wichtig [...] ist das Thema der Priesterausbildung und -auswahl: Unverzichtbar ist hierbei die Wachsamkeit für eine gesunde menschliche und spirituelle Reife sowie für die Frage, wie zölibatäres Leben gelingen kann.« Ein indirektes Eingeständnis, dass nicht alles mit rechten Dingen zuging, war das allemal.

Auch der Katholik Hans Küng wies auf einen Zusammenhang von erzwungener Ehelosigkeit, Pädophilie und sexuellem Missbrauch hin. Die Verbindung von Pflichtzölibat und Kindesmissbrauch werde zwar stets geleugnet. Und doch könne man die »Zusammenhänge nicht übersehen«, schrieb der Theologe 2011. »Die zwangszölibatäre und monosexuelle Kirche konnte (zwar) die Frauen aus allen kirchlichen Ämtern, nicht aber die Sexualität aus dem Menschen vertreiben.« Da nun aber das natürliche sexuelle Verlangen nicht zu leugnen sei, bestehe die Gefahr, dass es »in eine Tabuzone abgedrängt und dort kompensiert« werde, notierte Küng unter Berufung auf den katholischen Religionssoziologen Franz-Xaver Kaufmann. Gerade diese Tabuisierung würde »pädophilen Neigungen Vorschub leisten«. Das weiß jeder Psychologe. Trotzdem wird es in der katholischen Kirche negiert, verdrängt oder verschleiert.

Küngs Forderung: Die Kirche brauche nicht nur nur eine neue Einstellung zur Sexualität, sondern auch zum Thema Frauen. Eine sehr richtige Feststellung: Solange die Kirche nicht bereit ist, ihr (zuweilen verklemmtes) Verhältnis zur Sexualität und zu Frauen offen anzugehen, wird sich an der grundlegenden Gefahr des sexuellen Missbrauchs von Kindern und Jugendlichen in der katholischen Kirche nichts ändern. Mögen die Bischöfe bei der Priesterauswahl auch noch so sehr auf die »gesunde menschliche und spirituelle Reife« der Anwärter achten, mögen sie auch noch so sehr prüfen, ob »zölibatäres Leben gelingen kann«. Verhindern können sie sexuellen Missbrauch dadurch nicht.

7 Die UNO-Kritik

Die katholische Kirche hatte ihre Bestürzung über die Vorfälle vielfach zum Ausdruck gebracht. Es dauerte allerdings eine ganze Weile, bis Taten folgten. Der Druck wuchs. Die Opfer fanden den Mut, vor Publikum über ihre traumatische Vergangenheit zu sprechen. Die Öffentlichkeit setzte die Kirche immer stärker unter Zugzwang.

Schließlich legte Anfang Juli 2013 auch die UNO-Kinderrechtskommission nach. Sie hatte sich eingemischt, weil der Heilige Stuhl das UN-Kinderschutzabkommen 1990 unterschrieben hatte und sich damit als Völkerrechtssubjekt, das nicht nur die Interessen des Vatikanstaats, sondern auch der gesamten katholischen Kirche vertritt, offiziell der Beobachtung durch die Kommission unterworfen hatte. Das Gremium *durfte* also dem Vatikan eine Reihe von Fragen zum Kinderschutz stellen. Solche Fragebögen sind Usus, die in Genf ansässige UNO-Organisation braucht die Angaben der Unterzeichnerstaaten für ihre regelmäßigen Berichte. Es war allerdings das erste Mal, dass auch der Vatikan um ein Gutachten gebeten worden war. Allein das konnte als Zeichen bewertet werden. Als Zeichen dafür, dass nicht alles mit rechten Dingen zugeht.

Zwar zeigte sich die Kirche stets um eine Aufklärung der Vorfälle bemüht. Doch so spät, so mühsam, langsam und kompliziert das auch war und immer noch ist: Herausgekommen ist bislang wenig, wie nicht nur die Opfer immer wieder beklagen. Und im Januar 2014 auch die UNO. Da war ihr Bericht fertig.

Der Ruf der Kirche und der Schutz der Schwachen
Angesichts der Daten, die die UNO-Kommission gesammelt hatte, war es aus ihrer Sicht zu offensichtlich geworden, dass die Kirche sich vor dem Thema drückt. Das UNO-Komitee für die Rechte des Kindes hatte in seinem Bericht erhebliche Missstände in der katholischen Weltkirche ausgemacht, vor allem im Umgang mit sexuellem Missbrauch, aber auch bei den Themen Homosexualität, Verhütung und Abtreibung – nicht zuletzt in Deutschland.

Hier soll es »lediglich« um das Thema sexueller

Kindesmissbrauch gehen. Priester und andere kirchliche Mitarbeiter, so der Bericht, hätten sich weltweit an Zehntausenden Kindern und Jugendlichen vergriffen. Die UNO-Kommission zeigte sich »zutiefst besorgt«, dass der Heilige Stuhl das »Ausmaß der begangenen Verbrechen nicht anerkannt« habe. Sie warf der Kirche vor, bekannte Kinderschänder in andere Gemeinden oder Länder versetzt zu haben, wo sie erneut Kontakt zu Kindern und Jugendlichen gehabt hätten.

Die Kritik der Vereinten Nationen war vernichtend. Die Kommission attestierte der Kirche ein Versagen auf ganzer Linie: Trotz kirchlicher Zusagen unternehme der Vatikan nach wie vor zu wenig zum Schutz der Kinder vor Übergriffen von Geistlichen und Kirchenmitarbeitern. Insgesamt gehe die Kirche mit dem Skandal viel zu lasch um, indem sie das Thema verschleiere. Der Kirchenstaat sei vor allem darauf bedacht, sich selbst zu schützen, nicht aber die Kinder und Jugendlichen in seiner Obhut. Wörtlich hieß es: »Das Komitee ist besorgt darüber, dass die Kirche im Umgang mit sexuellem Missbrauch stets den Ruf der Kirche und die Interessen der Täter über den Schutz der Kinder gestellt hat.«

Für Deutschland kann man sagen: Das stimmt. Der erste Versuch der Deutschen Bischofskonferenz, die hiesigen Skandale wissenschaftlich zu erforschen, scheiterte bereits Anfang 2013 am Misstrauen des Vorsitzenden des Kriminologischen Forschungsinstituts Niedersachsen, Christian Pfeiffer, gegenüber der Bischofskonferenz. Nach zweijähriger Arbeit hatte

Pfeiffer der Kirche mangelnden Aufklärungswillen unterstellt. Einen zweiten Anlauf startete die Bischofskonferenz erst ein Jahr später, im März 2014. »Wir wollen Klarheit und Transparenz über diese dunkle Seite in unserer Kirche – um der Opfer willen, aber auch, um selbst die Verfehlungen zu sehen und alles dafür tun zu können, dass sie sich nicht wiederholen«, betonte der Beauftragte für Missbrauchsfälle, Bischof Stephan Ackermann, bei der Vorstellung des Projekts. Transparenz und rückhaltlose Klarheit, das wollen auch die an der Untersuchung beteiligten Wissenschaftler. Und ganz nebenbei fordert das ebenso die Öffentlichkeit, allen voran die Katholiken, die sich für ihre Kirche wegen des Skandals bis heute schämen.

Ausdrücklich riet die UNO dem Vatikan, einen Text zu formulieren, der klarstelle, dass immer das Interesse des Kindes im Vordergrund stehe, nicht das Interesse der Kirche. Außerdem müssten alle Opfer sexueller Übergriffe entschädigt werden.

Ferner attestierte die UN-Kinderrechtskommission der Weltkirche Nachlässigkeit im Umgang mit den Tätern. Statt sie innerhalb der Kirche zu versetzen, was die Verdächtigen vor Strafverfolgung und anderen staatlichen Sanktionen schütze, solle die Kirche die Täter umgehend der Justiz übergeben.

Derlei Forderungen hatte der Heilige Stuhl allerdings schon immer abgelehnt. Wie bei allen Straftaten liegt die Verantwortung für die Strafverfolgung nach Auffassung des Vatikans bei jenen Staaten, in denen es zu den Straftaten gekommen sei, in diesem Fall Missbrauch von Kindern und Jugendlichen. Der Vatikan sei nur im Kirchenstaat verantwortlich. Juristisch ist das ein leichter Weg, sich vor der moralischen Verantwortung zu drücken. Der Vatikan ist zwar ein Kirchenstaat, tatsächlich aber herrscht er über die katholische Weltkirche. Er kann also sehr wohl Einfluss darauf nehmen, was sich in seiner weltweiten Kirche tut. Rom kennt ja auch sonst keine Gnade.

Mag sich auch der Vatikan in deutsche Strafverfahren nicht einmischen: Es *gab* ein paar wenige Prozesse in Deutschland, in denen es zu Verurteilungen kam. In der Regel scheiterten die Verfahren jedoch an der Verjährungsfrist. Die wurde zwar im Juni 2013 deutlich verlängert, sie betrifft aber keine Fälle, die zur Zeit der Gesetzesänderung (eben Juni 2013) schon verjährt waren.

Schließlich forderte die UNO verbindliche kirchenrechtliche Regeln, um die Kinder künftig weltweit besser zu schützen. Gleichzeitig verlangte sie vom Vatikan, sich an ihre Empfehlungen zu halten, sie umzusetzen und bis 2017 einen entsprechenden Bericht abzuliefern. Rechtlich bindend sind solche Empfehlungen nicht. Sanktionsmöglichkeiten gibt es nicht. Der Berichterstattungspflicht wird sich der Heilige Stuhl als Unterzeichner des Abkommens allerdings kaum entziehen können.

Die Doppelmoral der Kirche

Das UNO-Komitee hatte der Kirche »einen weltlichen Spiegel« vorgehalten, wie es ausgerechnet *Spiegel*

Online formulierte. Der Bericht habe nicht weniger getan, »als die Doppelmoral der Kirche zu enttarnen«. Punkt für Punkt habe er offenbart, »wie die Kirche den Schutz der Schwachen« unterlasse und »sich zur Rechtfertigung hinter Glaubensgrundsätzen« verschanze.

Das sind harte, aber zum Teil berechtigte Worte. Denn es hat sich in der Tat wenig getan.

Die Kirche wehrte sich natürlich sofort gegen den Bericht. Sie verbat sich die Einmischung in die katholische Lehre. Dabei ging es der UNO in diesem Fall nicht um die Lehre, sondern um Kindesmissbrauch und die Verantwortung der Kirche. Aber auch diese Vorwürfe wies der Vatikan scharf zurück. Tatsachen seien verdreht worden, eine Reihe von Neuerungen beim Kinderschutz aus den vergangenen Jahren außer Acht geblieben. Der Botschafter des Vatikans bei der UNO in Genf, Erzbischof Silvano Tomasi, vermutete gar, dass der Bericht bereits vor der Befragung durch die UNO-Mitarbeiter geschrieben worden sei.

Angeblich sollte unter Papst Franziskus alles anders werden. Der Papst entschuldigte sich bei den Opfern – ein lang ersehntes Zeichen für die Betroffenen. Eine eigens für dieses Thema eingesetzte interne Kommission, die der Vatikan bereits im Dezember 2013 gegründet hatte, hat ihre Arbeit aufgenommen. Sie soll sich um die Betreuung von Missbrauchsopfern kümmern, Leitlinien zur Prävention verfassen und für eine bessere Schulung kirchlicher Mitarbeiter sorgen. Allein mit der Ankündigung der Kommission hatte sich Franziskus als neuer kraftvoller Mann an der Spitze der Kirche gezeigt. Die Folgen indessen stehen noch aus.

Klar ist: Ein Papst, der sich um die Armen und Schwachen kümmert, muss erst recht für Opfer da sein, für Opfer von sexueller Gewalt zum Beispiel. Vor allem, wenn die Täter aus den eigenen Reihen stammen.

Die UNO und der Vatikanstaat – das sind und bleiben zwei Welten. Sie passen nicht zusammen, die eine weltlich, der andere religiös dominiert. Da grenzte es fast an ein Wunder, dass der Heilige Stuhl die Kinderrechtskonvention überhaupt unterzeichnet hatte.

Dass die Vereinten Nationen und die katholische Kirche in dieser Sache je einig werden, muss bezweifelt werden. Der Verdacht jedenfalls, die Kirche schütze ihren Ruf besser als Kinder und Jugendliche, wird von vielen Außenstehenden geteilt. Zu befürchten ist: Solange nur Männer in der Kirche das Sagen haben, wird der menschenverachtende, besser gesagt: kinderverachtende Skandal weitergehen. Mit Frauen an zentralen Stellen der Kirche sähe die Sache sicher anders aus.

Es überrascht nicht, dass viele Katholiken nach dem Bekanntwerden des sexuellen Missbrauchs aus der Kirche ausgetreten sind. Für die katholischen Schulen und Kindergärten hingegen hatte die Angelegenheit kaum Folgen. Nach wie vor ist der Andrang groß.

Aber auch das hat seinen Grund: Es stimmt, dass die Betreuung in den meisten katholischen Einrichtungen besonders gut ist; liebevoll und voller Hingabe für Kinder, Jugendliche, Kranke, Behinderte oder alte Menschen.

Aber diese Ebene liegt ja auch in Frauenhand …

8 Umfrage I – katholisch

Als ob er die UNO-Kritik vorausgeahnt hätte, gab Papst Franziskus schon kurz davor, im November 2013, einen »Fragebogen an die Gläubigen zu Ehe, Familie und Vatikan« in Auftrag, in der die Katholiken nicht nur zu Ehe und Familie, sondern auch zu Scheidung, Verhütung und Homosexualität Stellung nehmen sollten. Das war keine Revolution von unten, sondern eine von oben. Kein Reformer oder Kritiker der Kirche, der Papst selbst wollte wissen, wie es um seine Kirche steht. Entsprechend groß war die Aufregung. Schnell verbreitete sich im Vatikan die Angst vor den Geistern, die man gerufen hatte, eine berechtigte Angst. Denn die Geister verkündeten einige für die Amtskirche unbequeme Wahrheiten. So verdruckst die Fragen auch gestellt waren, allein die symbolische Bedeutung der Umfrage war nicht zu unterschätzen. Das wussten die Angehörigen des Vatikans.

Schon die Vollversammlung des Kardinalskollegiums im Februar 2014 hatte sich auf Wunsch des Papstes mit dem Thema Ehe und Familie befasst. Es war nicht nur *sein* Anliegen, sondern eines, das den meisten Katholiken und vielen Kirchenleuten unter den

Nägeln brannte. Schon damals waren es nicht liberale Reformgruppierungen wie »Wir sind Kirche«, die das Thema auf die Tagesordnung gesetzt hatten, sondern das Kirchenoberhaupt selbst.

Auch die erste weltweite Befragung der Gläubigen, wie sie zu Liebe, Sex und Partnerschaft stehen und welchen Stellenwert die lehramtlichen Positionen in ihrem Leben einnehmen, wurde nicht von unten angestoßen. Es war Papst Franziskus, der ungefiltert erfahren wollte, »ob Hirten und Herde noch beieinanderstehen oder sich längst aus den Augen verloren haben«, wie der *Deutschlandfunk* passend formulierte.

Die Geister, die er rief

Dem Papst war nicht entgangen, dass die katholische Morallehre über Ehe und Familie für die meisten Gläubigen so gut wie keine Rolle mehr spielt. Viele Katholiken leben heute bereits vor der Eheschließung zusammen (»voreheliche Lebensgemeinschaft« nennt das die Kirche), viele Katholiken leben auch in nicht ehelichen Lebensgemeinschaften, viele katholische Frauen sind alleinerziehende Mütter. Auch Homosexualität stellt für die meisten Gläubigen kein Problem mehr dar. Die Mehrheit empfindet homosexuelle Lebensformen als gleichberechtigt mit heterosexuellen. Die Art und Weise, wie die verfasste Kirche damit umgeht, erlebt die Basis als diskriminierend und verstörend. Auf völliges Unverständnis stößt der Ausschluss von wiederverheiratet Geschiedenen von den Sakramenten.

All das war Franziskus bewusst, als er die Umfrage in Auftrag gab. Nun hatte es die Kirche schriftlich, gleichsam »amtlich«, wie weltfremd ihre Lehre ist. Der Realitätsschock war programmiert.

»In welchem Maß ist die (Moral-)Lehre im außerkirchlichen Bereich bekannt?«, lautete eine der Fragen. »In welchem Maße […] wird [sie] akzeptiert, zurückgewiesen und/oder kritisiert?« Während viele Bischöfe aus anderen Ländern die Weiterleitung der Fragen und Antworten verweigerten, bewies die Deutsche Bischofskonferenz Rückgrat. Sie nahm sich der Sache an und fasste die Antworten ihrer Bistümer zusammen. Sprachlich ungelenk, aber ehrlich schilderte sie, was die Katholiken von der kirchlichen Lehre halten.

Der Realitätsschock

Zum eingangs erwähnten Fragenbündel schrieb sie: »Außerhalb der Kirche wird die kirchliche Sexualmoral als reine ›Verbotsmoral‹ wahrgenommen und […] als unverständlich und lebensfern bewertet. Die kirchliche Weigerung, homosexuelle Lebenspartnerschaften gesellschaftlich und rechtlich anzuerkennen, wird darüber hinaus als Diskriminierung […] verstanden.« Die große Mehrheit lehne die »Unauflöslichkeit« der Ehe und »Nichtzulassung einer erneuten Eheschließung« ab.

Da stand es nun, schwarz auf weiß: Die meisten Katholiken negieren die reine Lehre, in ihrem Leben spielt sie keine Rolle. Die Entfremdung ist total. »Wir« und »ihr« haben nichts miteinander zu tun.

Fragen über das Naturrecht »in Bezug auf die Verbindung zwischen Mann und Frau« wurden gestellt, doch die meisten Gläubigen konnten mit dem Begriff nichts anfangen. Die Bischofskonferenz erklärte: »Der innerliche Zusammenhang zwischen Liebe, Sexualität und Fruchtbarkeit als Wesensgehalt der Ehe ist vielfach nicht präsent.« Faktisch stehe die Einstellung zu Fragen von Ehe und Familie »im Widerspruch zu einem Naturrecht traditioneller Prägung«. Das also war der Hintergrund der Frage. In Wahrheit ging es nicht um das Naturrecht, sondern um die Einstellung der Gläubigen zu Ehe und Sexualität.

Apropos Naturrecht: Unterscheidet nicht die Kirche selbst zwischen Natur und Lehre, wenn sie beispielsweise den Zölibat vorschreibt, die verpflichtende Ehelosigkeit von Priestern und Bischöfen?

Zur Frage des Papstes nach den »vorehelichen Lebensgemeinschaften« fasste die Bischofskonferenz die Antworten so zusammen: Die voreheliche Lebensgemeinschaft sei »nicht nur eine relevante, sondern eine nahezu flächendeckende pastorale Wirklichkeit«. Fast alle Paare, die um eine kirchliche Trauung bäten, »leben oft schon mehrere Jahre zusammen (Schätzungen liegen zwischen neunzig und hundert Prozent)«. Auch die Trauung von Paaren mit Kindern nehme zu, stellte die Bischofskonferenz richtig fest. Es folgten Statistiken.

Auf die Frage »Wie leben die Getauften ihre irreguläre Situation?« kam prompt die erwartbare Antwort: »Die Getauften erleben ihre Situation nicht als eine irreguläre.« Die Menschen lehnten die Unterscheidung von »regulär« und »irregulär« ab, weil sie sie »als ausgrenzend und diskriminierend« empfänden – gerade gegenüber jenen Familien, »die sowieso schon mit erschwerten Lebensbedingungen konfrontiert« seien. Scheidung und Wiederheirat führten oft zu einer »Distanzierung von der Kirche«. »Mit einer Institution, die sie als ablehnend erfahren, möchten viele nichts mehr zu tun haben.« Das ist noch beschönigend ausgedrückt. Tatsächlich verachten viele Betroffene ihre Kirche, obwohl sie katholisch bleiben wollen. Hier zeigt sich einmal mehr der Unterschied zwischen Lehre und Wirklichkeit.

Zur Eucharistie für wiederverheiratete Geschiedene hieß es: »Die meisten Katholiken [...] können die Lehre der Kirche in diesem Punkt nicht nachvollziehen, sondern fordern eine Pastoral [eine Seelsorge – Einfügung der Verfasserin] des Respekts vor der Gewissensentscheidung des Einzelnen und einen barmherzigen Umgang mit Scheitern, der auch einen Neuanfang und die Wiederzulassung zu den Sakramenten, insbesondere zur Eucharistie, ermöglicht.« Die Alternative zur Scheidung, die Annullierung der Ehe, empfänden die meisten als unehrlich. Die betroffenen Paare betrachteten ihre Ehe nicht als »nichtig«, sondern als »gescheitert«.

Zu gleichgeschlechtlichen Lebenspartnerschaften schrieb die Bischofskonferenz – wenig überraschend – in ihrer Antwort: »Die katholische Kirche konnte sich mit ihrer Position kaum gesellschaftliches Gehör verschaffen, da der Aspekt des Diskriminierungsverbots so stark im Vordergrund steht, dass kein anderes Argument zur Geltung kommt.«

Auch die Antworten zur künstlichen Befruchtung waren eindeutig. Den meisten Katholiken ist die Enzyklika *Humanae vitae*, die sogenannte Pillen-Enzyklika aus dem Jahr 1968, kein Begriff mehr. Kaum jemand lehnt künstliche Befruchtungen ab. Kaum jemand versteht das kirchliche Verbot der Geburtenregelung. »In der Praxis«, so die Bischofskonferenz, würden die kirchlichen Anordnungen »nicht beachtet«. Nur bei der Frage der Abtreibung teile die Mehrheit der Gläubigen die Auffassung der Kirche.

Das Kondomverbot hingegen sei nicht zu vermitteln. Die meisten Gläubigen befürworteten Kondome nicht nur als Verhütungsmittel, sondern auch als HIV-Prophylaxe. Die Basis empfinde das Kondomverbot »nicht nur als lebensfremd, sondern explizit als unmoralisch«. Für die Kirche sind das bittere Wahrheiten.

Glaube versus Lehre
Das zentrale Problem für viele Katholiken aber ist die Frage nach dem Glauben. »Viele Menschen können mit dem christlichen Glauben in seiner kirchlich vermittelten Form – egal, ob katholisch oder evangelisch – nichts mehr anfangen«, schrieb der katholische Magdeburger Bischof Gerhard Feige 2014 in *Der Kirchentag – Das Magazin*. Das stimmt.

Der Kinderglaube trägt nicht mehr, die Lehre entspricht nicht der Lebenswirklichkeit. Da wenden sich viele ab, andere nehmen die Kirche als Institution nicht mehr ernst, wiederum andere verzweifeln an ihrem Glauben. Sie trauen sich nur nicht, darüber zu reden. *Das* vor allem sollte die Kirche ernst nehmen. Denn ohne den Glauben ist jede Lehre zwecklos.

Doch was zählt für die katholische Kirche mehr? Ihre Lehre. Zu welchen Irrungen und Wirrungen das führt, zeigt eine andere Antwort der Bischofskonferenz. »Insbesondere im Bereich der Sexual-, Ehe- und Familienethik gilt es […], einen Duktus zu finden, der sich vom Vorurteil der Leibfeindlichkeit und einer lebensfeindlichen Gesetzesethik zu befreien vermag.« Auf den Kern der Glaubenskrise geht die Kirche erst gar nicht ein. Vielmehr muss ein neuer »Duktus« gefunden werden. Was soll das ändern?

Die Vorurteile, von denen die Kirche spricht, sind keine Vorurteile, sondern gelebte Realität. Da hilft es nicht, die Dinge anders zu formulieren. Die Menschen lassen sich nicht in die Irre leiten. Sie verstehen die Botschaften, egal, wie sie formuliert sind. Heuchelei ist ein böses Wort. Aber das *ist* Heuchelei. Man kann nicht erst die Leute befragen und um ehrliche Antworten bitten, dann aber nur einen neuen »Duktus« präsentieren. Nur die Sprache der Kirche soll sich ändern, nicht die Haltung. Das ist ein starkes Stück.

Die Geduld ist am Ende

Wer ehrlich fragt, bekommt ehrliche Antworten. Nun ist es »amtlich«, was die Kirche stets negierte, aber befürchtet hatte. Die Lehre entspricht nicht der Meinung der Gläubigen, sie wird weder ernst genommen noch umgesetzt.

Jetzt *muss* sich die Kirche bewegen. Wie stünde sie sonst da? Jetzt reichen keine bloßen Worte mehr. Jetzt muss sie handeln. Die Geduld der Katholiken, vor allem der Frauen, denen an ihrer Kirche liegt, ist am Ende. Guter Wille genügt nicht mehr. Man darf über Barmherzigkeit nicht nur *reden*, sondern muss auch barmherzig *sein* und handeln. Sonst verliert die Kirche auch noch den Rest ihrer Mitglieder. Und keiner würde sich wundern. Wenn die Kirche ernst genommen werden will, muss sie auch die Gläubigen ernst nehmen.

Die katholische Basis besteht schon lange nicht mehr aus Untertanen; es sind Bürger – vertraut mit der Demokratie; gewohnt, frei zu wählen; fordernd, wenn es um ihre Recht geht. Sie trennen ihr Leben nicht in ein staatlich-gesellschaftliches und ein privat-katholisches. Viele kennen die Verbote der Kirchen nicht, und wenn sie sie kennen, ignorieren sie sie. Sie entscheiden selbst. Die Journalistin Evelyn Finger hatte einst in der *ZEIT* ein herrliches Beispiel dafür gebracht: »Der katholische Apotheker, der eigentlich die Pille nicht verkaufen darf, tut es dennoch, auch wenn die Kirche ihm mit Höllenstrafen droht. An die Hölle glauben die meisten Katholiken nicht mehr.«

Die Basis hat sich abgenabelt, sie ist erwachsen geworden. Selbstbewusst, geradezu stolz präsentieren Katholikinnen wie Katholiken ihr unkatholisches Leben. Da bot die päpstliche Umfrage willkommenen Rückenwind. War sie nicht eine Bestätigung ihres

Lebens? Eine Wertschätzung, gar ein Zeichen des Respekts? Selbst Protestanten und Atheisten gratulierten Katholiken zu solch einem Papst.

Das war das seltsame Ergebnis: Die Umfrage band die Katholiken nicht an die Kirche, sie schürte das neue Selbstbewusstsein der Mehrheit. Ob das im Sinne des Erfinders war? Wohl kaum.

Die Umfrage bestätigte nicht nur die zunehmende Entfremdung von *Lehre und Leben*. Sie bestätigte auch die geradezu verfestigte Entfremdung von *Lehre und Evangelium*. Die neutestamentarischen Christen verstanden das Wort Jesu nicht als Gesetz, sondern als Weisung. In der Urkirche war man sich bewusst, dass es Situationen geben kann, die zum Beispiel ein weiteres Zusammenleben von Eheleuten unzumutbar machen können. Erst die Dogmen der katholischen Kirche machten aus den Weisungen Gesetze, verwandelten das Evangelium in ein Machtinstrument. Das wollten weder Jesus noch die Urchristen, die nach Jesu Tod und Auferstehung die ersten christlichen Gemeinden gegründet hatten, und schon gar nicht die Menschen in der heutigen Zeit.

Auch wenn die Christen das Evangelium und die daraus entstandenen katholischen Verbote nicht kennen mögen, sie sind näher an den Urchristen als an ihrer Kirche. Christen, die wie Jesus keine Unterschiede machen zwischen Männern und Frauen.

Auch wenn das Ergebnis der Umfrage wenig überraschend gewesen sein mag: *Eine* Erfahrung war neu. Ging es in der Kirchengeschichte bislang stets um

horizontale Trennungen, die zur Abspaltung und Neu-
gründung einer Kirche führten (Stichwort: Papst und
Gegenpapst), verläuft die jetzige Trennung vertikal.
Die Kirche zerlegt sich von oben nach unten wie von
unten nach oben.

Um die Formulierung des *Deutschlandfunks* noch
einmal aufzunehmen: Nein, Hirten und Herde stehen
nicht mehr beieinander. Sie haben sich längst aus den
Augen verloren.

9 Umfrage II – evangelisch

Während die katholische Umfrage die erste ihrer Art
war, sind Erhebungen der EKD seit 1972 üblich. Alle
zehn Jahre befragt sie ihre Mitglieder. Seinerzeit waren
die vielen Kirchenaustritte Stein des Anstoßes. Diesmal ist es anders. Die Zahl jener, die einen Kirchenaustritt erwägen, ist kleiner geworden. Auch gibt es
mehr treue und überzeugte Christen, ein stabiles Zen-
trum. Für die Kirche ist das eine erfreuliche Entwicklung.

Die neueste Studie vom März 2014 ist die fünfte
ihrer Art. Die Mitglieder waren Ende 2012 befragt
worden. »Kernanliegen der Untersuchungen ist es,
möglichst realistische und differenzierte Bilder des
religiösen Bereichs aus der Perspektive der Kirchenmitglieder zu gewinnen«, heißt es im Vorwort. Unter
dem Titel *Engagement und Indifferenz* befasste sich
die EKD mit einem ihrer Kernanliegen, der »Tendenz

zur Polarisierung der Menschen im Blick auf ihre Kirchenverbundenheit«.

Mag die Sprache der EKD auch so ungelenk sein wie die des Vatikans, es wird deutlich, worum es geht: um Kirchenmitgliedschaft, um Nähe und Ferne der evangelischen Christen zu ihrer Kirche. Nach der Studie bleiben etliche evangelische Christen der Kirche treu, weil sie glauben. Für viele andere aber sind es nicht Glaubensgründe, die sie an die Kirche binden, sondern das kirchliche soziale Engagement, das sie unterstützen wollen. Darum zahlen sie Kirchensteuern. Am kirchlichen Leben aber nehmen sie nicht teil.

Insgesamt entfernen sich die Menschen von ihrer Kirche. Entweder haben sie keinen Bezug mehr zu ihr oder keine Lust, sich mit kirchlichen Positionen auseinanderzusetzen. Den einen ist ihre Kirche zunehmend egal, die anderen verlieren ihren Glauben an Gott.

Der Glaubensverlust
Eines zeigt die Studie in aller Deutlichkeit: Die Kirche kann den rasanten Glaubensverlust der vergangenen Jahrzehnte nicht mehr rückgängig machen. Während die einen fest an Gott glauben und auch am kirchlichen Leben teilnehmen, sind andere gänzlich unreligiös und kirchenfern.

Je jünger die Menschen sind, desto weniger halten sie von der Kirche. Dazwischen gibt es »Oster- und Weihnachts-Christen«, die sonst nie Gottesdienste besuchen.

Für viele Protestanten, die glauben, spielt es kaum noch eine Rolle, was ihre Kirche sagt, über Glaubensfragen sprechen sie lieber mit Vertrauten als mit Pfarrerinnen und Pfarrern. Auch das ergibt die Studie: »Es sind nicht Seelsorgegespräche, es sind aber auch nicht persönliche Kontakte im Gemeindehaus, sondern es sind ganz überwiegend öffentliche Auftritte, in denen der Pfarrer als Person wahrgenommen und zum Repräsentanten der Kirche wird.«

Längst suchen die Menschen ihr Heil in ihrem eigenen Leben und eigenen Glauben. Vorgeschriebener oder gar aufgezwungener Glaube wird nie eigener Glaube. Ja, ich wage sogar die These, dass ein »selbst gemachter« Glaube viel tiefer sein kann und in der Regel auch ist als der nachgeplapperte, den man nicht hinterfragt. Dabei ist das Wort »selbst gemacht« eigentlich falsch. Wer glaubt, der weiß: Glauben *kann* man nicht selbst machen, man kann ihn nur erfahren. Schon Papst Benedikt XVI. hatte gesagt: »Der Glaube ist nicht etwas, was wir ausdenken oder aushandeln.« Man kann Glauben auch nicht lernen, er entwickelt sich. Wir können ihn auch nicht erfinden. Er kommt von selbst. Jeder kann nur glauben, was er glauben kann.

Wer Zweifel an seiner Kirche hat, fängt an, seinen Glauben zu hinterfragen. Das gilt genauso umgekehrt: Wer seinen Glauben hinterfragt, bekommt Zweifel an seiner Kirche. Auch das ist ein Grund für die Kirchenferne vieler Christen, die die EKD beklagt.

Zahlen belegen den Wandel: Während 1992 noch

33 Prozent der evangelischen Christen sagten, sie fühlten sich ihrer Kirche »etwas verbunden«, waren es 2012 nur noch 25 Prozent. Die Gruppe derer, die sich der Kirche »kaum« oder »überhaupt nicht verbunden« fühlen, lag 2002 bei 26 Prozent. Zehn Jahre später schon bei 32 Prozent. Fast ein Drittel der Kirchenmitglieder hat überhaupt kein Interesse an der Institution Kirche. Beim Nachwuchs, den jungen Christen unter 30, sieht es auch nicht besser aus. Ein Fünftel schließt eine Taufe ihrer Kinder aus. Lediglich 16 Prozent interessieren sich überhaupt für Religion. »Religionslosigkeit wird zum Bekenntnis«, schrieb Matthias Kamann treffend in der *Welt*. Entscheidend sei, dass man »nicht glaubt und nicht glauben will«.

»Die Mitte schmilzt ab«, fasste Oberkirchenrat Konrad Merzyn, der die Studie betreut hatte, das Ergebnis zusammen, es gebe »eine Tendenz zur stärkeren Polarisierung«. Und der einstige Ratsvorsitzende der EKD, Nikolaus Schneider, ergänzte: »Wir müssen ganz nüchtern konstatieren, dass es eine zunehmende Indifferenz bei Kirchenmitgliedern gibt.«

Die EKD befragte auch Menschen, die aus der Kirche ausgetreten sind. Die Gründe klingen bekannt, sie ähneln denen mancher Katholiken: Die evangelische Kirche sei »unglaubwürdig«, ihre Argumente unzugänglich. Auch sonst geht es vielen Protestanten wie etlichen Katholiken: Für ihr Leben, sagen viele, brauchen sie keine Religion.

Wie soll die evangelische Kirche, die anders als die katholische längst fortschrittliche Überzeugungen vertritt, je gegen ein derart festgefahrenes Desinteresse ankommen? Sie kann es nicht.

Eine Herde aus Gleichgültigkeit

Übrig geblieben ist eine »Herde aus Gleichgültigkeit«, wie der Journalist Matthias Drobinski seinen Kommentar zum Ergebnis der Studie in der *Süddeutschen Zeitung* überschrieb. Eine Gleichgültigkeit mit Folgen.

Die christlichen Traditionen haben sich dramatisch verändert. Vorbei sind die Zeiten, in denen zu Hause gebetet wurde, sei es vor dem Essen, sei es vor dem Schlafengehen; vorbei die Zeiten, in denen Eltern ihren Kindern aus der Kinderbibel vorlasen. Vergangen die Zeiten, in denen der Kirchgang zum sonntäglichen Leben gehörte. Jugendliche der heutigen Zeit verstehen vieles nicht, weil sie die Wurzeln der Geschichte ihres Landes nicht kennen, von denen eine das Christentum ist. Eine ganze Kultur geht so verloren.

Niemand weiß mehr, dass Verantwortung von Antwort kommt, eine Antwort auf das, was uns gegeben ist, auch in christlicher Hinsicht. Kaum jemandem kommt noch das Wort »Schöpfung« über die Lippen. Stattdessen spricht man von der Entstehung der Welt. Warum auch nicht? Es geht doch nicht darum, das *Christentum* zu verbreiten, sondern die *Kenntnis* darüber.

Nur wer etwas weiß, kann etwas sehen, kann hören und verstehen, zum Beispiel, was ein Kirchengebäude ausmacht. Nur wer etwas weiß, kann Kunst verstehen, die so oft auf dem Christentum fußt, sei es in der bildenden Kunst, in Malerei oder Architektur, sei es im Theater (Goethes *Faust* – erinnert sei an die berühmte Frage, die Gretchen an Faust richtet: *»Nun sag, wie hast du's mit der Religion? Du bist ein herzlich guter Mann, allein ich glaub, du hältst nicht viel davon.«*). Oder in der Musik. Bekannt, aber unverstanden sind viele Opern und Requien (von Dvořák bis Verdi), Choräle von Bach, die Passionen und Oratorien, von der *Matthäus-* über die *Johannespassion* bis hin zum *Weihnachtsoratorium*, die zwar viele kennen und doch nicht verstehen. Oder Haydns *Schöpfung*, *Paulus* von Mendelssohn, die Reihe ließe sich fortführen. Viele genießen zwar die Musik, doch was dahintersteckt, wissen sie nicht. Auch das ist ein Zeichen verloren gegangener Kultur.

Manche mögen christliche Symbole gesehen haben, doch nur die wenigsten wissen, was sie bedeuten. Dass der Fisch als christliches Erkennungszeichen verwendet wurde. Dass der Anker ein Symbol der Hoffnung, der Zuversicht und des Heils ist. Viele haben keine Ahnung, was ein Sakrament ist (heiliges Zeichen). Und wer weiß schon, dass »Alpha und Omega« nicht nur der erste und der letzte Buchstabe des klassischen griechischen Alphabets sind, sondern auch als Symbol für den allumfassenden Gott stehen?

Religion als Bindeglied der Gesellschaft, das gibt es schon lange nicht mehr. Dafür häufig Streit: über den Religionsunterricht, kirchliches Arbeitsrecht, über die Leistungen des Staates und die Kirchensteuer.

Privileg Kirchensteuer

Apropos Kirchensteuer: Schon immer stritten evangelische und katholische Christen mit ihren Kirchen über den Sinn der Kirchensteuer. Nur »wer zahlt, der glaubt?«, fragte Anfang 2014 der Journalist Stephan Neumann in seinem gleichnamigen Artikel in der Zeitschrift *Christ in der Gegenwart*. Eine hübsche Frage, die die Antwort schon in sich trägt: natürlich nicht.

Ende 2012 schien die katholische Kirche den jahrelangen Streit beigelegt zu haben. Aus ihrer Sicht jedenfalls. Und zu ihren Gunsten natürlich. Damals hatte die Deutsche Bischofskonferenz mit Zustimmung des Vatikans ein *Allgemeines Dekret [...] zum Kirchenaustritt* vorgelegt, mit dem zentralen Satz: »Die aus der Kirche ausgetretene Person darf die Sakramente der Buße, Eucharistie, Firmung und Krankensalbung – außer in Todesgefahr – nicht empfangen.« Mit anderen Worten: Nur der darf am Abendmahl teilnehmen, der auch Kirchensteuer zahlt. »Money makes the world go round ...«

Weiter hieß es im Text: »Die Erklärung des Kirchenaustritts vor der zuständigen zivilen Behörde stellt als öffentlicher Akt eine willentliche und wissentliche Distanzierung von der Kirche dar und ist eine schwere Verfehlung gegenüber der kirchlichen Gemeinschaft. [...] Wer [...] seinen Kirchenaustritt erklärt, verstößt [...] gegen die Pflicht, die Gemeinschaft mit der Kirche zu wahren, und gegen die Pflicht, seinen finanziellen Beitrag dazu zu leisten, dass die Kirche ihre Aufgaben erfüllen kann.« Folge: Gottesdienste darf man noch besuchen, am Abendmahl teilnehmen aber nicht. Die Exkommunikation für Kirchenaustritte gibt es nicht mehr. Aber Strafe muss sein, eine harte zudem.

Muss sie das? Nein. Der Streit jedenfalls ist noch lange nicht beendet.

»Kritik am deutschen Kirchensteuersystem kommt vor allem von zwei gegensätzlichen Seiten«, konstatierte der Katholik Neumann. »Die Kirchenreformbewegung ›Wir sind Kirche‹ wehrt sich gegen die ›Drohbotschaft‹, dass mit Sakramenten-Entzug bestraft wird, wer nicht zahlt.« Auf der anderen Seite stünden betont traditionalistische Kreise, die das hiesige Kirchensteuersystem beanstandeten. Mit der »engen Verbindung zum Staat« habe »eine übermäßige Liberalität« in eine »satte, angepasste Kirche« Einzug gehalten, zitierte Neumann aus diesen Kreisen. Die Kirche dürfe sich nicht zum »Büttel des Staates« machen, sondern müsse »eine Kontrastgesellschaft gegen den Zeitgeist« sein.

»Dass die vergleichsweise üppige Kirchenfinanzierung zu großen Verwaltungsapparaten in den Bistümern, so manchem Pomp und zu teils konzernartigen Strukturen im sozialen Bereich geführt hat, wird allerdings aus ganz unterschiedlichen Richtungen beklagt«, fasste Neumann die vertrackte Lage zusammen. Das kann man sich lebhaft vorstellen.

So logisch das Dekret der katholischen Kirche auch klingen mag, so wenig zeitgemäß ist es. »Niemand weiß, ob der Sünder im Beichtstuhl tatsächlich reuig ist, schon gar nicht, ob er Kirchensteuer gezahlt hat«, schrieb einst die *Süddeutsche Zeitung*. »Kein Pfarrer fragt vor dem Kommunionempfang nach der Lohnsteuerkarte.«

Natürlich ist es verständlich, dass die Kirchen Solidarität in Form von Kirchensteuern fordern. Doch das muss nicht der einzige Weg bleiben. Es gibt viele Protestanten und Katholiken, die lieber einzelne kirchliche Projekte unterstützen würden, als Kirchensteuer zu zahlen. Bei einer konkreten Hilfe weiß man, was aus dem Geld wird. Manche wären sogar bereit, mehr Geld auszugeben, als sie es mit der Kirchensteuer tun müssen, sei es für Kindergärten, Schulen oder Alterssitze, Pflegeheime oder die Seelsorge. Sei es für Jugendliche, die arbeitslos sind, sei es für Drogenabhängige, die sonst kein Gehör finden.

Wäre das etwa eine »schwere Verfehlung gegenüber der kirchlichen Gemeinschaft«? Nein, ganz im Gegenteil: Die Leute *wollen* die kirchliche Gemeinschaft unterstützen, und zwar dort, wo es ihnen am sinnvollsten erscheint. Worin liegt dann der Verstoß »gegen die Pflicht, seinen finanziellen Beitrag dazu zu leisten, dass die Kirche ihre Aufgaben erfüllen kann«? Es *ist* kein Verstoß. Es ist vielmehr ein wirkungsvoller Beitrag zur kirchlichen Aufgabenerfüllung, wenn auch in anderer Form. Wie viele gute und wichtige kirchliche Einrichtungen leiden unter Geldsorgen, doch die Kirche gibt ihnen nichts! Wie viel sinnvoller sind da Spenden als die Kirchensteuer, die überallhin fließt, nur nicht in solche Projekte?

Bei der Kirchensteuer hat niemand die Kontrolle darüber, was aus »seiner« oder »ihrer« Steuer wird. Bei der gezielten Hilfe dagegen schon. Die Menschen, ob katholisch oder evangelisch, *wollen* ja helfen, sie wollen spenden. Das sehen die Kirchen natürlich gern. Anstandslos nehmen sie beides, Steuer *und* Spende. Sie freuen sich vor allem, dass die Steuern vom Staat eingezogen werden, sie, die Kirchen, sich also noch nicht einmal selbst darum kümmern müssen – ein weiteres Ärgernis vieler Kirchenmitglieder.

Trotzdem würden die Kirchen ihre Privilegien freiwillig nicht aufgeben. Sicher ist sicher. Was man hat, das hat man. Als käme die Kirchensteuer von den Kirchen und nicht von den Menschen.

Ich kann das gut verstehen: Der Kirche verbunden bleiben, Mitglied sein, keine Kirchensteuer zahlen, sondern freiwillig spenden – viele wünschen sich das. Doch die Kirchen hüten ihr Steuerprivileg wie einen Schatz, die evangelische wie die katholische. Mag das auch historische Gründe haben – die Verträge, auf die sich die Kirchen berufen, sind teilweise 200 Jahre alt –, aus der Zeit gefallen ist das System allemal. Kirchensteuern machen es den Kirchen leicht. Sie müssen sich nicht rechtfertigen vor ihren Schäfchen. Oder doch?

In den USA gibt es keine Kirchensteuer. Die Mitglieder der Glaubensgemeinschaften zahlen freiwillig – und das nicht zu knapp. Die US-amerikanischen Kirchen zählen zu den reichsten der Welt. Das ist natürlich eine in Jahrhunderten gewachsene Tradition und Kultur, die sich nicht so leicht auf andere Länder übertragen lässt. Dass eine freiwillige Unterstützung der Kirchen in Deutschland zu ähnlich guten Ergebnissen führen würde, darf außerdem bezweifelt werden.

Umso mehr aber stehen die Kirchen unter Druck, sich zu rechtfertigen. Es ist höchste Zeit, dass sie erklären, warum sie auf dem Zusammenhang von »Kirchensteuer und Glauben« beharren. Die Kirchen müssen begründen, warum sie sind, wie und was sie sind. Warum aus ihrer Sicht Kirchensteuern selbstverständlich sind, trotz aller Glaubenszweifel. Dabei genügt es nicht, sich auf historische Gründe zu berufen, die im Zweifel kaum jemand kennt. Die Kirchen müssen erklären, warum sie noch immer an dem Privileg Kirchensteuer festhalten. Das wird nicht leicht werden bei all der Pracht, die viele Kirchenhäuser aufweisen. Das wird noch schwerer angesichts der Tatsache, dass etliche kirchliche Einrichtungen vor dem finanziellen Aus stehen. Prunk: ja – soziales Engagement: nein? Das passt nicht zusammen.

Die eigentliche Gefahr kommt also nicht von jenen, die keine Kirchensteuer zahlen. Das wahre Problem liegt im Inneren der Kirchen selbst. *Sie* sind in Erklärungszwang, *sie* müssen sich ändern. Nicht die, die austreten.

Chancen einer Minderheit

Ja, die Mitte schmilzt ab. Anders als bei den Katholiken ist die Geduld der Evangelischen jedoch nicht am Ende. Denn ihre Kirche bewegt sich. Die, die bleiben, haben Gefallen an dem, was die Kirche sagt. Die wenigsten, die gehen, verlassen ihre Kirche aus Missachtung, die meisten tun es aus Gleichgültigkeit.

Das Christentum wird zur Minderheit und mit ihm die Kirche. Die evangelische Kirche wird sich damit abfinden müssen, kleiner zu werden. Gerade das Desinteresse der jungen Generation zeigt, dass es kein Zurück geben wird. Das »Wachsen gegen den Trend«, von dem sich die Kirche einst so viel versprochen hatte, ist ausgeblieben. Im Schlusskapitel der Studie warnte Thies Gundlach, Vizepräsident im Kirchenamt der EKD, sogar ausdrücklich davor, die »großen Entwicklungslinien aus den Augen zu verlieren, sodass man am Ende zwar manches junge Pflänzchen feiert, den Zustand des Waldes aber aus dem Blick verloren hat«.

Eine kleine Kirche: Das muss nicht schlecht sein. Solange die Kirche ihre Stimme erhebt und nicht schweigt, gerade in gesellschaftspolitischen Debatten (wie zuletzt mit ihrer Orientierungshilfe, in der sie über Geschiedene und gleichgeschlechtliche Paare sprach), ist sie voller Kraft.

10 Die Machtfrage: Die verbeulte Kirchengemeinschaft

Das derzeit größte Pfund der katholischen Kirche ist Papst Franziskus. Seit der Argentinier, Sohn eines italienischen Einwanderers und Eisenbahners, gelernter Chemietechniker, ein Fußballfan und passionierter Tangotänzer, dem Vatikan vorsteht, scheint alles anders zu werden. Begonnen hatte es damit, dass er unmittelbar nach seiner Wahl den verdutzten Kardinälen gesagt haben soll: »Ich nehme die Wahl an, auch wenn ich ein Sünder bin.« Und: »Möge Gott euch vergeben für das, was ihr getan habt.«

Zunächst demonstrierte er seine Bescheidenheit mit äußerlichen Dingen: kein Schulterumhang aus rotem Samt (Mozetta), dafür weißes Gewand (Soutane); keine päpstlichen roten Slipper, stattdessen dunkles, ausgetretenes Schuhwerk; kein goldenes Kreuz, sondern eines aus Blech; kein goldener Fischerring, sondern ein vergoldeter silberner; keine Appartement im Papstpalast, sondern eine Wohnung im Gästehaus Santa Maria; kein prunkvolles Auto, sondern Bus. »Ich sage euch ehrlich«, hatte der Papst im September 2013 gesagt, »es tut mir weh, wenn ich einen Priester oder eine Ordensfrau im neuesten Automodell sehe. Das geht so nicht! Ich glaube, dass das Auto notwendig ist, wenn man viel arbeitet und von da nach dort kommen muss. Aber nehmt ein bescheideneres, ja? Und wenn euch dieses tolle Modell gefällt, denkt an die vielen Kinder, die an Hunger sterben.«

»Der Karneval ist vorbei«, soll Franziskus gesagt haben. Verbürgt ist das nicht, ein schönes Bild aber allemal. Eines steht fest: Mit Franziskus ist ein neuer Geist in den Vatikan eingezogen.

Das kommt natürlich gut an, vor allem an der Basis, bei kritischen Kirchenmitgliedern. Dort, wo seit Langem die Selbstherrlichkeit einiger Kirchenfürsten beklagt wird. Es ist lange her, dass ein Papst so offen über

Verfehlungen der Kirche gesprochen hat – und gleich selbst vorlebte, wie eine andere, bessere Kirche aussehen könnte.

Der Papst zeigt sich nicht nur bescheiden, er lebt nicht nur so, seine ganze Haltung basiert auf Bescheidenheit.

Der Papst gibt sich gütig, und er ist es gewiss auch. Der Papst predigt Barmherzigkeit, und er lebt sie auch. Er kanzelt »Sünder« nicht ab, seien es Prostituierte, Straftäter oder Homosexuelle, er lädt sie ein. Er sieht nicht den Sünder vor sich, sondern zuerst den Menschen. Er berührt sie mit Worten und Händen, wie Jesus es tat. Er scheint authentisch zu sein.

Genau das fasziniert Christen in aller Welt, katholische und evangelische. Groß war und ist darum noch immer die Hoffnung.

Nur ein revolutionärer Christ ist ein Christ

Papst Paul VI. (1897–1978) hatte einst gesagt, mit diesem Vatikan werde es nie einen Papst »Franziskus« geben, keiner würde es wagen, diesen Namen zu wählen. »Denn der heilige Franz zerstörte die menschengemachten Regeln und wollte nur dem Evangelium gehorchen.« Da hatte er sich geirrt. Als der Jesuit Kardinal Jorge Mario Bergoglio am 13. März 2013 zum Papst gewählt wurde, wählte er just jenen Namen.

Und es kam, wie es Paul VI. prophezeit hatte. Franziskus predigt das Evangelium wie einst Jesus. Macht und Lehrautorität rückt er in den Hintergrund. Selbst die Macht des Vatikans will er aufbrechen. Und man hofft, es möge ihm gelingen. Denn auch Jesus ging es nie um die Macht.

Franziskus tritt nicht wie ein Schauspieler auf, er *ist* so. Darum die Begeisterung im Volk, darum die Angst im Vatikan. Er ist näher bei Jesus als seine Vorgänger. Vermutlich hätte er sogar ein offenes Ohr für die Frage, ob Jesus überhaupt eine Kirche im heutigen Sinne hatte gründen wollen.

Für Franziskus ist das Evangelium wichtiger als das, was seine Kirche daraus gemacht hat. Er bleibt bei der frohen Botschaft. Seine ganze Gestalt wirkt wie eine frohe Botschaft, eine gute Nachricht, wie das Wort Evangelium übersetzt heißt.

Über »heiße Eisen« zu sprechen scheint für ihn kein Problem zu sein. Auch wenn er zuweilen zurückrudert, sagte er doch Sätze wie diese: »Wenn eine Person homosexuell ist, Gott sucht und einen guten Willen hat – wer bin ich, sie dafür zu verurteilen?« Und: »Wir müssen Brüder sein.« Oder jenen: »Wenn ein Christ in dieser Zeit nicht revolutionär ist, dann ist er kein Christ.« Und man glaubt es ihm. Seine Sätze sind revolutionär, wie die von Jesus seinerzeit.

Noch einmal: Die »Freude des Evangeliums«

Vom *Evangelii gaudium* aus dem Jahr 2013 war schon die Rede, bei der Frage nach der Rolle der Frauen. In dem Text stellte der Papst aber auch Strukturen der Kirche und die Macht des Vatikans infrage.

Die Kirche dürfe Jesus nicht länger zu Machtzwecken missbrauchen, sondern müsse mit neuen und kreativen Methoden zu seinem Evangelium zurückfinden, hieß es in der Schrift. Über Jahre habe die Kirche Jesus Christus in bestimmte »langweilige Schablonen« gesteckt. Das will Franziskus ändern.

Dem Papst geht es nicht nur darum, den »Weg einer pastoralen und missionarischen Neuausrichtung« zu gehen, »der die Dinge nicht so belassen darf, wie sie sind«. Gleichermaßen forderte er in seinem Schreiben eine Reform der Strukturen der Kirche. Was derzeit »reine Verwaltungsarbeit« sei, müsse in einen »Zustand permanenter Mission« umgewandelt werden.

Franziskus denkt sogar an eine »Reform des Papsttums«: »Da ich berufen bin, selbst zu leben, was ich von den anderen verlange, muss ich auch an eine Neuausrichtung des Papsttums denken.« Offenbar will er seine Macht teilen oder seine Alleinherrschaft aufgeben. So sollen Ortskirchen, speziell die Bischofskonferenzen, mehr Kompetenzen erhalten und mit »einer gewissen authentischen Lehrautorität« ausgestattet werden. »Eine übertriebene Zentralisierung« kompliziere das Leben der Kirche und ihre missionarische Dynamik, statt »ihr zu helfen«. Nicht jeder hörte das gern.

»Haben wir keine Angst, sie zu revidieren!« Ohne zu zögern, forderte der Papst einen regelrechten Umsturz: die Änderung kirchlicher Normen oder Vorschriften, »die zu anderen Zeiten sehr wirksam gewesen sein mögen, aber nicht mehr die gleiche erzieherische Kraft als Richtlinien des Lebens besitzen«.

Wenn das keine »Freude des Evangeliums« (*Evangelii gaudium*) ist, was dann?

Man darf mit einiger Sicherheit vermuten, dass sich der Jubel in den Fluren des Vatikans dagegen in Grenzen hielt.

Ortskirchen mit Lehrautorität? Den katholischen Zentralismus aufgeben? Keine Angst vor Veränderungen? Bestimmt nicht der Vatikan alles, vor allem die Lehre?

Doch der Papst ging weiter: Menschen auf der Suche ertrügen nicht die »Kälte einer verschlossenen Tür«. »Auch die Türen der Sakramente dürfen nicht aus irgendeinem beliebigen Grund geschlossen werden«, so Franziskus mit Blick auf die Taufe. Die Eucharistie sei »nicht eine Belohnung für die Vollkommenen, sondern ein großzügiges Heilmittel und eine Nahrung für die Schwachen«. Und wie sieht es mit Geschiedenen aus, mit wiederverheirateten Geschiedenen und all den anderen, denen die Eucharistie verweigert wird? Dürfen sie hoffen? Dazu kein Wort.

Eines stellte der Papst klar: »Mir ist eine ›verbeulte‹ Kirche, die verletzt und beschmutzt ist, weil sie auf die Straßen hinausgegangen ist, lieber als eine Kirche, die aufgrund ihrer Verschlossenheit und ihrer Bequemlichkeit, sich an die eigenen Sicherheiten zu klammern, krank ist.«

Die Freude der Reformer

Kein Wunder, dass das Echo vor allem bei jenen positiv war, die sonst stets ein Haar in der Suppe finden, bei den Reformkatholiken »Wir sind Kirche«. Mit dem Schreiben aus Rom, sagte ihr Sprecher Christian Weisner der *dpa*, erneuere der Papst die Kirche, indem er sie an die Ränder der Gesellschaft führe. »Und dabei sieht er keine Unterschiede zwischen den Klerikalen und sogenannten Laien. [...] Dieser pastorale Weg wird auf Dauer aber auch die Theologie verändern.«

Ergänzend fügte der Theologe Hermann Häring (ebenfalls ein Vertreter der Reformtheologen) hinzu: Die Grundtendenzen seien zwar nicht neu. Überraschend aber sei die Entschiedenheit, mit der der Papst das Reformprogramm umreiße. »Er fordert nicht weniger als eine ›Umgestaltung‹ der Kirche in all ihren Teilen«, zeigte sich Häring in einem Gespräch mit dem *Bayerischen Rundfunk* überrascht. Dabei schließe Franziskus »Pfarreien, Diözesen, Bischofsamt und Papstamt ein«. Dieser Papst habe »keine Angst« vor der »Moderne«. Er kritisiere sie zwar, gehe aber konstruktiv auf sie zu.

Mehr aber auch nicht. Franziskus stärkt zwar das Selbstvertrauen der Ortsgemeinden, aber freie Hand gibt er ihnen nicht, weder bei der Wahl ihrer Bischöfe noch bei der Verteilung von Kondomen.

Wenn er aber schon an den Glaubensdogmen der Kirche festhält, wie ernst gemeint ist dann das Bekenntnis, die (Macht-)Strukturen innerhalb der Kirche zu ändern? Der Jesuit Klaus Mertes zeigt sich trotzdem hoffnungsfroh. Auch wenn noch keiner der strengen Grundsätze aufgegeben worden sei, sei die Haltung des Kirchenoberhaupts bahnbrechend. »Wenn sich die Praxis in der Kirche ändert, der Umgang miteinander und mit den Menschen, dann wird am Ende sich auch die Theorie ändern, nicht umgekehrt«, zitierte ihn der *Spiegel* im September 2013. Da war er ganz auf der Linie der Reformkatholiken »Wir sind Kirche«. *Positive thinking* nennt man das. Und man wünscht den Reformern und Pater Mertes, dass sie recht behalten.

Man wünscht ja auch dem Papst, dass seiner Barmherzigkeit Taten folgen werden, dass ihm seine Pläne gelingen. Allerdings darf niemand von Franziskus verlangen, seine Kirche gleichsam »auszuheben«. Das will er nicht, und er kann es auch nicht. Das ginge nur mit einem neuen Vatikanischen Konzil; mit einer Versammlung von Bischöfen und anderen hohen Klerikern, die der Erneuerung der Kirche im Sinne von Franziskus zustimmen müssten.

Ist die Kirche noch zu retten?

Hans Küng gehört seit jeher zu den schärfsten Kritikern seiner Kirche. Der katholische Theologe war immer der Meinung, dass sich »hinter aller römischer Freundlichkeit, liturgischer Prachtentfaltung und Pseudostaatlichkeit [...] massive Machtpolitik« verberge. Es muss für Küng einem Wunder geglichen haben, dass sich Papst Franziskus dieser Fragen angenommen hat. Reformen hat er in seinem Schreiben angekündigt. Doch wird er sich im Vatikan damit durchsetzen können? Wird sein Wunsch, die Macht des Vatikans zu teilen, der Wille, Lehrautoritäten abzugeben und den Zentralismus aufzuweichen, in Erfüllung gehen?

An den wesentlichen Punkten der katholischen Botschaft hat der Papst ohnedies nicht gerüttelt; an jenen

Botschaften vor allem, die höchst umstritten sind: an der Frauenfrage, an der Ökumene, am Patriarchat, an den Dogmen der Kirche.

Schon vor Jahren hatte der Theologe Küng die Frage gestellt: »Ist die Kirche noch zu retten?« In seinem gleichnamigen Buch, das 2011 erschien, erhob er vier Forderungen, mit deren Erfüllung die Kirche, so Küng, doch noch gerettet werden könnte:

»1. Nicht zu retten ist eine Kirche, die rückwärtsgewandt ins Mittelalter oder die Reformationszeit oder auch in die Aufklärung verliebt ist. Überleben kann aber eine Kirche, die *am christlichen Ursprung orientiert und auf die gegenwärtigen Aufgaben konzentriert ist.*

2. Nicht zu retten ist eine Kirche, die patriarchal auf stereotype Frauenbilder, exklusiv männliche Sprache und vordefinierte Geschlechterrollen festgelegt ist. Doch überleben kann die Kirche, die eine *partnerschaftliche Kirche* ist, die Amt und Charisma verbindet und Frauen in allen kirchlichen Ämtern akzeptiert.

3. Nicht zu retten ist eine Kirche, die ideologisch verengt konfessionalistischer Exklusivität, Amtsanmaßung und Gemeinschaftsverweigerung verfallen ist. Überleben jedoch kann eine Kirche, die eine *ökumenisch offene Kirche* ist, die Ökumene nach innen praktiziert und endlich auf viele ökumenische Worte auch ökumenische Taten wie Ämteranerkennung, Aufhebung aller Exkommunikationen und volle Abendmahlsgemeinschaft folgen lässt.

4. Nicht zu retten ist eine Kirche, die eurozentrisch ist und einen christlichen Alleinanspruch und römischen Imperialismus vertritt. Überleben aber kann eine Kirche, die eine tolerante *universale Kirche* ist, die Respekt hat vor der immer größeren Wahrheit, die deshalb auch von den anderen Religionen zu lernen versucht und den National-, Regional- und Lokalkirchen eine angemessene Autonomie lässt. Und die deswegen auch von den Menschen – Christen wie Nichtchristen – respektiert wird.«

Was aber bliebe dann übrig von der Kirche? Auch dazu wusste Küng eine Antwort. So sagte er im Gespräch mit *Spiegel Online* Ende 2011: »Die Kirche wird ein Stück evangelischer werden, keine Frage.« Die katholische Kirche werde aber immer am globalen Denken, an ihrer Universalität festhalten. »Das unterscheidet uns eben von einer gewissen Enge der evangelischen Landeskirchen. Das soll auch so bleiben, so wie das Amt.« Sollte sich jedoch alles im Amt konzentrieren, stünde »am Ende wieder der mittelalterliche Pfarr-Herr, der Fürstbischof und eben der Papst als der absolute Herrscher, der gleichzeitig Exekutive, Legislative und Judikative« verkörpere. »Alles im Widerspruch zur modernen Demokratie und zum Evangelium.«

Seit Franziskus Papst ist, ist sein klarer Wille erkennbar, diesen Widerspruch zum Evangelium aufzulösen. Dass er den Ortskirchen mehr Eigenständigkeit einräumen will, fand bei Küng natürlich Gefallen. Schließlich ist das eine seiner Forderungen. Ausdrücklich lobte der Theologe in einem Gastbeitrag für die österreichische Zeitung *Standard* die Kirchenreform »auf allen Ebenen«. Er freute sich über die Passagen zur »Aufwertung der Laien und gegen ausufernden Klerikalismus, für eine wirksamere weibliche Gegenwart in der Kirche, vor allem in Entscheidungsgremien«.

Kritisch blieb er bei Franziskus' »undifferenzierte[r] Ablehnung der Abtreibung und der Frauenordination«. Hier zeigten sich die dogmatischen Grenzen des Papstes. Angesichts der Macht des Vatikans fürchtete Küng, dass Franziskus zu einem Schattenpapst werden könne. »*Evangelii gaudium* ist [...] eine wichtige Etappe, aber noch längst nicht das Ziel«, konstatierte Küng.

Immerhin ist nun fast allerorten von Aufbruch die Rede. So sagte etwa der neue Vorsitzende der Deutschen Bischofskonferenz, der Münchner Kardinal Reinhard Marx, am Tag seiner Wahl im März 2014: »Wir haben einen neuen Aufbruch, der muss sich verstetigen.« Seine Mission lautet: Die Katholiken sollten wieder stolz sein auf Rom und nicht in erster Linie Negatives mit dem Vatikan verbinden. »Eine Institution, die nicht mehr dient, sondern sich lediglich selber stark und fett macht, schadet am Ende allen«, hatte Marx schon vor seiner Wahl, im September 2013, in einem Interview mit der *ZEIT* betont.

Marx ist nicht irgendeiner. Er ist Chef der deutschen Katholiken, einer jener »Ortskirchen«, zu denen der Papst auch die Bischofskonferenzen zählt, die nach Franziskus' Willen mehr Macht bekommen sollen, mehr Eigenverantwortung in kirchlichen Belangen. Doch ausgerechnet Marx – ein Mann, dem ein starker Machtwille nachgesagt wird – rudert hier wieder zurück: »Wir sind (zwar) nicht Herren der Gläubigen.« Aber: »Wir brauchen eine starke Zentrale. Rom ist wichtig für die katholische Kirche.«

Der Frage, ob sich die katholische Kirche grundsätzlich ändern sollte, ist Marx bislang stets ausgewichen. Oder er hat sie gleich mit »Nein« beantwortet. Auch bleibt er dabei, dass bestimmte umstrittene Fragen nicht vor Ort, sondern in Rom entschieden werden müssten. »In den großen, wichtigen Fragen wie etwa auch dem Zölibat oder der Frage der wiederverheirateten Geschiedenen wird weiterhin eine gemeinsame, gesamtkirchliche Entscheidung notwendig sein.«

Wo Franziskus klare Worte findet, gleichen Marx' Äußerungen einer *mixed message*.

Es bleibt also beim Papst. Er soll es richten. Sollte es ihm nicht gelingen, seinen Worten Taten folgen zu lassen, würde das seinem Image und seiner Glaubwürdigkeit enorm schaden.

Römische Zügel …

Das weiß auch Franziskus. Man merkt es ihm an, wie offen er sein will, wie er weiterkommen will, wie gern er seinen Worten Taten folgen lassen würde. Man spürt aber auch die Zügel, die Rom ihm anlegt.

Zum Beispiel bei den Rechten der Frauen. An die traut sich der Papst bislang jedenfalls nicht heran.

Denn er weiß: Hier geht es nicht nur um Gleichberechtigung, sondern auch um die Machtfrage. Und so offen sich Franziskus auch gibt, an der zu rütteln, wagt er nicht. Vielleicht will er es auch nicht.

Mag für Papst Franziskus die Haltung seiner Kirche zum Frauenpriestertum, zur Abtreibung, zum Zölibat und zur Homosexualität Teil der alten kirchlichen Lehre sein, mag er sie auch nicht »aus irgendwelchen sexuellen oder anderen Ressentiments oder aus Machtüberlegungen« ablehnen, wie Hermann Häring, ein Küng-Schüler, behauptet: Tatsache ist, dass er über diese Themen zuweilen zwar erstaunlich unkatholisch spricht, wenn es zum Schwur kommt, aber keinen Deut von der Lehre abweicht.

Darum ändert sich auch nichts an der Situation der Frauen. Mag auch ihre Würde anerkannt sein, es reicht nicht, um Frauen auch ein entsprechendes würdiges Amt zu geben.

... weit entfernt von Jesu Willen

Wie weit hat sich das alles von Jesus entfernt. Jesus hatte die Machtfrage nie gestellt. Ihm ging es um den Glauben. Der Glaube hat mit Machtstrukturen nichts gemein. Die Machtfrage ist eine Frage der Kirchen, der Institutionen, nicht der Menschen, die ehrlich glauben. Ihnen geht es um Gott, um Jesus, um Maria. Und nicht um Hierarchien. Wie Jesus.

Auch darum ist es unwahrscheinlich, dass Jesus eine Kirche im heutigen Sinne hatte gründen wollen. Eine Kirche, von Hierarchien geprägt, die mehr mit dem eigenen Machtgerangel beschäftigt ist als mit der Unterstützung der Gläubigen. Eine Kirche auch, die – im Fall der katholischen – ausschließlich von Männern geprägt ist. Für Jesus waren die Frauen um ihn wichtige Weggenossinnen und ebenbürtige Gefährtinnen. Warum spiegelt sich das in der katholischen Kirche nicht wieder? Und in der evangelischen Kirche nur so wenig? Weil die Frauen aus dem Alten Testament und die Frauen um Jesus Schritt für Schritt aus dem Bewusstsein verdrängt wurden. Frauen, die für das Evangelium eine erhebliche Bedeutung haben.

Eine Ausnahme aber macht die katholische Kirche, davon war schon die Rede: bei Maria, Jesu Mutter.

Wenn »Maria – eine Frau – wichtiger [ist] als die Bischöfe«, wie Papst Franziskus sagte, warum gibt man den Frauen dann keine entsprechenden kirchlichen Funktionen? Wenn Maria über den Bischöfen steht, warum kann dann der Papst keine Frau sein, der ja ebenfalls über den Bischöfen steht? Warum ist Maria nur als Heilige vorstellbar, nicht aber als Päpstin? Das lässt sich leicht beantworten. Die Aussage, Maria sei wichtiger als die Bischöfe, sollte nie in die kirchliche Wirklichkeit umgesetzt werden. Dass Maria wichtiger ist als die Bischöfe, gilt allenfalls symbolisch.

Der Papst *erneuert* nicht die Kirche, wie der Sprecher von »Wir sind Kirche« sagte, er *will* sie erneuern. Doch bislang hat das kaum Folgen.

Keine Macht den Frauen

Papst Franziskus stellte in seinem Schreiben *Evangelii gaudium* weder das Papstamt noch den männlichen Status von Priestern infrage, wenn er auch schöne Worte über Frauen fand, wie »Räume für eine wirksamere weibliche Gegenwart in der Kirche«, oder von »legitimen Rechte[n] der Frauen« schrieb. Aber das hatten wir schon.

Frauen an die Macht? Das scheint selbst für den sonst so offenen Papst unvorstellbar zu sein. Von einem weiblichen Priestertum hält er nichts. Wenn es um die Macht geht, sollen Frauen bleiben, wo sie sind: unten, an der Basis, wo sie so viel Gutes tun, dass die gesamte Kirche davon profitiert. Das ist ein Pfund, mit dem die Kirche wuchern könnte. Doch sie tut es nicht. Hin und wieder fällt ein gutes Wort über die Frauen, das schon. Aber aus dem Potenzial schöpft niemand. Ist denn keine unter diesen Frauen, die ein höheres Amt ausüben könnte? Natürlich. Man will das nur nicht.

Wie sagte Küng so schön? »Nicht zu retten ist eine Kirche, die patriarchal auf stereotype Frauenbilder, exklusiv männliche Sprache und vordefinierte Geschlechterrollen festgelegt ist. Doch überleben kann die Kirche, die eine *partnerschaftliche Kirche* ist, die Amt und Charisma verbindet und Frauen in allen kirchlichen Ämtern akzeptiert.« Eine hübsche Vision, die allerdings auch unter Papst Franziskus noch reine Utopie ist. Bis jetzt hat sich an der Machtstruktur nichts geändert. Solange die Stellung der Frau aber allein von Männern geregelt wird, wie das in der katholischen Kirche der Fall ist, wird es bei der »Würde der Frau« bleiben.

Ohne anhaltenden Druck von der Basis wird es nicht gehen. »Wir müssen am Ball bleiben«, sagte der Katholik Häring denn auch in seiner Freude über das *Evangelii gaudium*. Mit »wir« meinte er die Reformtheologen.

Und wir Protestanten mit ihnen. Das Priestertum für Frauen, die Leibfeindlichkeit, die Sexualethik, die Verhütungsverbote und das Menschenbild – all das bleibt eine Debatte, die die katholische Kirche letztlich unter sich ausmachen muss, »unter sich« heißt: unter Männern. Eine Debatte allerdings, die auch mich und viele andere interessiert, geht sie am Ende doch uns alle etwas an. Nicht nur meine katholischen Freunde und andere Gläubige, die auf Reformen ihrer Kirche warten. Sondern alle Christen, die die Hoffnung nicht aufgeben, dass es irgendwann doch zu einer gelebten Ökumene kommt. Einer Ökumene, die die Basis aus evangelischen und katholischen Christen dagegen nicht trennt.

Alle Macht der Ökumene-Basis

Ökumene ist ein interessantes Wort. Es stammt ab vom griechischen Wort »oikumene«. Ursprünglich stand es (natürlich) nicht für unterschiedliche Konfessionen. In der griechisch-römischen Antike bedeutete es vielmehr »die gesamte bewohnte Erde«. Im Neuen Testament ist »Ökumene« ein Synonym für den Erdkreis. Im Hebräerbrief ist statt Erdkreis von der »zukünftigen Welt« die Rede (2. Hebräer 2, 5): »Denn nicht Engeln hat er die zukünftige Welt unterworfen, von der wir reden«, sondern dem Sohn. Im christlichen Kontext steht vor allem der Auftrag Jesu im Mittelpunkt: »Alle sollen eins sein; wie du, Vater, in mir bist, sollen auch sie in uns sein, damit die Welt glaubt, dass du mich gesandt hast.« (Johannes 17, 21)

Und was ist aus der »zukünftigen Welt« geworden? Was aus dem »Eins-Sein«? Eine von Menschen getrennte Christenheit, eine von Menschen gemachte Ökumene, in der man sich lässt, wie man ist.

Auch wenn die meisten Christen die Ökumene leben, ohne sich darum zu kümmern, was die Amtskirche dazu sagt, erzeugt die Trennung der christlichen Kirche in katholisch und evangelisch nach wie vor Unbehagen. »Bis in die Gegenwart hinein leiden viele Christen an der Spaltung«, konstatierte der katholische Bischof Gerhard Feige. »Konfessionalistische Verhärtungen« verursachten »schmerzliche Konflikte«. So »misstraut und verletzt man sich manchmal immer noch gegenseitig«, so Feige.

Das ist leider wahr.

Verletzungen, die keiner will

Ich kenne das aus meinem eigenen Leben. Ich habe das Glück, Freunde und Freundinnen zu haben, die ich fast schon mein Leben lang kenne. Viele sind katholisch. Freundinnen und Freunde, denen ich alles anvertrauen kann. Und trotzdem kommt es hin und wieder zu Verletzungen, die niemand will. Eine unbedachte Äußerung, und schon steckt man in einer Glaubensdebatte, die man eigentlich gar nicht wollte. Meist geht es um Kleinigkeiten, nie um das große Ganze. Takt und Toleranz sind dann gefragt, schließlich will keiner dem anderen etwas aufzwingen. Letztlich will niemand aus seiner Kirche austreten. Am liebsten aber wäre man vereint, trotz aller Unterschiede, die die Kirchen machen. Und man ist es ja auch: im Glauben an Gott. Die Kirchen dürfen Freundschaften nicht spalten, ihnen muss daran gelegen sein, evangelische und katholische Christen beieinanderzuhalten. Sie predigen doch selbst die Liebe. Und glauben doch auch an denselben Gott.

Die Einheit der Christen, die Gemeinschaft der Glaubenden, ist heute mehr denn je gefordert. Es geht um die Verteidigung von Werten in einer Welt, die sich zunehmend von Gott abwendet. Einer Welt, die dem Mammon huldigt, in der die Kluft zwischen Arm und Reich immer größer wird und schreckliche Religionskriege geführt werden, die vor allem ein verzweifelter Aufstand gegen Ausbeutung, Unterdrückung und Hoffnungslosigkeit sind. Wie kleingeistig mutet angesichts dieser Entwicklungen der Streit um das gemeinsame Abendmahl an. Als teilten wir Christen nicht die Sorge um die Welt. Als ginge es uns nicht um die eine, gemeinsame Hoffnung: die Stärkung christlicher Werte.

Darum muss es doch gehen und nicht um einen Theorienstreit. Es gibt inzwischen – 500 Jahre nach

Luther – so viele Gemeinsamkeiten, die stärker sind als das, was uns trennt. Darum ist der ökumenische Dialog ja so wichtig, und beide, evangelische wie katholische Christen, unterstützen ihn aus tiefster Überzeugung.

Wir wollen zusammenhalten, Männer und Frauen, Katholiken wie Protestanten. Und die Kirchen sollten es auch. Der Wille ist da. An die Wurzel des gemeinsamen Abendmahls aber traut sich niemand heran. Man ist sich einig, uneinig zu sein, man respektiert die andere Auffassung und rührt nicht daran. Wichtiger (und das stimmt) scheint allen die gute Zusammenarbeit an der Basis, in den Gemeinden, bei den Menschen. So bleibt alles wie gehabt.

Auf die Dauer werden es die Kirchen allerdings schwer haben, sich und ihre Basis im Gegensatz zu wissen. Nicht die Basis muss sich ändern, sondern die Kirchen. Die Menschen sind frei, und sie handeln längst. Viele Katholiken und Evangelische leben bereits die Ökumene, lehnen die Trennung ab. Nur: Manche haben ein schlechtes Gewissen dabei. Das kann den Kirchen nicht egal sein.

Es geht nicht ums »Eins-Sein« und die »zukünftige Welt«, sondern um die »Einheit in der Vielfalt«, von der beide Kirchen so oft sprechen. Ziel der Ökumene darf nicht sein, die Unterschiede zu unterdrücken, das widerspräche der Freiheit im Glauben, der Freiheit der Christenmenschen. Aber eine »Einheit in der Vielfalt« sollte doch wohl möglich sein. Und das nicht erst in einer »zukünftige[n] Welt«.

Die Angst, evangelisch zu werden

Weder soll die evangelische Kirche katholisch werden, noch die katholische evangelisch. Besonders *davor* hat die katholische Kirche erkennbar Angst. Während Hans Küng unerschrocken sagt, im Zuge der Reformen werde die Kirche »ein Stück evangelischer werden, keine Frage«, ist genau das einigen Katholiken ein Graus. So warnt der Kommentator der *FAZ*, Daniel Deckers, sowohl vor einer schleichenden Säkularisierung der Kirche als auch – »was noch schlimmer« wäre – vor einer »Selbst-Protestantisierung der einzig wahren und heiligen Kirche«. Papst Franziskus wecke »mit seiner Art, dem Volk aufs Maul zu schauen«, Erwartungen »an eine Revision des überlieferten Glaubensgutes, die ähnlich utopisch« seien, »wie das Selbstbildnis der deutschen Kirche illusorisch« sei.

Die Sorge vor einer »Protestantisierung« muss er nicht haben. Denn an der Basis ist der Wunsch der »Einheit in der Vielfalt« viel größer. Kaum jemand will der jeweils anderen Kirche »an den Kragen gehen«. Die meisten wünschen sich das gemeinsame Abendmahl, auch wenn sie wissen, dass daraus nichts wird. So richtet sich ihr Blick auf das praktische Leben. Alle Betroffenen hoffen auf Annäherungen, etwa für gemischt-konfessionelle Paare und wiederverheiratete Geschiedene, die das Leben in der Ökumene vereinfachen würden.

Es geht nicht darum, die katholische Lehre abzuschaffen, es geht um kleine Schritte, um Ausnahmeregelungen im Alltag. Und vielleicht eines Tages auch um Reformen, die aus der »strafenden Kirche«, aus der »Kirche der Verbote« eine Kirche machen, die ein bisschen mehr von ihrer gepredigten Barmherzigkeit zeigt. Das ist noch lange keine »Protestantisierung«.

Gott kennt keine Konfessionsunterschiede
Die Unterschiede zwischen den beiden Konfessionen sind über Jahrhunderte gewachsen. Es gab Glaubenskriege und Verfolgungen – das alles lässt sich nicht mit einem Federstrich beseitigen. Richtig ist aber auch, dass sich Katholiken und Protestanten an der Basis heute näher sind als jemals zuvor. Die Chance für eine Annäherung war noch nie so groß. Und wenn es schon nicht der Druck von der Basis ist, so sollte doch wenigstens die Vernunft die Kirchengewaltigen leiten. Denn nur gemeinsam (Kirchen und Basis) können wir erreichen, was Jesus stets wollte: eine tatsächlich frohe Botschaft zu vermitteln.

Eine Botschaft, die sich nicht nur an Christen richtet, sondern an alle. Sonst trennten wir Gott in diesen und jenen. So aber ist Gott nicht. Sowenig er männlich oder weiblich ist, sondern sich diesen Kategorien entzieht, so fremd ihm unterschiedliche Konfessionen sind, weil sie von Menschen erdacht wurden, so wenig kann irgendjemand ihn für jeweils »seine« Sache vereinnahmen. Gott ist keiner, der einem gehört. Gott kennt sie alle, die Gläubigen, welcher menschengemachten Religion sie auch immer angehören mögen, die Ungläubigen, die Heiden, die Atheisten, die Agnostiker. Für ihn sind alle Gottes Kinder, wie immer man Gott auch nennt.

Wie sagte der katholische Reformer Häring so schön? »Der Papst will lieber eine verbeulte Kirchengemeinschaft, die sich um Menschen kümmert, als eine glänzende Karosserie, die nur um sich selbst kreist.«

Das verbeulte Leben

Verbeult ist nicht nur die Kirchengemeinschaft, verbeult ist oft auch das eigene Leben. Das ist keine Katastrophe. Lieber ein verbeultes Leben als eines, das sich nur um sich selbst bewegt. Nur ein Leben mit Brüchen ist gelebtes Leben. Ein Leben ohne Brüche ist unecht, abstrakt. Denn es ist doch wahr: Nur wer die Tiefen kennt, kann die Höhen, das Gute wirklich schätzen.

In anderen Worten hatte das Jesus schon in seiner Bergpredigt gesagt, in den Seligpreisungen. Da ging es zwar nicht um eine »verbeulte Kirchengemeinschaft«, sondern im übertragenen Sinne um eine »verbeulte Menschheit« (Matthäus 5, 3 – 10):

»Selig sind, die da geistlich arm sind; denn das Himmelreich ist ihr. Selig sind, die da Leid tragen; denn sie sollen getröstet werden. Selig sind die Sanftmütigen; denn sie werden das Erdreich besitzen. Selig sind, die da hungert und dürstet nach Gerechtigkeit; denn sie sollen satt werden. Selig sind die Barmherzigen; denn sie werden Barmherzigkeit erlangen. Selig sind, die reinen Herzens sind; denn sie werden Gott schauen. Selig sind die

*Friedfertigen; denn sie werden Gottes Kinder hei-
ßen. Selig sind, die um der Gerechtigkeit willen
verfolgt werden; denn das Himmelreich ist ihr.«*

Vielleicht sollten wir uns doch ein bisschen mehr an
Jesus orientieren. Jeder für sich und die Kirchen im
Besonderen. Niemand ist perfekt. Menschen haben
Schwächen, sie machen Fehler, fallen aus dem Idealbild
heraus. Doch so ist das Leben, und alle Menschen
gehören dazu, mit ihren Fehlern und Schwächen. Mit
Ge- und Verboten lässt sich das nicht ändern, ganz im
Gegenteil: Macht erzeugt Druck, aus Druck wird
Widerstand, kein Wohlgefallen. Der Mensch kann nur
leben, wenn er frei ist. In der Familie, im Freundes-
kreis, am Arbeitsplatz, in der Gesellschaft und vor
Gott, wenn er denn an ihn glaubt. Freiheit bedeutet
auch, *nicht* zu glauben, *gegen* etwas oder anders zu
leben und zu sein.

Die Quadratur des Kreises

»Freiheit ist Gabe und Aufgabe«, schrieb der Münchner Kardinal Marx in seinem Hirtenbrief 2014. Darin
anerkennt er den Ruf der Menschen nach Freiheit, die
Suche nach Freiheit in geradezu verblüffender Weise.
Freiheit, betonte Marx, sei tief in den Menschen ver-
wurzelt, in *allen*, also auch in den Gläubigen. »Genau
das entspricht zutiefst dem christlichen Menschenbild.« Auch dem katholischen?

Das Bekenntnis des Kardinals überraschte. Es wurde
sogar noch besser: »Christsein ist nicht ein Leben in

einem Haus von einengenden Geboten und Verboten, sondern Ermutigung zu einem Leben in Freiheit und Verantwortung«, schrieb Marx. Das klang ziemlich unkatholisch, besteht doch die katholische Lehre aus lauter Ge- und Verboten. Ein *christliches* Haus, um im Bilde zu bleiben, kennt keine Ge- und Verbote. Ein christliches Haus kommt von Gott allein, nicht von den Menschen. In einem *katholischen* Haus dagegen muss man sich an Ge- und Verbote halten, auch wenn das die meisten nicht tun. »Jesu Worte und Weisung«, schrieb der Kardinal zutreffend, waren keine »Ansammlung von Geboten und Verboten, sondern Hilfen, Orientierungen zu einem Weg in die wahre Freiheit«.

Fragt sich nur, wie weit diese »Orientierungen« gehen. Eine Freiheit, die unnötig begrenzt ist, ist in Wahrheit keine Freiheit. Auch wenn es die unbegrenzte Freiheit natürlich nicht gibt und auch nicht geben kann. Die Grenze der eigenen Freiheit endet spätestens an der der anderen. So darf man nicht stehlen, nicht betrügen, nicht verletzen, nicht töten, niemanden missbrauchen, misshandeln, der Freiheit berauben, der ganze Strafrechtskatalog steht dafür.

Wozu also die Botschaft, die so gut klingt und doch so wenig ändert? Wenn es doch »bloß« um »Hilfen« und »Orientierungen« geht, warum schafft man die Ge- und Verbote nicht einfach ab? Ein frommer Wunsch, ich weiß.

Marx' Antwort lautete so: »Die Grundfrage ist [...] nicht: Müssen wir die Lehre der Kirche zu grund-

sätzlichen Fragen von Sexualität, Liebe und Ehe verändern?« Vielmehr stelle sich die Frage: »Wie gehen
wir mit der Vielfalt des Lebens und der Entscheidungen um, die manchmal dazu führen, dass das Leben
nicht den Weg nimmt, den die Menschen sich vorgestellt haben?« Natürlich soll es bei dem Weg, den
»Menschen sich vorgestellt haben«, um den katholischen Pfad gehen. Und nicht um das Leben, das die
Menschen tatsächlich leben. Manchem mag die Ehe
heilig sein. Aber etliche Ehen scheitern. Und die Sünde
des Ehebruchs bleibt, auch wenn man sich jetzt darum
bemühen will, die Menschen aus der Sackgasse wieder
herauszuführen. Aber wie passt das zusammen, wiederverheiratete Geschiedene zur Kommunion zuzulassen, wenn sie doch ewige Sünder sind?

Von wegen, man müsse die Lehre der Kirche nicht
ändern!

Tatsache ist, dass sich viele Katholiken nicht (mehr)
an die Ge- und Verbote ihrer Kirche halten, ihr Leben
sich davon entfernt. Das entfernt sie zugleich von der
Kirche selbst. Irgendwann genügt ein kleiner Anlass,
um aus der Kirche auszutreten. Das *darf* der Institution nicht egal sein, und es *ist* vielen Priestern, Bischöfen und Kardinälen auch nicht egal. Sie suchen aus tiefem Glauben und Herzen nach Auswegen. Auswege,
bei denen innen und außen wieder übereinstimmen.
Fragt sich bloß, an welchem Ende man beginnt: bei
der Kirche oder beim Leben.

Es gleicht der Quadratur des Kreises: die Anerkennung der Freiheit jedes Menschen und die Unfreiheit

der katholischen Lehre. Wohin soll das führen: den Menschen auf katholische Weise zu helfen, mit ihrem Leben zurechtzukommen, das sie doch durch und durch unkatholisch leben? Zu einer Anerkennung eben solcher Lebensweisen, die man duldet, weil es anders nicht geht? Wie will der Kardinal die vom Pfad Abgekommenen wieder zurückgewinnen? Er weiß, dass Menschen, die Freiheit kennen, sie freiwillig nicht wieder abgeben werden.

Es klingt nicht logisch, und es ist es auch nicht. Es ist ein Herummogeln in einer Krise, in der jede Seite bestehen will. Eine Krücke.

Das Leben der Menschen hat sich verändert. Und nicht immer zum Schlechteren. Vor allem in der westlichen Welt, auf die ich mich im Großteil meiner Betrachtungen beziehe, gibt es heute mehr Wohlstand, mehr Bildung, mehr Freiheiten, nicht zuletzt auch für Frauen. Die Zunahme der Scheidungen ist eine Folge. Auch früher gab es Ehen, die zerrüttet waren, aber sie blieben – auf dem Papier – bestehen, auch weil Frauen aus sozialen Gründen keine andere Wahl hatten. Ist die Zunahme der Scheidungen also wirklich nur schlecht? Die wenigsten treffen diese Entscheidung leichtfertig, vor allem, wenn Kinder darunter leiden. Der Grundsatz »Lieber eine schlechte Ehe als gar keine« stimmt nicht immer.

Oder gleichgeschlechtliche Partnerschaften: Ist es wirklich schlecht, dass sich Menschen heute offen zu ihren sexuellen Neigungen bekennen, sie nicht mehr im Verborgenen leben, ja, sogar den Segen der Kirche wünschen? Homosexualität ist keine Krankheit, es hat sie immer schon gegeben.

Oder voreheliche Partnerschaften: Heißt es nicht, »drum prüfe, wer sich ewig bindet«? Ist es nicht eine gute Entwicklung, dass sich Menschen den Schritt in die Ehe reiflich überlegen?

Ja, das Leben der Menschen hat sich verändert, und das nicht zum Schlechteren. Natürlich gibt es Abweichungen, die manche als »Verfall der guten Sitten« sehen, und natürlich ist manches auch komplizierter geworden, Stichwort Patchwork-Familien. Doch gerade hier ist eine offene Kirche gefragt, eine, die diese Menschen mit all ihren Sorgen und Problemen aufnimmt – nicht eine, die sie bestraft.

War nicht Jesus selbst ein freier Mann? Hat Gott die Unfreiheit gewollt? Die katholische Kirche predigt selbst, dass Gott den Menschen immer treu bleibt, egal, wie verbeult ihr Leben auch ist.

Die katholische Kirche muss sich stärker auf die Menschen zubewegen, sich mit ihren Schwierigkeiten, Schwächen und Fehlern auseinandersetzen. Wenn sie den Menschen helfen will, muss sie auch bereit sein, eigene Glaubensgrundsätze zu überdenken und zu korrigieren. Nur den Schein wahren zu wollen, ohne das Sein zu verändern – das wird nicht funktionieren.

Und vielleicht sollte die Kirche auch stärker auf den Rat der Frauen hören. Die verstehen viel von Konflikten.

JesusMaria – ein Vorbild nicht nur für Frauen

Katholisch – evangelisch, darum geht es in den Lehren, in den Kirchen. Darum geht es auch vielen Menschen. Die einen sind gern katholisch, die anderen gern evangelisch. Einige sind es aus Bequemlichkeit, weil sie schon immer evangelisch oder katholisch waren, andere aus Überzeugung. Es ist eine Frage der Herkunft, der Familie, der Erziehung, des »Vertrautseins«. Man fühlt sich aufgehoben in »seinem« Kreis. Die Familie teilt gleiche Gedanken, die Freunde sind nah, in der Gemeinde, in der man lebt, fühlt man sich wohl.

Doch es hat sich etwas verändert. Die Menschen sind mobiler geworden. Sie ziehen häufiger um, innerhalb Deutschlands, oft auch ins Ausland. Sie kommen häufiger als früher schon in jungen Jahren in Kontakt mit anderen Kulturen, Lebensgewohnheiten, anderen Konfessionen, Sitten und Gebräuchen. Das ist eine Bereicherung fürs ganze Leben. Ich selbst durfte das erleben, einmal durch einen längeren Schulaufenthalt in den USA, ein andermal durch zwei Arbeitsbesuche in unterschiedlichen Kibbuzim in Israel – prägend bis heute. Eine Schulung für Sensibilität und Takt. Gerade im Ausland lernt man seine Wurzeln kennen, auch die religiösen.

Viele, ob katholisch, ob evangelisch, sehen sich in erster Linie als Christen, auch wenn sie ihrer jeweiligen Kirche treu bleiben. Die strenge Abgrenzung lehnen sie ab. Sie wollen zusammen sein, ohne den anderen zu überrumpeln, ohne die jeweils andere Lehre über den Haufen zu werfen. Die Basis ist auf beiden Seiten toleranter, als es die Kirchenfürsten sind. Obwohl auch die sich bemühen. Natürlich sind nicht alle dafür zu haben. Auf beiden Seiten gibt es Reformer und Hardliner. Das ist normal in einer freien Welt.

Für die meisten Christen aber steht nicht Katholisches oder Evangelisches im Mittelpunkt, sondern das, was sie glauben. Es geht nicht um das, was sie glauben *müssen*, sondern um das, was sie glauben *können*. Da spielen Vorbilder eine große Rolle. Unter meinen Vorbildern befinden sich Menschen beider Konfessionen. Und niemanden will ich missen.

Das ist es, was uns an der Basis zusammenhält: Gott. Glaube. Evangelium. Ein gemeinsames Christentum. Aber gewiss nicht Hierarchien und mächtige Männer.

1 Vater, Sohn und Heiliger Geist

Tatsächlich bilden Vater, Sohn und Heiliger Geist den Kern des Glaubensbekenntnisses. Die meisten haben sich damit abgefunden. Alles Mächtige, Bestimmende,

Strafende liegt in Männerhand; das Heilige dagegen in den Händen von Männern *und* Frauen, wenn man an die vielen weiblichen Heiligen denkt. Viel Gutes dagegen liegt in Frauenhand, man denke an die Frauen aus dem Alten und Neuen Testament; viel Gutes aber kam vor allem von Jesus.

Darum bezweifele ich, dass das Christentum (nur) für Männer gedacht war. Man erkennt das schon an Jesus selbst, der vermeintlich männliche Tugenden ebenso zeigte wie vermeintlich weibliche. Der natürlich ein Mann war, aber viel Weibliches in sich trug. Viele weibliche Züge bestimmten sein Handeln und Tun. *Er* war es, der in der Bergpredigt über die Schwachen sprach, *sie* sollten selig sein, nicht die anderen. Zu ihnen ging er, ihnen half er, an ihnen tat Jesus seine Wunder. Es waren vor allem Frauen, die sich von ihm und seinen Worten angesprochen fühlten, sie waren ja in der Tat auch die Unterlegenen. Dazu passt, dass vor allem Männer von Jesu Verhalten und Reden entsetzt waren. Denn sie merkten genau, wohin das führen würde: zum Machtverlust.

Frauen waren für Jesus wichtige Wegbegleiter. Es ist eine Mähr, dass alle Jünger Männer waren, auch Frauen waren dabei. Maria Magdalena hatte Jesus zuerst gesehen, sie hatte ihn zuerst erkannt. Nicht nur als Auferstandenen, sondern auch seine Botschaft. Frauen aus dem Alten Testament hatten Mut und Tugenden, die später für Jesus vorbildhaft waren. Jesus lebte ja nicht in einem Nichts, sondern in einer Tradition. Für ihn war das Alte Testament, das damals natürlich noch nicht so hieß, also die Heiligen Schriften des Judentums, das Buch der Bücher. Oft las er darin.

Es war Jesus, der *auch* ein *weibliches* Evangelium verkündete. Die frohe Botschaft galt allen. Letztlich ist es der Zeit geschuldet, dass die christliche Kirche, die es zu Jesu Zeiten noch gar nicht gab, in männliche Hände geriet. Denn Männer hatten damals das Sagen. Erstaunlich aber ist, dass das bis heute so geblieben ist – vor allem in der katholischen Kirche. Manchmal wundere ich mich, wie Menschen es schaffen, Mitglied der katholischen Kirche zu sein und ihr Leben völlig anders zu leben. Haben sie kein schlechtes Gewissen? Wäre ich katholisch, gehörte ich sicher zu jenen, die ihr Leben unkatholisch leben – und hätte ein schlechtes Gewissen dabei. Deshalb verstehe ich ja meine katholischen Freundinnen und Freunde so gut. Man kommt unweigerlich in Gewissensnöte.

Mir ist bei einer Kirche, die auf Männer fixiert ist und die eigentliche Arbeit (Seelsorge, Altenheime, Behinderteneinrichtungen, Kindergärten, Schulen und so weiter) den Frauen überlässt, nicht wohl. Mich stört das wohlwollend Herablassende, das meinem Gerechtigkeitssinn vollkommen widerspricht. Gewiss, die Frauen machen ihre Arbeit gern, viele gehen in ihr auf. *Sie* sind es, die man in Gottesdiensten findet. *Sie* sind es, die sich begeisterungsfähig, leidenschaftlich und neugierig zeigen. *Sie* sind es, die im besten christlichen Sinne mehr Mitleid haben und mehr Leid ertragen können als Männer. *Sie* sind es, die schon immer eine besondere Nähe zum Christentum hatten und haben.

Sie sind sensibler für die Menschen und sensibler für Religionen. Warum aber bleiben sie dann so unsichtbar? Warum, wie gesagt, nutzt die Kirche das weibliche Potenzial nicht für höhere Aufgaben?

Aber nein, die Kirche bleibt von Männern bestimmt und von Frauen getragen. Es wird höchste Zeit, nicht Gott selbst, sondern das männlich fixierte Gottes*bild* zu revidieren. Sowohl auf der Machtebene der Kirche als auch in den Köpfen der Menschen. Niemand muss nun denken, dass Gott eine Frau war. Niemand muss nun glauben, er sei ein Mann. Wir *können* uns kein Bild von Gott machen, und wir *sollen* es auch nicht, wie es klugerweise schon in den zehn Geboten heißt (2. Mose 20): »Ich bin der Herr, dein Gott. [...] Du sollst dir kein Bildnis noch irgendein Gleichnis machen [...].«

Es geht bei der Frage der kirchlichen Macht überhaupt nicht um Gott. Es geht um ein männlich dominiertes Gottes*bild*, von dem die katholische Kirche ihre Hierarchieansprüche herleitet. Das hat zur fatalen Folge, dass auch manch eine Katholikin glaubt, dass es so richtig ist, und darum ihre untergeordnete Rolle einfach annimmt – ohne überhaupt darüber nachzudenken.

Dabei darf man nie vergessen: Das männlich fixierte Gottes*bild* ist eine Erfindung von Männern, von Kirchenmännern, um genau zu sein. Von Jesus kommt es nicht.

Wie gesagt: Kein Wunder, dass es noch keinem katholischen Theologen gelungen ist, mir zu erklären, warum die Strukturen so sind, wie sie sind, und angeblich auch so *bleiben müssen*. Denn es gibt keine Erklärung dafür.

2 Über die Macht und die Frauen: Marias Lobgesang

Kennt denn niemand in den Kirchen den Lobgesang der jungen Frau Maria, den sie sprach, nachdem der Engel Gabriel ihr die Schwangerschaft mit Jesus verkündet hatte, zur Gänze? Viele beten oder singen das »Magnificat«, von dem Lukas berichtet (1, 46–53), evangelische wie katholische Christen. Doch den meisten ist nur der erste Teil bekannt:

> *Meine Seele erhebt den Herrn, und mein Geist freuet sich Gottes, meines Heilands. Denn er hat die Niedrigkeit seiner Magd angesehen. Siehe, von nun an werden mich selig preisen alle Kindeskinder. Denn er hat große Dinge an mir getan, der da mächtig ist und des Name heilig ist.«*

Stärker aber ist der zweite Teil, in dem es um Machtfragen geht – für die damalige Zeit geradezu revolutionär. Ich zitiere zunächst die Lutherbibel:

> *Und seine Barmherzigkeit währet immer für und für bei denen, die ihn fürchten. Er übet Gewalt mit seinem Arm und zerstreut, die hoffärtig sind in*

ihres Herzens Sinn. Er stößt die Gewaltigen vom Stuhl und erhebt die Niedrigen. Die Hungrigen füllt er mit Gütern und lässt die Reichen leer. Er denkt der Barmherzigkeit und hilft seinem Diener Israel auf.«

In der Einheitsübersetzung ist der zentrale Satz noch klarer, noch kämpferischer: »*[...] er stürzt die Mächtigen vom Thron und erhöht die Niedrigen.*«

»Er stößt die Gewaltigen vom Stuhl – er stürzt die Mächtigen vom Thron«; er, Gott. Da *kann* es nicht überraschen, dass dieser zweite Teil des »Magnificat« so oft »vergessen« wird.

Wie gut aber passt das Machtlied in die heute Zeit – mit Männern in kirchlichen Führungspositionen und Frauen an der Basis, sei sie evangelisch oder katholisch.

Die Frauen der heutigen Zeit sollten selbstbewusst Marias Lobgesang als ihr *eigenes* Manifest beanspruchen. Denn genau darum geht es doch vielen: Sie wollen die mächtigen Kirchenfürsten vom Thron stürzen und die Niedrigen (die Frauen in der Kirche) erhöhen. Wie aktuell diese Vorgabe ist! Natürlich gibt es Frauen, die das anders sehen, und etliche, die sich das nie trauen würden. Aber für Frauen, denen diese Themen wichtig sind, ist der Lobgesang eine Vorlage erster Güte.

Doch es geht in Marias »Magnificat« nicht nur um Herrschaft, sondern auch um die Frauen. Diesen Aspekt hat einst die Theologin Dorothee Sölle in einer wunderbaren Umdichtung betont. Und weil die (da-

malige wie heutige) Situation der Frauen zur Machtfrage dazugehört, will ich Sölles Lobgesang zitieren,
wie er in ihrem Buch *Gottes starke Töchter* steht.

> *»Meine Seele sieht das Land der Freiheit*
> *und mein Geist wird aus der Verängstigung*
> *herauskommen;*
> *die leeren Gesichter der Frauen werden mit Leben*
> *erfüllt,*
> *und sie werden Menschen werden [...].*
> *Gott hat große Dinge an mir getan;*
> *er stößt die Gewaltigen von ihren Thronen,*
> *und die Getretenen richtet er auf.*
> *Barmherzigkeit wird erscheinen,*
> *wenn die Abhängigen das vertane Leben aufgeben*
> *und lernen, selber zu leben.«*

Solcher Frauen bedarf es, um die Mächtigen von ihren
Thronen zu stoßen. Frauen, die nicht ängstlich sind;
Frauen, die sich als gleichwertige Menschen fühlen
und nicht als minderwertig; Frauen mit erfüllten Ge-
sichtern, also erkennbare Gestalten; Frauen, die ihr
abhängiges, ihr »vertanes« Leben aufgeben und begin-
nen, selber zu leben und zu handeln. Sölle hat sie gut
beschrieben.

Maria gibt die Marschroute vor, Sölle beschreibt,
wie die Frauen auf dieser Route beschaffen sein sollten. Und was sie brauchen: eine Seele, die das Land der
Freiheit schon sieht. Denn um was anderes geht es
denn als um Freiheit?

3 Nicht Mann noch Frau …

Wenn schon das berühmte »Magnificat« Marias bei den Katholiken ohne Einfluss blieb, ist es kein Wunder, dass auch der ebenfalls bekannte Satz des Paulus an die Galater (3, 28) bis heute wenig bis nichts zu bedeuten hat.

>*Hier ist nicht Jude noch Grieche, hier ist nicht Sklave noch Freier, hier ist nicht Mann noch Frau; denn ihr seid allesamt einer in Christus Jesus.*«

Fast immer sind es Frauen, die diesen Satz zitieren. Von Männern hingegen hört man ihn selten. Er bedroht sie ja auch, er nimmt ihnen die Befehlsgewalt.

Bei dem Satz geht es nicht nur um die Gleichheit der Menschen. Hier spielen auch konkrete Machtfragen eine Rolle. Für die katholische Theologin Elisabeth Schüssler Fiorenza liegt der Schlüssel des Satzes in der (indirekten) Forderung, die Herrschaft der einen über die anderen abzuschaffen. Der Satz dulde keine »religiös-kulturellen Trennungen« und auch keine »Herrschaft und Ausbeutung«, wie sie die Sklaverei ermöglicht hatte. Gleichermaßen fordere er die »Abschaffung der auf Geschlechtertrennung basierenden Herrschaft«. »In der christlichen Gemeinschaft« konnten »keine Herrschaftsstrukturen geduldet werden«, wie die Autorin in ihrem Buch *Zu ihrem Gedächtnis* … betonte.

Konnten? Können!

Einer in Christus Jesus, *eine* in Christus Jesus. *Ein Mensch* in Christus Jesus. Bei Paulus steht schwarz auf weiß, dass das Christentum nicht nur für Männer gedacht ist, sondern auch für Frauen. Zuweilen habe ich den Eindruck, dass das Christentum, das Jesus lebte und lehrte, sogar besser zu Frauen passt als zu Männern.

4 Glaubensbekenntnis einer Frau

Einst fand ich im Internet auf der Seite der »IG Feministische Theologinnen« ein Glaubensbekenntnis der Dichterin Rachel C. Wahlberg, das sich besonders auf Jesus konzentrierte, auf Jesus, dem es nicht um die Machtfrage ging, sondern um die Menschen, besonders um Frauen. Aus diesen Passagen will ich zitieren, denn sie fassen zusammen, was auch mir an Jesus wichtig ist. Ihr Credo trägt den schlichten Titel: *Das Glaubensbekenntnis einer Frau.*

> *»[...] Ich glaube an Jesus, Gottes Kind,*
> *auserwählt von Gott,*
> *geboren von einer Frau Maria.*
> *Der Frauen zuhörte und sie liebte,*
> *der in ihren Häusern war,*
> *der über das Reich Gottes mit ihnen sprach,*
> *der Jüngerinnen hatte,*
> *die ihm nachfolgten und ihn unterstützten. [...]*

Ich glaube an Jesus,
der sich salben ließ
von einer Frau in Simons Haus,
der die männlichen Gäste zurechtwies,
die sich darüber empörten.

Ich glaube an Jesus,
der sagte, dass man
an diese Frau und ihre Tat denken wird [...]
ein Dienst an Jesus.

Ich glaube an Jesus, der kühn handelte,
das Blut-Tabu der damaligen Zeit aufhob
und das mutige Weib heilte,
das ihn berührte.

Ich glaube an Jesus,
der eine Frau am Sabbat heilte,
weil sie ein Mensch war. [...]

Ich glaube an Jesus,
der von sich sprach als einer Glucke,
die ihre Küken
unter ihren Flügeln versammeln will.

Ich glaube an Jesus,
der zuerst Maria Magdalena erschien,
und sie mit der explodierenden
Botschaft aussandte:
Gehe und sage es den anderen.

Ich glaube an die Ganzheit des
Erlösers,
in dem es weder Juden noch Griechen,
weder Sklaven noch Freie,
weder Mann noch Frau gibt.
Denn wir sind alle eins
in seiner Erlösung. [...]«

Mein Vorbild in meinem Glauben an Gott ist genau dieser Jesus. Er nahm Frauen ernst, er widmete sich ihnen, er lernte von ihnen; er verstand das Männliche *und* das Weibliche, weil er beides in sich trug.

So wird aus dem Vorbild Jesus mein Vorbild Jesus-Maria, das wie ein Symbol für beides steht. Erst beides zusammen bildet die Basis des Neuen Testaments, erst beides zusammen macht das Christentum aus, das Evangelium und meinen Glauben. Ein Glaube, der von Männern *und* Frauen geprägt ist.

5 Yin und Yang

Symbole für die Einheit gegensätzlicher Elemente gibt es bereits. In der chinesischen Philosophie ist »Yin und Yang« ein solches Zeichen. Aus zwei Teilen wird eines. »Yin und Yang« ist dem Wortursprung nach ein »Symbol des sehr großen Höchsten«. Yin bezeichnete anfänglich die im Schatten liegende Seite eines Hügels, Yang die der Sonne zugewandte, helle Seite. Die Bedeutung des Bildmusters läuft darauf hinaus, dass die

Gegensätze der Welt in Harmonie zueinander stehen und auch vermeintliche Gegensätze (wie Licht und Schatten) aus demselben Urgrund hervorgehen.

Yin und Yang steht für alle Gegensätze: für Schwarz und Weiß, für Leben und Tod, für Tag und Nacht, Sonne und Regen, Gut und Böse, für Ruhen und Arbeiten, Streit und Einklang und vieles andere mehr. Am Ende geht es stets um das Gleichgewicht in der Natur und im eigenen Leben, um einen Einklang, der vollkommen ist.

Längst gilt das Symbol auch der Einheit der Menschen. Yin bedeutet weibliche Energie, Yang die männliche. Beide leben in Harmonie zueinander, beide entstammen demselben »Urgrund«. Erst zusammen werden sie eins. Das eine kann ohne das andere nicht sein, ohne dass das Ganze zerfiele. Keine Seite überwiegt die andere, beide sind gleich bedeutsam. In beiden Teilen des Symbols sieht man jeweils einen Punkt, der für die andere Seite steht. Ein rundes Ganzes. Es gehört zu den schönsten Symbolen, die ich kenne; eines, das bestätigt, beruhigt und ermutigt.

Manche sehen in Yin und Yang ein Zeichen der Freundschaft, der Liebe, andere einen Ausdruck von Ausgleich und Frieden. Es ist ein Symbol, das inzwischen in aller Welt bekannt ist und getragen wird. Erst beide Teile zusammen machen das Leben aus, die Schöpfung, wenn man so will.

Wie gut lässt sich das auf JesusMaria übertragen. JesusMaria als »Symbol des sehr großen Höchsten« oder »der sehr großen Höchsten«. Ein Zeichen von

Harmonie, das es nur zusammen geben kann. In jedem steckt etwas vom anderen, in jedem Mann eine Frau, in jeder Frau ein Mann. Nur gemeinsam machen sie das Leben aus, nur ebenbürtig stehen sie für die Grundlagen eines Christentums, das Männer *und* Frauen ernst nimmt. Die Teile müssen nicht immer gleich groß sein, es gibt Frauen mit mehr männlichen Eigenschaften und Männer mit mehr weiblichen. Es gibt Frauen, deren weibliche Züge überwiegen – ebenso entsprechend bei Männern. Wie auch immer es sei: Nur gleichberechtigt und zusammen sind sie vollkommen. Sie verstehen einander, weil jeder ein Teil des/der anderen ist.

Erst »Jesus und die Frauen« machten Jesus aus. Zusammen waren sie ein Ganzes. Und damit geeignet, nicht nur Sinnbild, sondern auch Vorbild zu sein.

6 Institution – Lehre – Mensch: Die Ebenen decken sich nicht

Das eigentliche Problem steckt in den unterschiedlichen Ebenen. Die Ebene der Institution Kirche, der Lehre und jene der einzelnen Menschen. Ebenen, die sich nicht decken, obwohl manche Kirchenoberen das gerne hätten. Gott gehört zu keiner der Ebenen, weil er über alldem steht und nicht ein Teil der Ebenen ist, mag das den Kirchen auch nicht passen. Die Institution der Kirche ist keine Institution Gottes, sondern von Menschen gemacht, Gleiches gilt für eine »Institution« Jesus, der gar keine Kirche in heutiger Form hatte gründen wollen, eine Kirche, in denen die einen (die Männer) gleicher sind als die anderen (die Frauen). Auch die Lehre passt nicht in die Ebenen, sie steht für sich. Weit entfernt von Jesu Willen und noch weiter weg vom heutigen Leben.

Die einzigen »Ebenen«, die gottlob noch zusammenpassen, sind Gott und die Menschen, Gott und der Glaube der Menschen an ihn. Darauf kommt es doch an, darum muss es den Kirchen doch gehen: den Menschen den Weg zu Gott zu weisen, und nicht, sich als Institution dazwischenzudrängen. Den Menschen nichts aufzuzwingen, was sie doch nicht glauben können. Die Menschen zu öffnen, statt sie in Verlegenheit zu bringen oder ihnen gar ein schlechtes Gewissen zu machen, wenn es um Gott und die Kirche geht. Die Lehre muss barmherziger werden, damit die Barmherzigkeit Gottes sichtbarer wird.

Auf den direkten Weg zu Gott kommt es an und nicht auf den Umweg über die Kirchen. Das ist nicht ganz leicht, aber nur so können die Kirchen glaubhaft bestehen, auf sich aufmerksam machen und für sich werben. Nur so können sie die Ebenen Kirche und Mensch wieder zusammenbringen.

Erst der Zwang zur Einebnung treibt alle und alles auseinander, schürt Misstrauen und Missbilligung, vor allem bei den Frauen. So werden die Ebenen sich nie decken. Und die Kirchen, die an allem festhalten und die Ebenen zusammenbringen wollen, werden am Ende verlieren.

Ist denn das so schwer zu verstehen? Man will die Kirchenfürsten schütteln und ihnen mit Maria zurufen: »[Der Herr] stürzt die Mächtigen vom Thron und erhöht die Niedrigen!« – Demnächst werden wir, die Frauen, es sein, die das »Magnificat« der Maria in die Tat umsetzen.

Denn weder Gott noch Jesus hätten je gewollt, dass Frauen an die Seite gedrängt werden oder sich so fühlen, als ob. Für beide waren Männer und Frauen Gottes Kinder. Für sie war Gleichberechtigung erst gar keine Frage. Für Jesus waren Frauen wichtig. Gott wiederum steht für die Liebe. Und die gilt allen.

Viel wichtiger als die verschiedenen Ebenen sind mir die Fragen des Lebens, der Lebensmöglichkeit und die nach meinem Gott. Nur er spielt in meinem Glauben eine Rolle. »Gott […] ist niemals kompliziert.« Mit Freude zitiere ich noch einmal den Satz des evangelischen Theologen Heinz Zahrnt.

Sosehr Gott allein meinen Glauben ausmacht, so kenne auch ich Vorbilder auf meinem Weg zu meinem Gott. So wie Jesus. Nicht nur, weil er war, wie er war, ehrlich, zugewandt, mutig, voll der Nächstenliebe und fern der Hierarchie, sondern auch, weil er männliche und weibliche Züge zeigte und in sich verband. Auch Maria und – gleichsam symbolisch mit ihr – viele andere Frauen des Alten und Neuen Testaments sind mir Vorbilder. JesusMaria – *das* ist ein vollkommenes Symbol der Harmonie und mein eigentliches Ideal auf dem Weg hin zu meinem Gott.

7 Nicht uns gegeneinander ausspielen ...

Am Ende darf es nicht dazu kommen, sich gegeneinander auszuspielen, sondern zusammenzufinden. Frauen können Männern helfen, und Männer Frauen. Beide können voneinander lernen. Dabei sollte jede und jeder seine Eigenschaften behalten. So können Männer und Frauen verschieden bleiben und doch ebenbürtig sein. Doch damit ist es nicht weit her.

Die weiblichen Zeugnisse aus den Reihen der katholischen Laien des Zentralkomitees der deutschen Katholiken (ZdK) sind erschütternd; die Frauen leben in einem inneren Zwiespalt: »In der Kirche erfahren wir, dass wir als Frauen minderwertig sind. Während die ersten Unternehmen in Deutschland sich freiwillig Quoten für Aufsichtsräte und Vorstände geben, wird in mancher Pfarr- und Domgemeinde noch darüber gestritten, ob Mädchen ministrieren dürfen. Und für die Weiheämter gilt nach wie vor: Zutritt für Frauen verboten«, schrieb die einstige Bundesvorsitzende des Bundes der Deutschen Katholischen Jugend (BDKJ), Ursula Fehling, im August 2011 in der ZdK-Zeitschrift *Salzkörner*.

8 ... auch keine Christinnen zweiter Klasse sein

Noch weiter ging Fehling in ihrem Text, als sie die Worte von Andrea Heim, die damals BDKJ-Vorsitzende in Freiburg war, zitierte und sich zu eigen machte: »Sich als Frau in der Kirche zu engagieren, halte ich für eines der frustrierendsten Dinge, die man sich antun kann. Denn die Stellung der Frauen in der Kirche ist bis heute mittelalterlich. Vor Ort engagieren sich tausende Frauen als Tischmütter, Kommunionhelferinnen und Lektorinnen und halten das pastorale Leben in der Gemeinde am Laufen. Ohne sie gäbe es keine Kindergottesdienste, keine Krankenkommunion, keine Besuchsdienste und keine Pfarrfeste. Aber für die Leitung all dessen ist selbstverständlich der Pfarrer zuständig [...] Egal wie viel Spaß einem die Kindergottesdienstvorbereitung auch macht und wie erfüllend ein Besuch bei einem kranken Menschen auch ist, eines ist klar: Wirklich ernst genommen wird man als Frau nicht.«

Da ist es kein Wunder, dass sich viele junge Frauen mit der Kirche schwertun. Nicht jede hat die Kraft, damit zurechtzukommen, nicht ernst genommen zu werden. Viel zu groß ist die Suche nach einer eigenen verantwortlichen Rolle, die auch in der Kirche realisierbar ist.

Doch oft ist die Kluft zwischen den Ansprüchen der Frauen und der katholischen Kirche zu groß. »Für viele bedeutet das, dass sie keinen Zugang zum Glauben finden«, schrieb Fehling. Das ist ein für die Kirche alarmierender Befund, der die Kirchenfürsten aber offenbar nicht schreckt.

Für sich hat Fehling eine Lösung gefunden: »Gleichzeitig katholisch sein und Feministin – geht das überhaupt? Ein starker Glaube, eine tiefe Verwurzelung in der katholischen Kirche und immer wieder die Erfahrung, dass es, wie in den Jugendverbänden, auch ›anders‹ geht«, helfen ihr, »diese Widersprüche auszuhalten«.

9 Widersprüchen widersprechen

Es ist wunderbar, wenn einige Frauen wie Ursula Fehling mit diesem Kompromiss leben können. Es ist allerdings ein Weg, der an den Grundfragen nicht rüttelt. Darum ist es auch keine Lösung für alle Katholikinnen. Die meisten wollen mehr, als »Widersprüche auszuhalten«. Sie wollen die tatsächliche Gleichberechtigung. Sie wollen Widersprüchen widersprechen. Wer könnte es ihnen verwehren?

Die vielen mutigen Frauen an der Basis der katholischen Kirche brauchen unsere Unterstützung, egal, woher wir kommen, egal, ob wir Frauen oder Männer sind. Frauen müssen Solidarität üben, wie sie Ruth und Naomi aus dem Alten Testament vorgelebt haben. Erinnert sei an Ruths Worte (1, 16): »Wohin du gehst, dahin gehe auch ich, und wo du bleibst, da bleibe auch ich. Dein Volk ist mein Volk, und dein Gott ist mein Gott.« Dieses in der Bibel einmalige Treuebekenntnis unter Frauen sollte das Gebot der heutigen Frauen sein. Ein Motto der Solidarität, die auf Respekt und Vertrauen beruht. Denn es ist ein langer Weg hin zu einer Ökumene der Gleichberechtigung.

Doch solange Ebenbürtigkeit nicht umgesetzt ist, müssen wir kämpfen, wie es die Frauen der 1960er- und 1970er-Jahre politisch und gesellschaftlich getan haben. Es muss aber jeder selbst überlassen sein, wie sie es tut. Feministinnen sind wichtig in dem Kampf um Gleichstellung. Sie allein genügen jedoch nicht. Zu oft werden sie als »Kampfhennen« verschrien, und das hilft in der Sache nicht weiter. Gerierten sich Frauen aber als Männer in Auftritt und Gehabe, würden sie noch weniger erreichen. Nicht nur der Papst fürchtet sich vor einem »Machismo im Rock«. Viele Männer verachten wie Franziskus Reden von Frauen, die von einer »Männlichkeitsideologie« inspiriert sind. Einige Männer bekommen Angst vor den Frauen, andere nehmen sie nicht ernst, dritte vereinnahmen sie wie einen Mann, schließlich tun die »Mannfrauen« ja auch so, als ob sie Männer wären.

Frauen sind stark, wenn sie Frauen sind, mit ihren weiblichen Eigenschaften, die oft stärker sind als die der Männer. Ich jedenfalls will weder feministisch werden noch eine männliche Frau, sondern bleiben, wie ich bin. Eine Frau mit weiblichen und männlichen Anteilen.

Für die Gleichberechtigung genügt es auch nicht,

unter uns Frauen zu bleiben. Wir brauchen Frauen *und* Männer. Wir brauchen Männer, weil *sie* an den Machthebeln sitzen und nur *sie* die Regeln ändern können. Und wir brauchen alle Männer, denen wie uns an der Gleichberechtigung liegt, weil auch sie sich an männlichen Hierarchien stören. Gerade männliche Kollegen sprechen oft von einem angenehmeren Klima, wenn auch Frauen im Büro das Sagen haben, wenn sie zusammen- und nicht gegeneinander arbeiten. Wenige sind das nicht.

Bis es zur tatsächlichen Ebenbürtigkeit kommt, kann es den Frauen helfen, sich auf ihre Wurzeln in der Bibel zu besinnen, mit einem weiblichen Blick auf Jesus und die Frauen. Niemals dürfen wir vergessen, dass es Jesus war, der die Frauen aus ihrer Unterdrückung befreit hat; der Frauen und Männer als gleichwertig angesehen hat, was uns heute so selbstverständlich erscheint, aber damals revolutionär war.

Jesus war ein Frauenentdecker, einer, der über Frauen nie geringschätzig sprach.

Wie Jesus müssen auch *wir* unsichtbare Frauen sichtbar machen, und damit oft genug uns selbst. Was damals bahnbrechend war, weil es allen Konventionen widersprach, sollte heute nicht unmöglich sein.

Wir müssen die nach und nach vergessenen Frauen aus dem Alten und Neuen Testament wieder in Erinnerung rufen. Nicht nur, um den Männern zu zeigen, wie viele Frauen es in der Bibel gibt, die mutig, aber nicht männlich waren und »trotzdem« Vorbildliches geleistet haben. Sondern vor allem, weil die starken

Frauen in der Bibel uns ermutigen können, Dinge zu tun, von denen wir meinen, wir schafften sie nie. Als Buch einer Frauenemanzipation sollten wir die Bibel lesen, wie die Autorin Elisabeth Moltmann-Wendel es ausdrückte. Denn es *ist* ein solches Buch.

Wir sollten uns durch die starken biblischen Frauen nicht nur ermutigt fühlen, sondern auch an ein starkes weibliches Christentum glauben. Mehr noch: es einfordern und leben.

Solange es Gleichberechtigung nicht gibt, gilt es zusammenzustehen, über die Konfessionsgrenzen hinaus. Frauen wollen nicht Menschen zweiter Klasse sein. Doch solange das so ist, so lange werden wir uns einsetzen. Jede auf ihre Art: mit Worten und Taten. Mit Selbstvertrauen und Selbstbewusstsein.

Unter dem Schutz Gottes und dem Vorbild Jesus-Maria.

Was Frauen *nicht* wollen, ist ein Christentum für Männer, die die angeblich gottgewollte Macht für sich reklamieren, denn das wollte schon Jesus nicht. Die Kirchen »gehören« den Menschen nicht, auch wenn das Haus von ihnen gebaut und die Institution von ihnen geschaffen wurde. Will man die Kirchen als Ort Gottes sehen, muss man sich mit seinen Ansprüchen zurücknehmen, die Kirchen und die Christen beider Konfessionen. Denn vor Gott sind alle gleich. Und sein Haus ist für alle da.

10 Christentum für Frauen, solange wir es brauchen!

Wir wollen die Ökumene der Kirchen und von Männern und Frauen. Um das zu erreichen, müssen wir Frauen sichtbarer werden. Mit mehr Selbstbewusstsein auftreten, mit mehr weiblicher Selbstverständlichkeit. Wir müssen Netzwerke bilden. Die Quote fordern, wo es nur geht. Uns und anderen Frauen Vorteile verschaffen, wie Männer das oft tun. Darin sind sie richtig gut. Gewiss, es sind keine neuen Vorschläge, das macht sie aber nicht schlecht. Denn sie funktionieren schon.

In unserem Glauben stützen wir Frauen uns auf Gott, wie er sich uns in Jesus und den Frauen offenbart hat, und nicht auf eine später von Männern erdachte Lehre, die sich angeblich auf Jesus gründete, aber nicht von ihm kam.

Auf JesusMaria als vollkommenes Symbol ist jedenfalls mehr Verlass als auf jede Theorie.

Wir fordern ein Christentum für katholische und evangelische Frauen, das uns stärkt und niemanden ausschließt. Weder von Ämtern noch von der Macht. Nicht nur Frauen sind uns Vorbild und geben uns Kraft. Auch Jesus ist »unser Mann«. Denn er war männlich und weiblich zugleich.

Erst dann wird die Ökumene möglich sein, die Ökumene der Kirchen und von Männern und Frauen. Als »Einheit in der Vielfalt«. Wir sind bereit, die Macht zu teilen. Aber dafür müssen wir sie erst einmal haben.

11 JesusMaria: Kein Fluch, sondern Segen

JesusMaria, das ist kein Fluch, sondern ein Segen. Als neues Symbol eröffnet es einen ganz anderen Blick. Es befreit von männergemachter Macht und Hierarchie; von »oben« und »unten«; von männlichen Dogmen und Glaubensvorstellungen; von männlicher Sexualethik und Leibfeindlichkeit; von Familienmoral und Frauenfeindlichkeit. JesusMaria legt den Fokus auf das Evangelium, das nicht männlich, sondern eine »frohe Botschaft« für alle ist – auf eine Ganzheitlichkeit bedacht, die alle Christen umfasst.

Jeder Mensch hat sein eigenes Vorbild, jeder seinen eigenen Glauben. Nur jeder Einzelne kann Auskunft darüber geben, wie er glaubt und wem er folgt. Welches Vorbild er hat und welches nicht. Vorbild können die Kirchen als Institutionen nicht sein, das hat das Buch ergeben. Aber Jesus und die Frauen, eben JesusMaria, schon. Als Vorbild bei der Suche nach Gott.

Erinnert sei zum Schluss noch einmal an die Worte von Papst Franziskus in seiner Schrift *Evangelii gaudium*: »Es ist klar, dass Jesus Christus uns nicht als Fürsten will, die abfällig herabschauen, sondern als Männer und Frauen des Volkes. Das ist nicht die Meinung eines Papstes, noch eine pastorale Option unter möglichen anderen. Es sind so klare, direkte und überzeugende Weisungen des Wortes Gottes, die ihnen nur ihre mahnende Kraft nehmen würden.«

Also, Männer, haltet euch daran!

Dank

Zu danken habe ich vielen. Einige will ich nennen:

Julia Heuss, Christiane Landgrebe, Silke Lechner und Elisabeth Raiser für ihre klugen Anregungen zum Kapitel »Frauen in der Bibel«.

Cornelia Bührle für den katholischen Nachhilfeunterricht. Michael Stier für das erste Gegenlesen und seine kundige Hilfe. Und Peter Molden, meinem Literaturagenten, für seine freundliche Hartnäckigkeit und stets zuverlässige Betreuung.

Dem Piper Verlag danke ich für die bewährte gute Zusammenarbeit. Mein besonderer Dank geht an Ulrich Wank, meinen Lektor, der mich ermutigt hat, dieses Buch zu schreiben, und mich regelmäßig mit kenntnisreichen Ratschlägen versorgte.

Mein größter Dank gilt Margarita Chiari, die wie immer meine kritischste Gegenleserin war – diesmal noch aus einem anderen Grund: Sie ist, wie sie sagt, »trotz allem« katholisch.

Beatrice von Weizsäcker
München, im Juni 2014

Literatur

Bibel und Gotteslob:

Lutherbibel, Württembergische Bibelanstalt, Stuttgart 1972

Einheitsübersetzung der Heiligen Schrift, Katholische Bibelanstalt, Stuttgart, Herder, Freiburg i. Br. 1989

Gotteslob, Gebets- und Gesangbuch, Katholische Bibelanstalt, Stuttgart 1975

Kirchliche Schriften:

Allgemeines Dekret der Deutschen Bischofskonferenz zum Kirchenaustritt, Pressemitteilung Nr. 145a, Herausgeber: Sekretariat der Deutschen Bischofskonferenz, Bonn, 20. September 2012

Donum vitae, Verlautbarungen des Apostolischen Stuhls Nr. 74, *Instruktion der Kongregation für die Glaubenslehre über die Achtung vor dem beginnenden menschlichen Leben und die Würde der Fortpflanzung* vom 10. März 1987; 5., redaktionell überarbeitete Auflage, Herausgeber: Sekretariat der Deutschen Bischofskonferenz, Bonn 2000

Engagement und Indifferenz, 5. Erhebung der Evangelischen Kirche in Deutschland (EKD) über Kirchenmitgliedschaft, Herausgeber: EKD, Hannover, März 2014

Evangelii gaudium (Freude des Evangeliums), Apostolisches Schreiben des Heiligen Vaters Papst Franziskus, Verlautbarung des Apostolischen Stuhls Nr. 194 vom 24. November 2013, Herausgeber: Sekretariat der Deutschen Bischofskonferenz, Bonn

Gemeinsame Verantwortung für eine gerechte Gesellschaft, Initiative des Rates der Evangelischen Kirche in Deutschland und der Deutschen Bischofskonferenz für eine erneuerte Wirtschafts- und Sozialordnung, Gemeinsame Texte 22 vom 28. Februar 2014, Herausgeber: EKD, Hannover, und Sekretariat der Deutschen Bischofskonferenz, Bonn

Handreichung für die Seelsorge zur Begleitung von Menschen in Trennung, Scheidung und nach ziviler Wiederverheiratung in der Erzdiözese Freiburg, Herausgeber: Erzbischöfliches Seelsorgeamt, 2. Auflage, Oktober 2013

Humanae Vitae, Enzyklika über die rechte Ordnung der Weitergabe des menschlichen Lebens, Rom, 25. Juli 1968

Liebe miteinander leben: Zueinander aufbrechen – Familiensonntag 2008, Arbeitshilfen, Nr. 219, Herausgeber: Sekretariat der Deutschen Bischofskonferenz, Bonn 2007

Die Pastoralen Herausforderungen der Familie im Kontext der Evangelisierung, Fragebogen an die Gläubigen zu Ehe, Familie und Vatikan, Bischofssynode, III. Außerordentliche Vollversammlung, Vatikanstadt 2013

Mit Spannungen leben, Orientierungshilfe des Rates der EKD zum Thema *Homosexualität und Kirche*, Hannover 1996

Schreiben der Kongregation für die Glaubenslehre an die Bischöfe der katholischen Kirche über die Seelsorge für homosexuelle Personen, Verlautbarungen des Apostolischen Stuhls Nr. 72 vom 30. Oktober 1986, Herausgeber: Sekretariat der Deutschen Bischofskonferenz, Bonn

Königsteiner Erklärung, Wort der deutschen Bischöfe zur seelsorglichen Lage nach dem Erscheinen der Enzyklika *Humanae Vitae*, Herausgeber: Sekretariat der Deutschen Bischofskonferenz, Königstein im Taunus, 30. August 1968

Zwischen Autonomie und Angewiesenheit – Familie als verlässliche Gemeinschaft stärken. Eine Orientierungshilfe des Rates der Evangelischen Kirche in Deutschland (EKD), Gütersloher Verlagshaus, Gütersloh Juni 2013

Bücher und Texte:

Allione, Tsültrim: *Tibets weise Frauen*, Arkana, München 2010 (im Original erschienen im Jahr 2000)

Alt, Franz: *Jesus – der erste neue Mann*, Serie Piper, München 1998

Drewermann, Eugen: *Kleriker. Psychogramm eines Ideals*, Patmos, Ostfildern 2001

Fehling, Ursula: »Jung, katholisch, feministisch«, in: *Salzkörner* 17. Jg. Nr. 4, Herausgeber: Generalsekretariat des ZdK, Bonn, August 2011

Feige, Gerhard: »Das Reformationsgedenken aus katholischer Sicht«, in: *Der Kirchentag – Das Magazin*, herausgegeben im Auftrag des Vereins zur Förderung des Deutschen Evangelischen Kirchentages e. V., Fulda, 01/2014

Küng, Hans: *Ist die Kirche noch zu retten?*, Piper, München 2011

Küng, Hans: *Jesus*, Piper, München 2012

Mereschkowski, Dmitri Sergejewitsch: *Tod und Auferste-*

282

hung, übersetzt von Arthur Luther, Leipzig 1935, zitiert nach Elisabeth Moltmann-Wendel

Moltmann-Wendel, Elisabeth: *Ein eigener Mensch werden*, Gütersloher Verlagshaus, Gütersloh 1991

Ökumenisches Heiligenlexikon, online http://www.heiligen-lexikon.de/

Neumann, Stephan U.: »Kirchensteuer: Wer zahlt, der glaubt?«, in: *Christ in der Gegenwart*, Freiburg, 2. März 2014

Price, Robert M.: *The Pre-Nicene New Testament,* übersetzt von Klaus Mailahn, online http://gcmm.jimdo.com/ evangelium-nach-maria/

Schüssler Fiorenza, Elisabeth: *Zu ihrem Gedächtnis …* Gütersloher Verlagshaus, Gütersloh 1993

Schumacher, Joseph: »Jesus und die Frauen«, Auszug aus dem noch unveröffentlichten Manuskript *Die Frauen in den Weltreligionen*, Verlag Mainz GmbH, Aachen 2014

Sölle, Dorothee: *Gottes starke Töchter*, Verlagsgemeinschaft topos plus, Kevelaer 2013

Sölle, Dorothee; Schrotthoff, Luise: *Jesus von Nazareth*, dtv, München 2010

Trible, Phyllis, in einem Beitrag zu *Orientierungen aus Religion und Gesellschaft*, herausgegeben von Werner Pfeiffer, edition hellweg 2011/2

Ueberschär, Ellen: *Fürchtet euch nicht! – Kirche machen Frauen*, Kreuz, Freiburg 2012

Wolff, Hanna: *Jesus der Mann*, Radius, Stuttgart 2002

Zahrnt, Heinz: *Jesus aus Nazareth*, Piper, München 1997

Zahrnt, Heinz: *Glaube unter leerem Himmel*, Piper, München 2000

Ohne Zweifel ist Glaube nicht zu haben.

Beatrice von Weizsäcker

Ist da jemand?

Gott und meine Zweifel

Piper, 320 Seiten
€ 19,99 [D], € 20,60 [A], sFr 28,90 *
ISBN 978-3-492-05513-0

Warum musste mein Bruder sterben? Wie konnte Gott das zulassen? Das sind Fragen, die sich Beatrice von Weizsäcker stellt und die sie weiterführt: Gibt es überhaupt einen Gott? »Zweifel und Glaube sind meine Begleiter, seit ich denken kann. Sie lassen mich verzagen. Sie lassen mich empören. Sie lassen mich wach sein. Sie fordern einen Standpunkt. Sie treiben mich zum Handeln an. Sie sind die Quelle der Verzweiflung und die Quelle meines Glücks. Denn gleichgültig ist mir nichts.«

PIPER

Leseproben, E-Books und mehr unter www.piper.de